乌丙安民俗研究文集

民俗学丛话

乌丙安 / 著

長春出版社
全国百佳图书出版单位

图书在版编目（CIP）数据

民俗学丛话/乌丙安著. —长春：长春出版社，2014. 1

（乌丙安民俗研究文集；3）

ISBN 978－7－5445－3196－2

Ⅰ. ①民… Ⅱ. ①乌… Ⅲ. ①民俗学—研究 Ⅳ. ①K890

中国版本图书馆 CIP 数据核字（2013）第 271230 号

民俗学丛话

著　　者：乌丙安
责任编辑：孙振波
封面设计：尹小光

出版发行：长春出版社　　总编室电话：0431－88563443
发行部电话：0431－88561180　　读者服务部电话：0431－88561177
地　　址：吉林省长春市建设街 1377 号
邮　　编：130061
网　　址：www. cccbs. net
制　　版：吉林省久慧文化有限公司
印　　刷：长春市利源彩印有限公司
经　　销：新华书店

开　　本：155 毫米×225 毫米　1/16
字　　数：260 千字
印　　张：19. 75
版　　次：2014 年 1 月第 1 版
印　　次：2014 年 6 月第 2 次印刷
定　　价：48. 00 元

总　　序

缘　起

从1953年在北京师范大学中文系钟敬文教授门下攻读民间文学专业首届研究生开始，直到2013年的今天，我从事民俗文化的学术研究与教学活动已经整整60年，度过了一个甲子的周期。论人生苦短的岁月，按照农历不必掐指推算，转瞬间，如今我已是85岁步履蹒跚的耄耋老人了！此刻，真不敢遥想当年在钟师耳提面命下的青春年华，更不堪回首曾经的二十几个严冬濒临生命极限的磨难！最难得的是50岁那年从贫困的辽北小山村被召回到大学岗位，重操旧业至今的35年，总算有了较充实的专业教学和研究的时间和空间。于是，也才有了日积月累的些许成果。遵循人文学界的惯习，不论你自己荒废的还是被荒废的时光有多少，这从事学术60年、适逢85岁华诞的数字，都是可资纪念和庆贺的缘由，自然要把所积攒的成绩拿出来，呈献给学术界作为汇报，请同仁们品评指点。

更何况，今年还有两个缘由十分重要：今年是钟师诞辰110周年，应该认真纪念；今年又是中国民俗学会成立30周年，我所有的民俗研究论著的绝大部分都是这30年间写作、发表和出版的，我的学术生涯和我参与建立建设的这个学会都是紧密相关的。

简而言之，110 周年、30 周年、60 周年和 85 岁，这 4 个数字不期而遇的说不完的奇巧故事，就是这部 8 卷本《乌丙安民俗研究文集》出版问世的缘起。至于说此前我出版的著作 90% 都已经绝版售缺，各出版社纷纷要求再版发行，确有此一说，但这只是一个理由，并不能构成一个今年必须要出版的缘由。

解　　说

学界有几位老朋友问：“为什么要出版《乌丙安民俗研究文集》？出版《乌丙安文集》不是更全面些吗？”我的回答很简单，我作为专业研究者、专业教师，还是以我自己喜爱的专业理论、方法或与之相关的专业工作实践为主比较贴切。面向的读者也主要限于相同或相邻专业的同仁们。所以，我在报纸杂志上发表过的许多一般性的散文、随笔、杂谈、社评、政论等文章，都不在这套文集中。即使是和民俗学相关的 60 多篇序言，我也没有把它们收到这部文集中。甚至像 1978 年 12 月 30 日撰写的“重建民俗学的新课题”，1982 年 2 月 7 日撰写的“在民俗学的历史任务面前”等多篇这样的长篇呼吁性、建议性文章，也都没有收进这套文集中，我想也可以留待下一步放到另类文集中酌情出版，或干脆把它们舍弃。

这一套 8 卷本的民俗研究文集，集结编入的主要是 1980 年至 2010 年这 30 年间出版的 11 部专著中的 8 本书。另外的 3 本：一本是《生灵叹息》，1999 年 1 月由上海文艺出版社出版，这是一本以民间信仰采录随笔为主要内容的读物，不适于编入民俗研究文集；一本是《日本の家庭と北方文化》，我与大林太良等合著的日文版书；另一本是《满族の家族と社会》，我与江守五夫等合著的日文版书。后两本分别于 1993 年 6 月、1996 年 4 月由日本东京第一书房出版。其中我执笔的大部分内容的中文本也已经编入本文集的《民俗文化综论》卷中。

经过统一调整，和出版方编辑人员研讨推敲，对个别分卷书名做了修改，形成一套多卷集的不排顺序号的套书。具体情况如下：

《民俗学丛话》：原书 1983 年 6 月由上海文艺出版社出版。本文集保持原书名和原书内容与结构的完整性，但是，鉴于此书出版较早，篇幅较小，论题较少，30 年后的今天，显然难以满足民俗学科拓展的研究视野。为此，我决定为这部“丛话”增添“下篇”。包括民俗象征体系话题、地方产食民俗文化的话题、民俗语言和语言民俗话题、民俗文化形态研究话题、灾害民俗学新课题、神话研究反思系列话题、两性民俗学发生论题、民俗发生论的思考话题、民俗学史论系列话题等 17 个专题，和原书 15 个专题相加共有 32 个专题系列。这样，大致把我近 30 年来关注的部分研究议题做了有限的表述。或者可以反映出我在民俗研究历程中的一些不成系统的思考和困惑。在这里还必须郑重说明：下篇的 17 个专题中，除了神话研究、民俗学史论的 9 个专题外，其他 8 个都是不同时期写成的论稿，从未发表，这次定稿后，首次和读者见面。特别是关于民俗学原理中“民俗发生论”思考的话题，是我那本《民俗学原理》中没有来得及涉及的话题，希望得到品评与交流。

《中国民俗学》：原书 1985 年 8 月由辽宁大学出版社出版，1999 年 9 月增订本新版出版，本文集保持原书名和原增订本内容、结构不变，只将与本套文集《民俗文化综论》中重复的“生态民俗”章节删除。同时还修正了几处不恰当的章节标题。

《民俗学原理》：原书 2001 年 1 月由辽宁教育出版社出版。《中国民间信仰》：1996 年 1 月由上海人民出版社出版。本文集编入上述两书，分别保持原书名和原书内容与结构的完整不变，未做任何改动。

《萨满信仰研究》：原书名《神秘的萨满世界》，1989 年 6 月由三联书店上海分店出版。本文集编入时为了协调书名排列，将原名改为《萨满信仰研究》，原书内容与结构的完整不变，未做任何改动。

《民间口头传承》：原书 1957 年 4 月繁体字版书名是《人民口头文学概论》，1980 年 11 月春风文艺出版社再版修订时，改书名为《民间文学概论》。此次编入本文集时，为了关照原书的“口头文学”研究特色，调整各分卷书名，再一次更名为《民间口头传承》。同时，删除了原书中与本学科专业理论不相适应的一些章节。

《民俗文化综论》：原书名《民俗文化新论》，2001 年 10 月由辽宁大学出版社出版。此书编入本文集时，我和责任编辑都认为“新论”之说并不是科学概念，此书原来就是若干论题的综合研究论述，所以最终还是改为“综论”较为妥当。

《民俗遗产评论》：原书名《非物质文化遗产保护理论与方法》，2010 年 7 月由文化艺术出版社出版。本文集将此书编入时，特别选收其中所有关于非物质文化遗产民间文学类、民俗文化类遗产保护的评论篇章，同时增添了有关“农业文化遗产保护”的专题论述，整合起来编成一卷，并冠之以《民俗遗产评论》的书名，比较适宜。

这就是我编辑民俗研究自选文集的简单做法。大量艰苦的技术工作，自然都交给了很负责任的孙振波编辑。

感　想

在本文集即将出版之际，说百感交集真的是并不为过！我致力于民俗文化研究凡 60 年！用一句北方老百姓俗话概括，那就是“三十年河东，三十年河西”啊！也就是文人常常慨叹的“沧桑”之感。60 年岁月尽管眨眼而过，毕竟扎扎实实抓住时间做了些有效的研究，成果肯定会是十分可观的。但是，作为国家一级学会的中国民俗学会今年刚刚欢庆了它的30华诞，我这套8卷民俗研究文集的绝大部分也都是在这30年间写成发表的，我不禁扪心自问：那前30年的有效时间哪里去了？钟敬文老师生前把那个年月被毁弃的民俗学叫作“绝学”，他为了重建这门“绝学”，最后率领他的弟子徒孙奋斗到了百岁，抓住改革开放跨世纪的大好机遇，夺得了民俗文化学科的繁荣与发展。

庆幸之余，令人深思。回眸这60载寒暑春秋，年华任虚度，坎坷且蹒跚，痴心虽广种，薄收却点点。不免留下太多的遗憾！

此刻，我坐在“天龙家园”自宅的书桌边，最后校阅这本文集的8卷书稿，不由得让我联想到几十年前阅读佛教信仰民俗典籍中的《天龙八部》，依次解读形象奇特、意蕴深邃、因缘互动、光怪陆离的八种护法神灵的动人故事，对我研究信仰习俗很有教益。如今，我在这天龙家园的自家小屋里，把我笔下的八卷民俗论著呈献出来，衷心希望以它微不足道的正能量为我国当代民俗学虔诚“护法”。

为此，将本文集俗称为“天龙八卷”也未尝不可！

2013年谷雨写于沈阳天龙家园

前　言

《民俗学丛话》是我 1981 年 3 月在辽宁大学哲经楼 309 教室首次开设“民俗学”专题跨系选修课时，开始动笔写作的。1982 年 2 月完成后，应约在上海文艺出版社出版，这时学校招收了首届民俗学专业方向的硕士研究生，我在这本书的基础上已经开始了《中国民俗学》的写作。却没想到当年年底这本《丛话》的样书就印刷出来了，版权页上已经标上了 1983 年的年份。就是这本样书及时由校方申报到教育部，作为我当时晋升教授的学术鉴定材料。1983 年新年过后的 2 月，喜讯传来，我被批准晋升教授的正式文件下达。6 月初，《人民日报》发表署名文章推荐这本《丛话》，同时在全国各大城市的新华书店正式发行热卖。国际上，新加坡《联合早报》率先发表新闻给予传播说：这是新中国成立以来的第一本民俗学专书。

这话一晃儿整整 30 年过去了！这本窄窄的小 32 开本的掌中小册子，已经绝版缺售，成为中青年民俗学人温馨回忆的谈资。每当忘年的同仁们欢聚的时候，不时聊起了书中多子石榴的民俗故事和枣栗子撒帐歌谣，对当年此书对民俗学知识的普及给予积极的肯定，甚至纷纷向我提出再版此书的建议。

但是，现代化的飞速发展早已经超乎人们的想象。民俗与民俗学的认知及其文化传播的大扩布影响已经形成文化热潮。民俗学专业学科的建构和我本人对本专业的进取，也早已经有了几度跨越的经历，可以说是今非昔比了。正因为有了这当初从民俗学 ABC 的第一步起跳，才有了以后这 30 年几度跨越的有力冲刺。

为此，我增添了这部《民俗学丛话》的下篇，正是为了展示一下近 30 年中我在民俗学学科体系建构中的某些思考、探索、追求和感兴趣的种种猜想，把我从 50 多岁的中年浮想联翩跨越到如今 80 多岁的老年深思熟虑。翻开我这些年学术积累的字纸篓，挑拣出具有代表性的有限的几篇，拿出来晒晒。我想它们照样可以充当学友同仁们的品评、议论或可争论的有趣谈资。

这本《民俗学丛话》下篇所关联的话题主要有：民俗象征体系的话题，本土（乡土）文化研究的课题，语言民俗学开拓的话题，民俗文化形态学的相关话题，灾害民俗学的新课题，神话研究的民俗学方法论话题，两性民俗学的发生论话题以及与它密切相关的民俗学原理“民俗发生论”课题等。在以上的话题或课题的探讨中，可以看到我的学科关注点以及我难以摆脱的困惑。因为以我微弱的学术能力，我难以驾驭那种四平八稳的、正襟危坐的、逻辑谨严的经典性写作手法。我习惯于学术杂感式的随笔恳谈，在谈吐间表达自己经过思考举证的学术感悟。我想冷静的学术研究绝不排斥学人自己的兴趣所致。回想当年撰写《丛话》的缘起，其实正是如上的初衷。

写在从事民间文艺学、民俗学研究 60 周年

2013 年清明节　时年八十五岁

目　录

上　篇

多子的石榴

——关于民俗学的概念、范围 / 1

枣、栗子

——关于民俗的特征 / 10

猎鹿、猎熊和猎貂

——关于经济民俗之一：生产 / 18

工匠和规矩、准绳

——关于经济民俗之二：工匠 / 25

从“貂蝉”谈服饰

——关于经济民俗之三：消费（一）/ 32

从酒、菜、饭谈饮食

——关于经济民俗之四：消费（二）/ 41

上栋下宇话住室

——关于经济民俗之五：消费（三）/ 50

兄弟分家的故事和家族
——关于社会民俗之一：家族 / 58

伯、叔、姑、舅、姨
——关于社会民俗之二：亲族称谓 /68

从兄妹婚到一夫一妻
——关于社会民俗之三：婚姻 / 77

乡亲和村落社会
——关于社会民俗之四：村落 / 89

从诞生礼到丧葬礼
——关于社会民俗之五：仪礼 / 98

“泰山石敢当”和“万物有灵”
——关于信仰民俗之一：灵魂 / 109

从“塔布”看迷信习俗
——关于信仰民俗之二：禁、咒、兆、占、祭 / 117

五彩丝、粽子、龙舟
——关于信仰民俗之三：节日 / 128

下　篇

从喜鹊、喜鹊登梅到七夕鹊桥会
——民俗象征体系话题 / 136

本土文化田野上的红高粱
——有关地方产食民俗文化的话题 / 148

隐语、黑话和口语说话习俗
——民俗语言和语言民俗 / 155
中国北方民族萨满祭祀及其歌舞乐
——民俗文化形态研究的话题 / 164
面向洪水、旱魃、山崩地裂的灾难
——灾害民俗学的新课题 / 171
关于零散、断片的中国古典神话
——百年神话研究的反思话题之一 / 179
关于复原上古神话系统的尝试
——百年神话研究的反思话题之二 / 189
关于中国“广义神话”论的提出
——百年神话研究的反思话题之三 / 196
中国多民族民俗中创世神话的大发现
——百年神话研究的反思话题之四 / 205
性本能与两性关系民俗的神话思维
——两性民俗学的发生论题之一 / 217
两性关系与难以控制的婚姻习俗模式
——两性民俗学的发生论题之二 / 230
智人的生物习性演化与文化习俗的诞生
——民俗发生论的思考 / 241

"要把秾华饰暮春" 恭贺钟老90寿辰
——民俗学史论的话题之一 / 257

百年宗师壮心不已　恭贺钟敬文百岁华诞
——民俗学史论的话题之二 / 266

柳田国男故乡行
——民俗学史论的话题之三 / 272

现代日本民俗学的开拓者关敬吾
——民俗学史论的话题之四 / 280

日本神话学三个里程碑的主要代表人物
——民俗学史论的话题之五 / 291

上 篇

多子的石榴

——关于民俗学的概念、范围

希腊神话故事中有一位女神，名叫赫拉（Hera），她是天帝宙斯的妻子，都称她为天后。这位很有威仪的女神，主管人间婚姻和繁衍子孙的大事，她的古代造型是：头戴后冠，身穿艳丽的礼服，有时披上轻纱。她右手拿着一根神权杖，上面饰有杜鹃的形象（那是宙斯追求她时，时常化成的小鸟），左手握着一只丰满多子的石榴。

在印度佛经故事中也有一位女神，名叫诃梨帝母。据传说这位女神生了一千个孩子。但是，她生性残暴，经常抢夺别人的子女吃。最后释迦牟尼不得不惩罚和教训她，把她最心爱的儿子藏了起来。她到处寻找自己的儿子，却怎么也找不到。这样，她才懂得失去孩子的痛苦，从此彻底悔改，作了人间子女繁衍的保护神。诃梨帝母又称作“惶恐入谷鬼子母神”，她的造型是贴身偎依着攀扒着各种姿态的幼儿。不过，她最古老的形象，也是一位丰满善良的女人，左手怀抱一个幼儿，右手拿丰硕多子的大石榴。我国新疆的和田在20世纪初出土过这位女神的像；日本醍醐寺也收藏有13世纪的诃梨帝母女神画像，都是右手握着一枝对生石榴，顶端是一朵鲜艳的石榴花。

德国的一个博物馆里珍藏着一件公元前575年的古希腊女神雕像。这座雕像并不是罗马时代的复制品，而是原作，20世纪初从希腊出土时，女神雕像包着坚实的铅皮。这显然是古希腊人为了避免与波斯的连年战火毁及女神，才埋藏在地下的。这件珍贵的女神雕像，右手拿着的也是石榴。还有，古波斯的女神雅娜希塔的手里，托着的是一个装石榴的钵。这位女神在波斯神话中，是一位专司人类丰穰多产的女神。

在中国古代神话和传说中，没有找到用石榴象征人类繁衍的痕迹，甚至古文字中也没有这个“榴”字。为什么呢?《博物志》等古文献的记载解开了这个谜。公元前139年，汉使张骞出使西域，到过波斯帝国以前的“安息国”，13年后返汉，曾带回安息国盛产的一种瘤状多子水果，取名“安石榴”①。安石是安息的音变，以后才简称石榴。陆机在《与弟云书》中说：“张骞为汉使外国十八年，得涂林安石榴也。”②《独异志》载：“汉张骞奉使大月氏，往返一亿三万里，得葡萄、涂林、安石榴，植之于中国”。《图经》载：“安石榴旧不著所出州土，或云本生西域”。《别录》记：石榴“人多植之，尤为外国所重。”《酉阳杂俎》也说：“大食勿斯离国石榴，重五六斤。”现代世界百科辞典上几乎都记载了石榴原产地在伊朗，甚至说是扎格罗斯山脉为集中产地，这里正是古代的安息国。上述材料足以证明，石榴是从公元前2世纪的古波斯传入中国的。古波斯的信仰习俗，也随着石榴的传播，向西方，自然很早就传入了希腊；向南方，传播到了印度；向东方，即由张骞一行开辟丝绸之路后，也传入中国。于是，石榴作为象征人口众多、子孙满堂的神果进入了中国习俗，直到今日。

公元6世纪的北齐，有一件载入史册的真人真事。安德王有一次到李妃娘家赴宴，李妃母亲宋氏就送给皇帝两个石榴。当时，皇帝和身边一些人都不明白这是什么意思，便把石榴扔掉了。这时，太子太傅魏收说：“石榴房中多子，王新婚，妃母欲子孙众多。”皇帝一听，很高兴，

---

① 安石即安息，即帕提亚古国，因汉使列该国时正当阿萨息尔王朝，故“汉书”称安息国。

② 张骞使西域，前十三年，后五年。

命令魏收赶快把石榴拿回来，同时赏赐了他美锦二匹。[①] 可见当时我国北方已经有这种以石榴预祝子孙多的风习了。到了唐宋时期，宫廷内外与民间，互赠石榴祝愿多子多福之风就更盛行了。新中国成立前后，订婚时聘礼赠石榴或石榴花盆、婚礼中新娘衣藏石榴的风习在一些地方还流行。

那么，这种用多子的石榴象征子孙众多的现象，能在这么长的时间、这么广的地域流传不息，说明了什么呢？它们构成了怎样的类型？形成了怎样的稳定特点？它们又是怎样传播、保留、发展下来的呢？回答这些问题的专门科学，就是民俗学。所有这些传承文化的事象，都是民俗现象。

神话故事和宗教传说中的多子石榴，是在口头上传播的。女神造型中的多子石榴、婚姻产育礼仪上的多子石榴是在祭祀、祈福等行为上传播的。石榴多子与人间多子多孙的联想、构思，又是属心理上的传播。通过口头、行为、心理的世代传袭，才形成了横跨欧亚大陆的祈求人丁兴旺、祝愿多子多孙多福寿的习俗类型之一。石榴象征多子的风习和我国各地流传的“枣、栗子”（早立子），“连招花”（连招贵子）等祝子孙繁衍的习俗汇合在一起，构成了我国社会民俗中的一个传统：无限制地扩大发展直系血亲的家族。到了今天，这种习俗变成严重阻碍我国社会发展的陋俗了。

从这一习俗中，可以看出凡是人类社会发展中传承下来的文化现象，都有它们的民俗特点。民俗学正是研究这些事象的专门学科。在我国，研究这些现象的人和著述，古已有之。记录这些事象的人和资料就更多了。那时候多称之为民俗、民风、风俗、习俗、俚俗，对它的记录、研究也没有什么科学性和系统性。

民俗学，它的国际名称叫 Folklore，首先在英国兴起。这个专有名

---

① 见《北齐书·魏收传》。

称是一位名叫汤姆斯（W. J. Thoms）的英国考古学者，在 1846 年首先提出来的。它的含意是“民众的知识”或“民众的学问”。这个名词，最初只是用来取代“民间旧俗”这一习惯称呼的，但是在使用过程中，越来越确定了它的科学概念。它包括两方面的意思：一是指世世代代传承下来的风俗、习惯和口头故事、歌谣等；二是指研究民俗的科学理论。1878 年，英国正式建立了民俗学会。自此以后，各国也都采用民俗学作为这一国际性学科的名称。

1922 年，北京大学出版了《歌谣》周刊，在发刊词中最早采用了“民俗学”译名，把民俗学的研究提到了很重要的位置。1927 年，在广州中山大学成立了民俗学会。第二年，出版了《民俗》周刊、民俗丛书。从此，民俗学这个名词才随着民俗科学的兴起开始普及起来。

民俗学在早期，研究的范围比较狭窄，甚至把着重点放在祭祀、禁忌等民间信仰方面。我们前面讲的石榴象征祈求多子多孙的意义，正是早期民俗学的着眼点。古希腊人怎样供奉天后赫拉？古波斯人怎样崇拜雅娜希塔女神？古印度人和后来信奉佛教的中国人、日本人怎样迷信诃梨帝母神？各国民间是怎样用石榴来祈求多子多孙？民俗调查和研究都只限于此。

后来，随着民俗学的发展，范围扩大了。不仅注意了信仰、仪礼，也注意了民间生产、生活等各方面的风俗习惯。也就是说，不光注意了民间对石榴多子的信仰，同时也注意了民间栽培石榴和食用石榴的种种习俗；更进一步，民俗学还研究馈赠石榴的民间社会交往、石榴花在民间观赏的习俗，以及石榴在民间医疗中的入药习俗等。

比如，《齐民要术》这部古代民间经济生产的日用百科书，就较详细地记载了民间栽石榴法。它说：石榴的插枝压条法有两种，一种是竖枝，一种是横埋。竖枝是埋“一重土”再压“一重骨石”；横埋也必“安骨石于其中”。《便民图纂》也记载：石榴压条，“根边以石压之，则多生果”。在民间，栽石榴埋骨，有施磷钙肥的科学意义，放石有固根的作用。此外，民间花卉园艺栽培还有口头俗传，说“石榴、石榴，安石绪榴”，这正是“以石压之，则多生果”的又一依据。可是，这个依据又显然是对“安石榴”这个名称的误解，以讹传讹，把安石国（安息国）产的石榴，附会并引申出安放石块压枝条栽培方能多结水果的口头传说。

公元6世纪，北魏散文家杨衒之在他的名著《洛阳伽蓝记》中，记了一首当时的洛阳短谣：“白马甜榴，一实直牛。”白马是洛阳白马寺。北魏盛时，京城各佛寺遍种奇花异果，以白马寺塔前的石榴和葡萄为最出名。据记载，榴果大的“重七斤”，皇帝常常把这里的石榴赐给宫人，宫人又转赠亲戚，饷历多家。民间既盛赞了白马寺石榴的硕大，也暗示了这种石榴在宫廷贵人间的价值。“白马甜榴，一实直牛”，用现代口语译的话，即为“白马寺的甜石榴，一个果子大如牛”，或后一句译作“一颗果实值头牛”。

在民间，关于石榴的饮食习俗也有许多特色。人们对石榴这种水果本来就很以为怪，《事类合璧》里所引：“榴者，天下之奇树，九州之名果；十房同膜，千子如一”。因此，对吃石榴子也别有风味，甚至赞它可以“御饥疗渴，解酲止醉”。按《本草纲目》，石榴有甜、酸、苦三种。古人吃榴以甜榴为佳。据《酉阳杂俎》上说：“南诏石榴，子大皮薄，如藤纸，味绝于洛中石榴，甜者谓之天浆。”《本草衍义》说：“又有一种子白莹澈如水晶者，味亦甘，谓之水晶石榴。”《农桑通诀》中介绍了北方人吃石榴的一种习惯，说：“北人以榴子作汁，加蜜为饮浆，以代杯茗。”这应当说是用石榴做果子露代茶为饮料的古例。这部书中还介绍了储存鲜石榴的方法，“取其实有棱角者，用熟汤微泡，置之新瓷瓶中，久而不损”。《群芳谱》也介绍说：“选大者连枝摘下，安新瓦缸内，以纸十余重密封，盖之。”足见吃石榴之俗，在民间是很有点儿影响的。另外在《方舆胜览》中，又记载有用石榴花做酒的地方，也算得上地方特产了。

石榴在民间入药，甚至比做鲜果吃更为普及。据《广雅》和《别录》记载：甜榴可食，酸榴入药；甜的也不可多食，虽无毒，“损人肺”。其究竟有多少医学根据，不详。但关于石榴的民间偏方，却有许多，列举二三如下：

1. 酸石榴皮，疗下痢、止漏精。(《别录》) 酸石榴皮可合成断下药，石榴要老木所结，收藏陈久的为好。“微炙为末，以烧粟米饭为丸。梧桐子大，食前热水饮下，三十至五十九，以知为度。如寒滑，加附子、赤石脂各一倍。”(《本草衍义》)

2. 石榴东行根治蛲虫寸白。(《别录》) 石榴根，“东南引者良”，切一升，水二升三合，煮取八合，去滓，少加米做成稀粥，空腹吃后，虫下。(《海上方》)

3. 石榴根和壳可做染须发口齿的药。(《广雅》)

4. 石榴花可止血。“其花百叶者”干后做末，吹到鼻中，止“心热吐血及衄血”(《广雅》)。又，用石灰一升，石榴花半斤，捣末敷刀斧伤破血处，可止。(《海上方》)

这里特别具有民俗特点的是：石榴根治虫，一定要伸向东方或东南方的才行，止血榴花非百叶者不可。这种民间偏方究竟包含多少科学性，不得而知，但它却在民间不胫而走。

民俗学对以上这些民间生产、种植、饮食、医药、口头传说、谣谚也都是要加以调查研究的。所有这些都从社会生活的各个方面，反映出了传承文化发展的面貌。从多子石榴的种种民俗类推开去，不难理解，当代民俗学的领域并不是狭窄的，而是涉及经济、社会、信仰、艺术等多方面传承事象的科学。

民间栽培石榴、饮食石榴的普及，自然导致民间作品常以石榴或石榴花为题。《采花歌》《孟姜女十二月花歌》都唱到了石榴花。在文人作家中，自晋以来，为石榴做赋、咏诗、填词的大有人在。晋代潘岳写的《安石榴赋》，赞其为“天下之奇树，九州之名果”。唐代元稹作《感石榴二十韵》借石榴的遭遇述怀：“何年安石国，万里贡榴花；迢递河源道，因依汉使槎；酸辛犯葱岭，憔悴涉龙沙。初到标珍木，多来比乱麻；深抛故园里，少种贵人家。……”此诗也从侧面展示了石榴引入中国后的历史风貌。

石榴传入中国后，又逐渐产生了有关石榴的民间传说和故事。像三国时《环榴台》的传说，就是古代较早的关联到石榴的传说：

> 相传，东吴的孙权，十分宠爱潘夫人。夫人最喜欢到招宣之台去玩赏、饮酒。有一次她喝得烂醉，把食物呕吐在玉壶中。当侍女到台下倒壶时，拾得一只宝石指环，就把它挂在一棵石榴树枝上。因此，给这个台取名叫作“环榴台”。这件事被吴国的朝臣知道了，就有人出来给孙权提意见，说：“如今，吴蜀争雄，这‘还刘台’一语对我们不祥，却对刘备有利。”孙权一听，下令把台名改称“榴环台”。①

这个传说至少告诉我们三国时，石榴在宫廷苑囿中已经是珍贵的观赏花木。其后自魏晋，历经南北朝、隋、唐至宋，石榴作为奇树，一直遍植宫廷、寺院。前面所引北魏时洛阳白马寺的石榴就是一个例证。梁武帝女到合肥浮槎山出家时，在山上建了道林寺，亲手栽了石榴。唐代杨贵妃、代国公主等人也曾在宫苑中都广植石榴。经过上千年的种植，洛阳一带就成了我国石榴的著名产地。于是，在这里也随着就出现了不少关于石榴仙女的故事。

---

① 原故事见《拾遗记》。

传说在天宝年间，洛东有个名叫崔元微的人，带领家人进山采药，过了一年才返回家园。这时宅中蒿莱满院，很是荒凉。崔某命家人歇息，独坐院中。这时，有四位自称姓杨、姓陶、姓李、姓石的美貌女子来求暂歇院中，说去探望封十八姨。过一会儿，自称封十八姨的妇人来到。她们相聚饮酒。姓石的女子叫阿措，与封十八姨发生口角，不欢而散。众女子又来求崔某保护，说封十八姨将加害于她们，让崔某做一面红幡，上画日月星，树在院东。果然，有一天，东风自洛南吹来，折枝飞沙，十分狂暴。这时，只见院中繁花不动，崔某才知道那些美女都是花精。石阿措，就是安石榴。后来众女子来赠崔某数斗鲜花，令他服下，得以长寿。直到元和年初，事过五六十年，崔某还像三十岁的人一样年轻。①

在中国的口头文学中，石阿措是最早见于记录的石榴女神。在希腊、罗马的古老故事中，花草树木都是女神，但关于石榴的故事却还没见到，足见石榴在我国民间口头文学中的精灵形象还是很珍贵的。

石榴这种奇树，到了南宋时也有口头传说，甚至被载入史册。绍兴年间有一个传说：

汉阳地方有一名孝妇，被诬为杀死婆母的凶手，她提不出证据来辩明自己无辜，于是被定成死罪。行刑前，孝妇把发髻上戴的石榴花枝交付给行刑人，让他插到石缝里。她说："如果石榴枝在石缝中生长了，就证明我是冤枉的。"孝妇屈死后，行刑人按她的话，把石榴枝插入石缝。石榴枝果然生长起来，秀茂成荫，年年开花结果。②

---

① 原故事见《酉阳杂俎》。

② 原记录见《宋史·五行志》。

这是继晋代《东海孝妇》之后，元代《窦娥冤》故事之前的一个孝妇冤的好故事，石榴枝以它的奇异魔力构成了故事的精华所在。

从多子的石榴中，引出了这样一些歌谣、故事，使我们看到民间文学在民俗学领域中占有多么重要的位置。目前，民俗学界有把民间文学从民俗学中单独分离出去的主张，但是，从民间文学的构思、艺术形象、流传来看，民俗的特点又是十分鲜明的。因此，即使把民间文学完全放到文学领域中，恐怕也应当是具有民俗学价值的文学特殊门类。民间口头文学是离不开它的民俗母胎的。

民俗学本身就像多子的石榴一样，把人类社会的民俗事象，进行了科学的分类，形成了“十房同膜”的体系，构成了“千子如一”的民俗性格。

枣、栗子

——关于民俗的特征

我国北方，民间旧式婚礼有一种不同于南方的“撒帐”习俗。这种习俗的做法是：新婚夫妇入洞房前，由亲属中长辈妇女选一名吉祥人，手执托盘，盘中盛枣栗，边抓枣栗撒向寝帐，边唱《撒帐歌》：“一把栗子，一把枣，小的跟着大的跑。”用这种做法祝早生贵子，子孙满堂。

这种祝福的旧仪式，除了美好的祝愿以外，现在看来已经是古代风俗的陈迹了。枣子，谐音“早子”；栗子，谐音“利子”或“立子”。枣栗子显然是谐“早立子”的吉意。因此，枣和栗这两种普普通通的木本粮食（亦作果品），在民间生活中便具有十分神秘的作用了。

其实，用枣和栗子祝愿早生子，完全是后来的事。在我国民俗发展变异过程中，最早关于枣和栗子的习俗仪礼和“撒帐”毫不相干。

枣栗并提，在我国古代早已成习，那完全是由于经济上的原因。我国北方大部分地区盛产枣栗。《战国策》上有一段很清楚的记载：“苏秦将为从，北说燕文侯曰：‘燕……南有碣石、雁门之饶，北有枣栗之利，民虽不由田作，枣栗之实，足食于民矣。此所谓天府也。’”这里苏秦把燕国北部盛产枣栗的国防及民生价值都说清了，枣栗并提在这里绝无“早立子”的含意。到了汉代枣栗之乡就不止于北部。《汉书·地理志》介绍说：“上谷至辽东，地广民稀……俗与赵、代相类，有鱼盐枣栗之饶。”可见枣栗种植早从北部扩展到西部和东部了。元代诗人马祖常有诗曾咏：“家家收枣栗，处处种榆柳。”更证明了北方枣、栗树在当时是十分普遍的。

北方民间盛产枣栗，给当地百姓、官家及军士的日常饮食习俗丰富了许多内容，别有风味。无论宴会、馈赠、行军、逃难、哄小孩、待客，几乎都离不开枣栗。远在周朝，枣栗就进入宫廷，那时犒劳诸侯，设玉案十二个，每个案上都要摆枣栗，甚至摆的位置都有规定。据《东观汉记》载：“邓禹征冯愔，粮尽，无以犒，军士饥饿，皆食枣栗。”《后汉书·伏皇后传》里记了一段史事：“李傕、郭汜等，追败乘舆于曹阳，帝乃潜夜渡河走，六宫皆步行出营。……既至安邑，御服穿敝，唯以枣栗为粮。”可见，古代行军、落难绝粮时，枣栗便是主食了。在古代家庭食俗中，枣栗更为常见。《南史·王泰传》里记载王泰幼年时期，“祖母集诸孙侄，散枣栗于床，群儿竞之”。这一段话至少可以见到枣栗在民间为常见食品，并非什么神秘奇果。

从民俗史观点看，那时的枣和栗，完全看不出与“早立子”有关联。有一则古代吃枣栗的逸事可以作证，也是在《南史》里，记载了梁武帝和他的旧交萧琛的一段交往。梁武帝每天早餐都要把萧琛接来请他同筵。有一次萧琛吃醉了酒，伏在桌上。武帝便拿桌上的枣子打琛，琛反过来取栗子，正好打中了皇帝的脸。因为有御史中丞在座，武帝便动怒了，责备琛当着别人不该这样做。可是萧琛却回答得很妙，他说：“陛下投臣以赤心，臣不敢不报以战栗。”于是，武帝高兴了。这里把红枣比做赤心，栗谐战栗之意，也与“早立子”风马牛不相及。

由日常食俗的枣栗，再看社会礼俗的枣栗，就更清楚了。在古代有关仪礼的记载中，就有了枣栗。如《仪礼·士昏礼》说：新妇拜见舅姑（即公婆）时，“妇执笲枣栗自门入，升自西阶，进拜奠于席”，据原解释说：“此妇见舅之事也，必见舅用枣栗”。为什么新妇要向自己的公爹献上枣栗呢？据《公羊传》说：“枣栗取其早自谨敬”；《礼记·

曲礼》也说："妇人之贽，具榛脯，修枣栗"，并解释说："枣、早也，栗、肃也。以枣栗为贽取其早起战栗，自正也。"《国语》《埤雅》也都记载了用枣栗以表示虔诚恭敬，"枣取早敬，栗取恂栗"的意思。这就是说古代枣栗早已用于婚礼了，但是它的用意是谐早与栗之音，表示媳妇孝敬公爹之意，并没有表示要"早立子"的道理。可见，婚礼中使用枣栗的古俗，与近代用枣栗祝早生贵子几乎没有共通的含义。除婚礼外，古代在下聘礼、迎宾时也用枣栗。迎宾仪式为用两只有盖的竹篓，一盛枣，一装蒸栗，迎宾于近郊，先右手进枣，后左手执栗，以右手共授。这项仪式也毫无"早立子"的意思。

不过，枣栗之俗也不是一成不变的，早在施行周礼时期就有变异的痕迹。据《左传》："庄公二十四年秋，哀姜至，公使宗妇觌，用币，非礼也。"把枣栗改为币，自然是一种破俗例的做法，所以"御孙曰：男贽大者玉帛，小者禽鸟，以章物也。女贽不过榛栗枣修，以告虔也。今男女同贽，是无别也。男女之别，国之大节也，而由夫人乱之，无乃不可乎"。但这种以币代枣栗的做法，与"早立子"也无关系。

用枣栗"撒帐"祝早生贵子的习俗，是民间很晚的事。随着民间口语对许多物名习惯于广加"子"字之后，枣子、栗子、桃子、李子、橘子、榛子、柿子才在口头传承中与儿子、孩子、子女、子孙的"子"紧密联系起来。于是，早子、立子、早立子才应运而生，成为人们喜用的祝词术语。

人们通常都以为撒帐之俗始于汉代。据《戊辰杂抄》记述说："撒帐始于汉武帝。李夫人初至，帝迎入帐中共坐，饮合卺酒。予告宫人，遥撒五色同心花果，帝与夫人以衣裾盛之，云得果多，得子多也。"这种古俗，利用婚礼撒果祝子，和现代是一致的，看来这种习俗是传之有源的。但是，所不同的是，这种祝子的做法，是"以衣裾"接果；"得果多"象征"得子多"，也与枣栗子象征"早立子"不同。可见"早立子"一俗，是撒帐习俗的一种变异。还有一种说法也说撒帐起于汉代，但做法又不同了。据《知新录》记述："汉，京房之女，适翼奉之子。房以其三煞在门，犯之，损尊长，奉以麻豆谷米禳之，则三煞可避。"从那以后，便出现了撒帐习俗。这种用五谷杂粮撒帐以辟邪煞的做法，用的是粮豆，与枣栗无关，其目的是驱邪打煞，与求子无关。这种做法传到现在，也由撒粮豆转为撒五色花纸，由驱邪辟灾转为献花庆贺了。又据《东京梦华录》记录宋代撒帐习俗说："凡娶妇，男女对拜毕，就床，男向右，女向左坐。妇以金钱彩果散掷，谓之撒帐。"撒金钱以求富贵，撒彩果以求吉祥、长寿，当然也有求子了。

从枣栗在民俗发展史中大体显示出的轨迹，可以看到，民俗事象的传承过程，同时也就是变异过程。枣栗在婚俗中的运用，传袭了几千年，也不断地演变了几千年。这便是民俗的鲜明特征：传承性和变异性。

民俗是传承文化，传承性是民俗活动的特征。从前面所讲的多子石榴和这里所讲的枣栗子，都有力地说明了民俗的传承性特征。传承性常常表现出某种类型的民俗在发展流传过程中始终有相同、相似的内容或形式相联系。女神手中的石榴和婚俗中的石榴，这里保持着一种内在的继承关系。春秋战国时代婚礼用枣栗，和现代婚礼也有的用枣栗，标志了这种习俗是一脉相承的。至于其他方面，像节日习俗，元宵节、清明节、端午节、中元节、中秋节、除夕与元旦等，千百年来也留下了十分生动的记录，使人们看到这种习俗的传承关系。正因为有这种特征，才使人们从民俗继承流传的脉络中，窥视出一个民族的历史背景、地理风貌、社会形态和文化发展。

同时，民俗作为不断发展的传承文化，变异性也是它活动着的一个特征。变异性常常表现出某种类型的民俗在流传过程中，由于种种原因，它在内容或形式上会有一定的变化。从古波斯到希腊、印度，再到中国和日本，石榴所标志的信仰，既有历史时代的差异，又有地理环境的差异，更有民族文化传统的差异，才形成了象征丰穰、人们互相馈赠以求多子等不同内容的习俗。枣栗在久远的历史长河中流传，就更加明显地表现出我国北方大部分产枣栗地区，在礼俗上的移动演变。这种变化的差异很大，由象征新妇事奉老人谨敬、小心，到象征新妇早生贵子；由新妇献枣栗给公公，到枣栗专为祝新妇而用。这不仅看出了历史的变迁，社会的变动，也看出了道德面貌、精神状态等整个文化的发展变化。在我国社会主义制度下，由于婚俗的改革，对产育的科学普及以及家庭结构的变化，用枣栗相祝新婚及其“早立子”的含意，也必然随着起变化，以致慢慢消失，代之以新式的祝贺和礼品。

由此可见，各种民俗都在自身的发展过程中，有不同程度的变化。不是注入新的内容，便是改换某些新的形式。这种变异性和传承性一样，都是民俗事象普遍的特征。

变异性与传承性在民俗的流传、发展过程中，常常会形成不平衡状态。有些习俗惯例稳定性极强，因袭保守的力量很大，这样就常常出现某些民俗事象在很长的历史时期里很少变动。在这种情况下，民俗的传承就相当普遍。特别值得注意的是：在历史上，朝廷官府为了便于政治上的统治，往往把古代旧俗遗风或当时的一些民俗转变成礼法，甚至各朝各代相继纳入本朝《会典》《会要》；有的有影响的人物还依据民间固有的习俗制订出家规家礼，以成为家族内部的制度。这在我国长期封建统治下，并不是什么奇怪现象，它恰恰反映了民俗本身所具有的传承特征是极其鲜明的。同时，也可以看到民俗的变异，特别是移风易俗的本质变异，往往要经过相当长的时间和曲折艰难的路程才能达到。有时，民俗事象的自发演变尽管比较快，但又往往出现由一种陈旧的习俗，变化成另一种鄙陋的新俗。民俗随着历史发展、社会变革、民族文化与地理环境的不同，肯定是在不断变化的，但其变化的程度是不相等的，有时变化大，有时变化小，有时缓慢，有时急速。有的事象甚至完全被淘汰，成为陈迹，像缠足恶俗的废止，就是明证。

为了说明传承性和变异性这两种特征的辩证关系，下面还是回到枣栗的传承与变异上来。宋代政和三年（1113）议礼局修订了皇子纳夫人及帝姬下嫁礼，规定仪式是：赞礼人设公婆（舅姑）位于堂上，“东西相向，舅位于东，姑位于西，舅姑服其服，俱就位，后立女相者引帝姬升自西阶，诣舅位前，再拜讫，赞者以枣栗授帝姬，帝姬奉枣栗于舅位前，舅即座……”这里，用礼仪制度把古俗仪礼规定下来。这样一来，至少在宫廷里稳固地保留了古俗遗风，因此，这一婚俗的变更便十分缓慢。

在宫廷官府的规定以外，宋代还广为流行着朱文公朱熹制订的《家礼》。这个《家礼》中的婚礼，规定新妇在新婚第二天清晨拜见公婆时：

> 妇夙兴，盛服俟见。舅姑坐于堂上，东西相向，各置桌子于前。家人男女，少于舅姑者，立于两序，如冠礼之叙。妇进，立阼阶下，北面拜舅，升奠，置币于桌子上，舅授之侍者以入；妇降，又拜毕。诣西阶下，北面拜姑，升奠，贽币，姑举以授侍者，妇降，又拜……①

这套由俗到礼的规矩，和奉献枣栗的原来意义有了很大的差异。主要表现在两点：一、由献枣栗变成“贽币”了。含意自然由“早敬恂栗”的谨慎伺候公婆，转为孝敬公婆以财物了。二、自古献枣栗之俗，都是新妇升堂入室拜见公婆，朱子家礼却偏偏定为：公婆坐堂上，新妇于堂外阶下拜，献币后，仍须降堂下再拜。11 世纪就已有的这两种变异，使奉献枣栗的习俗更趋于鄙陋，封建家族制度压迫妇女的性质也更为明显。这种习俗的变化，是便利于封建统治的一种逆变和倒退。无怪乎早在朱熹出生之前司马光就称赞这种变化，曰：“古者拜于堂上，今

① 见《朱文公家礼》。

拜于下，恭也。”

到了明代，按《明会典》记载，洪武三年（1370）也定了品官与庶人的婚娶礼。在关于品官婚娶、为子聘妇的规定里，有下列记载：

> 见舅姑，执事者先设舅姑位于堂上，舅在东，姑在西。妇沐浴盛服立于堂下；俟舅姑即座，赞者引妇就拜位，四拜。保姆引自西阶至舅前，侍女奉枣栗授于妇，妇受之，置位前案上，降阶复四拜讫……①

这又是古俗旧礼的原封不动地照搬。明洪武二十六年（1393）定亲王举行盛大婚礼时，正是按这种古俗进行的。婚后第二日清晨，王、妃至宫门外。皇帝皇后升座后，赞礼郎引王及妃入东门，到皇帝面前。王立于东，妃立于西。这时宫人捧枣栗盘立于妃的右边，然后赞礼，王、妃都四拜。执事者二人在皇帝前设案，宫人把枣栗盘交给了妃，妃捧枣栗盘置于案上，执事者举案，妃随捧进至皇帝面前，然后妃复位，再四拜。……

洪武元年（1368）朝廷曾向民间下令说：“凡民间嫁娶，并依朱文公家礼……”可见当时制定的庶人嫁娶规矩和宋代民间无大差别，照例拜见公公时，“侍女以贽币进授于妇，妇受贽币奠于桌子上，舅抚之”，然后四拜。

这样，宫廷品官与民间庶人在婚礼上拜见公婆的习俗，就在传承与变异中沿袭下来。随着买卖婚姻的蔓延，近代新妇拜见公婆，反而要由公婆赏给媳妇银钱财物了，至今东北还流行着“递红包”及“装烟钱”等名目，都是这种习俗的变异。

枣和栗，都是古已有之的大众食品。它们将随着新俗的发展，甩掉

---

① 见《明会典》。

“早立子”的帽子，回到民间的饮食习俗中来，还它们以本来的面目。

关于民俗的特征，除传承性和变异性之外，还有历史性、地方性。所谓历史性，即为民俗发展在时间上所显示出来的特征，也可以叫作标志时代的特征，这是在民俗发展的历史过程中形成的。比如，发式惯俗中男子前顶剃光、后脑留辫的清代发式，自辛亥革命后基本革除了。服饰惯俗中的长袍、马褂、圆顶瓜皮小帽，也大体是新中国成立前的旧俗。跪拜叩头、打千请安、作揖拱手等礼俗也都被鞠躬握手等新礼俗所取代。可见标志民俗特定历史的东西，都显示了这种历史性。所谓地方性，即指民俗发展在空间上所显示出来的特征，也可以叫作地理特征或乡土特征。民俗的地方性带有普遍意义，不论哪一种民俗，都受一定地域的生产、生活条件和地缘关系所制约，或多或少都要染上地方色彩的印记。比如，饮食习俗的口味习惯方面，人们常说我国是“南甜、北咸、东辣、西酸”。这种说法，虽不大准确，但它却标明较广泛的地方性特征。

上述这些历史性、地方性、传承性、变异性，属于民俗的外部特征；民俗的内部特征，又分为民族性、阶级性、全人类性。这些特征，意义自明，限于篇幅，不再赘述。

猎鹿、猎熊和猎貂

——关于经济民俗之一：生产

如果在连日风雪的严冬，坐在东北长白山村人家的火炕上，围着火盆听民间故事，在十个故事里就会听到八九个是讲："从前有一家子，靠打猎为生……"这些迷人的奇异故事，把山村狩猎生活描绘得淋漓尽致、令人向往。即使是在那些生动的人参传说中，也常常会出现虎、鹿、熊等猎物。

过去人们传言，说："关东有三宝：人参、貂皮、鹿茸角"①。其中，除了人参是民间采集经济的特殊项目外，其他两宝都是民间狩猎经济的重要土产。其实，到了长白山，就会感到不只三宝，而是满山都是宝，小到山菜、山果和药材，大至林木和矿藏。作为狩猎的对象，飞禽走兽种类繁多，除貂、鹿外，熊、虎、野猪、狍、麝、狼、狐、獾、貉、兔、鼬、雉鸡等都有。原始山林决定了当地居民的经济生产，狩猎就成了这种生产的重要内容之一。狩猎生涯的代代传袭，便形成了各地、各族不同类型的猎俗。

先从猎鹿说起，长白山区自古盛产鹿，因此打鹿习俗已流传很久。

---

① 过去曾流传"关东三宝：人参、貂皮、乌拉草"，"人参、貂皮、鹿茸角"两种风物谣。这里采用了后者，是为了说明猎鹿习俗。其实，乌拉草的民俗也十分鲜明，是东北人民冬季衬垫牛皮乌拉保暖的绒草，猎人也多用。

据采风调查[1]，当地打猎俗称“打围”，按猎户获取猎物的目的分成“红围”与“菜围”两种。“红围”完全为了经济的目的，为了获取虎骨、熊胆、麝香、狼油、悬羊血等珍贵药用原料。猎鹿也属于这一种，主要是为了取鹿茸、鹿胎、鹿尾、鹿鞭等珍贵补品、药品和食品。“菜围”就不同了，它是完全为了获取野味才行猎的。因此，猎鹿是有自身的民俗传承的。

猎鹿主要是打“红围”，所以在季节性和技术性上要求很强。我国采茸习俗已有悠久历史，远在春秋战国时代，人们就掌握了仲夏鹿角解和仲冬麋角解的特点。同时，古人认为麋鹿角“自生即坚，无两月之久，大者乃重二十余斤，其坚如石，计一夜须生数两；凡骨之顿成，生长神速，无甚于此”。并认为这是大补珍品，“麋茸利补阳，鹿茸利补阴；凡茸无乐太嫩，世谓之茄子茸，但珍其难得尔；其实少力坚者，又太老；惟长数寸，破之肌如朽木，茸端如玛瑙红玉者，最善。又北方戎狄中有驼鹿，极大……角大而有文，坚莹如玉，其茸亦可用”。[2] 鹿茸的生长有很强的时间性，嫩不易得，老不中用。因此，猎手要熟习鹿茸生长期才能打鹿。在长白山猎鹿，通常掌握鹿茸成长的几个阶段，这几个阶段一律以鹿角形状而定。俗名分为：“黄瓜扭”（古称“茄子茸”）、“鞍子”（古称“马鞍茸”）、“三叉子”“四平头”“干叉子”五种。最后一种“干叉子”就是过时老化的角，所以一般以前四种为猎取目标。《抱朴子》介绍了古代猎鹿取茸的习俗：“当角解之时，其茸甚痛，猎人得之，以索系住取茸，然后毙鹿，鹿之血未散也。”可见古人就很注意得到不破、不出血的鹿茸。至今，长白山猎鹿也很注意这种技术，每逢猎取的公鹿被射中倒地后，鹿总是因伤痛而撞头角。有经验的猎手，会飞快跑去，用力抱住鹿头，以防把茸撞碎。

---

① 详见《吉林民间文学丛刊》1979 年第 4 期。

② 见《埤雅·麋》。

母鹿，只有在取鹿胎时才猎取，平时打“菜围”，只寻野猪、狍子之类，最忌打公鹿和母鹿。

猎鹿的方法也是根据鹿的习性和经济目的而有所不同。鹿善跑，喜群，为了取茸，多采用诱捕的办法。自古以来，“哨鹿”是猎鹿的妙法之一。发现鹿迹，猎人一边举起假鹿头，一边吹起牛角哨，学着呦呦鹿鸣，鹿群便聚来，然后射取。长白山民常把盐水洒在鹿经过的道上，诱使鹿群舔地上盐渍，然后射取。这些方法在辽、金、元、清几代的北方少数民族狩猎生产中都使用过，甚至皇室围猎，也多采用这种民间猎法。《辽史》记载：辽景宗在秋季行宫（辽语称“秋捺钵”）伏虎林与皇族入山射鹿，“伺夜将半，鹿饮盐水，令猎人吹角效鹿鸣，既集而射之”。辽代俗称“舐硷鹿”，又称“呼鹿”；清代叫“呼鹿”为“哨鹿”。

从狩猎经济的民俗角度看，猎鹿生产，从目的到方法，都在民间形成了自身的猎俗类型。至于由猎鹿直接联系到“割茸”“炸茸”“取胎”等一连串特技的传承，都有自身的习俗惯例。这些习俗惯例，有力地影响着民间狩猎经济生活的各方面。

再说猎熊。长白山区产的黑熊，东北俗称“黑瞎子”。在东北各族人民中，世世代代流传着关于黑瞎子的各种生动有趣的传说故事，同时也传讲着猎取黑熊的种种惊险的遗闻，传授着猎熊的独特习俗和技巧。

长白山的寒冬季节，黑熊有“猫冬”（即冬眠）的习惯。山民把这种情况叫作“黑瞎子蹲仓”。“蹲仓”就是黑熊躲进森林里的枯树洞中过冬，古人称这种树洞为“熊馆”。猎人就利用这个特点组织猎熊活动。他们根据多年经验，把熊在枯树中的出入口分为：在树干顶上的俗称“天仓”；在树根附近的通称“地仓”。无论猎取“天仓”或“地仓”里的黑熊，都称作“掏仓”或“刷仓”。

冬季猎熊，最难的是掏“天仓”。猎人们采取包围的形式，由专人贴近树干，用大斧猛击树干，震惊里面的睡熊，驱赶它从顶端爬出。这种做法叫作“叫仓”，危险性很大，往往黑熊突然出来，围猎者射击稍迟，诱熊人就有被熊伤害的可能；相反，如果熊刚一露头就射击，熊受伤后掉进树洞，要费很多力气和周折才能取出。最好是黑熊的大半身探出仓时，射中后即会摔到树外。有经验的猎手都能掌握这样的时机。

这种“掏仓”的猎俗，我国古已有之。《异苑》杂论熊一则说：“熊无穴，或居大树孔中。东土呼熊为‘子路’，以物击树云：‘子路可起’，于是便下，不呼则不动也”。除这种方法以外，其他季节有用钢铜丝套套捕的，也有用陷阱（俗称“地窖”）或“阎王碓”（一种机关夹具）捉捕的。但是，从经济目的看，还是以冬季“掏仓”为主。因为，这时摘取的熊胆，不容易腐臭变质，另外，熊掌此时营养也最为丰富。古人在文献中记载：熊“冬蛰不食，饥则自舐其掌，故其美在掌”[①]。古人有时叫熊掌为“熊蹯”。古代关于宴食熊掌的记录，以及孟子说的“熊掌亦我所欲也”，可以作为这种珍贵食品的经济价值的反映。

猎熊的传承，在猎俗中也以自身的特点，反映了民间经济生产的民俗类型。甚至可以说自远古“有熊氏”的神话传说时代以来，人类猎熊的习俗便一直流传了下来，成为民间狩猎经济的一个组成部分。到现在，东北达斡尔族、鄂温克族、满族、鄂伦春族中流传的古老的猎熊歌舞，正是这种猎俗的艺术反映。

再谈猎貂。貂是小食肉兽，和鹿、熊不同，它的经济价值也和鹿茸、熊胆不同，完全取其皮毛。长白山紫貂名贵，清代朝廷在长白山设“打牲乌拉”这种专门机构，重点就是为了给皇家收取貂皮。貂皮为东北三宝之一，也是自古就有的。古史上北方少数民族向中原王朝进纳贡品多有貂皮。《本草纲目》中说的“辽东高丽及女真鞑靼诸国”，长白山恰是特产区。

① 见《埤雅》。

貂皮自古就被认为“燠于狐貉”，“其毛拂面如焰”①。汉代官仪有天子侍从武将冠戴加黄金珰，用貂尾装饰的规定。苏秦为使时赵王曾赠他貂裘黄金。赵武灵王学北方少数民族的冠戴，最早用了貂尾的装饰以标贵职。足见貂皮在我国民间经济民俗发展中的位置，有多么重要。

猎貂的方法，又不同于猎鹿、猎熊。古人记载，北方契丹人介绍：“青貂穴死，牛腹掩取之；紫貂升木，射取之。”② 多年来堵洞穴，弩箭射是两种主要方法。长白山区猎貂有自己的特点。捕貂常用烟火熏洞穴，迫使貂出洞，落入网袋中。有时用木板等做成夹子、排子、关子，安上机关，拴上诱饵，放到貂出没的地方，貂误食诱饵而被夹住、压死。最有特色的是用“狗围”捕貂。“狗围”是利用猎狗寻找貂迹，然后捕杀的。在赫哲族、鄂伦春族、达斡尔族中常常有专门的猎手，带着猎犬，拖着雪橇到乌苏里江上游山地，或长白山茂密的林中猎貂。猎犬发现貂迹，便由“头狗”带头吠叫扑上去。貂受惊后立即跳到树上，在树间飞快窜逃。猎手这时只能靠猎犬敏锐地盯住猎物，然后射杀。

猎貂在东北也十分注意季节性和它的生活规律性。严寒的腊月，雪地上貂的足迹十分清晰，这时正是它们的繁殖期。猎手们便在它们必经的小道上装上弓弩，貂经过时，即被射中。貂靠食栗鼠活着，所以有栗鼠群活动的地方，一定有貂群。猎手们按照这种规律去捕杀，可以得到不少收获。

猎貂和猎鹿、猎熊一样，也构成了民间狩猎经济的一种民俗类型。所有这些狩猎习俗惯例，汇集在一起，便形成了一幅多彩多姿的狩猎风俗画，展现了特定地区经济生产的民俗性格或民族性格。

同样道理，由山村的狩猎民俗类推到渔村的捕捞民俗、牧区的畜牧民俗以及广大农村的农耕民俗，都是整个经济民俗传承的主要内容。过

① 见《埤雅》。

② 见《邻几杂志》。

去，早期西方民俗学者对民间经济领域的生产习俗是采取排斥态度的，几乎认为只应当着眼于生产当中的仪式与信仰。比如，猎前的祭祀、获猎物后的分配、敬祖以及信奉貂神的种种仪式等。但是，科学的民俗学告诉我们：没有这些密切关联着山民生活的狩猎、采集生产，就无从了解他们对山林、山神以及对虎、貂、鹿、人参等精灵的崇拜和迷信，也无从了解他们的种种山礼山规和禁忌。没有那些紧密联系着渔民生活的行船捕捞的艰险作业，也无从了解他们对海神、河神、海夜叉、龙兵等的崇信，更不好理解渔民给海神娘娘送灯的风俗。没有那些逐水草放牧畜群的畜牧生产习俗，也就无法了解草原上对大自然变幻莫测的“天”的信奉，对“蟒古思”魔鬼的迷信，也无法了解牧民的全部社会生活习俗。没有丰富多样的农业生产习俗，就无法理解对土地神、龙王以及对各种瘟、虫、旱等灾异的迷信，也无法理解农民消费生活习俗及社会民俗中的各种特色。

从东北局部地区的几种猎俗的简析中，我们注意到民间经济生产的民俗，是民俗学的重要内容之一，也是民间文化发展和人民智慧与创造的结晶。无数的传说、故事都从打鱼、打猎、放羊、种地讲起，许多首山歌民谣也是从山上、水上、草原、秧田和纺车旁唱起。民俗学排斥了民间生产的大量习俗惯例，忽视了民间生产作业的传统方式和技巧，许多民俗事象便难以找到现实的依据了。

从我国民俗的发展、演变看，虽然五十多个少数民族具有不同的风俗习惯，但是从经济生产的民俗事象看，大体上有四种形态，并由此构成了生产共同体——村落经济。这就是前面提到的山村经济、渔村经济、牧村（部落）经济、农村经济。这四种民间经济生产以农业生产的民俗为主干，同时还有种种交叉复合的民俗状态。像渔猎、农渔、农牧、牧猎、农猎的结合体，使经济民俗的多样性，构成了“十里不同风，百里不同俗”的外在基础。世世代代民间经济生产民俗的传袭和发展，对社会的、信仰的、艺术的其他民俗发展，始终有着重要的影响。

我国人民从自己的生活出发，长期以来积累了有关经济生产的民俗经验，并用口头形式传了下来。群众有自己的生产民俗观，不管旧式民俗学如何排斥这方面的内容，民间却十分详尽地总结着这方面的内容，并不断发展着它们的民俗性格。各民族的生产谚语，就是这样一部丰富的经济生产民俗的百科辞典。

民俗学对民间经济生产的剖析，对于民间文学的调查研究有着重要意义。比如，赫哲族动物故事《黑熊的尾巴是怎么短的》，讲黑熊原来尾巴长，只因为黑熊上了狐狸的当，用尾巴到冰窟窿里钓大哲罗鱼，被冻在冰里了。这个小故事把赫哲族的渔猎生产都展现出来了。熊和狐都是经常的猎物，凿冰眼钓大哲罗鱼正是赫哲族捕鱼习俗的主要项目之一。这种类型的故事就具有十分鲜明的民族民俗特色，它不可能出自藏族、壮族或白族等西南民族的口头文学。同样，傣族故事中的孔雀公主故事也不可能出自东北各民族民间文学中。

民间经济生产民俗的直接调查方法很多，最普通的方法是详细记录生产历的办法。这种办法是：以一个村落的经济生产为对象，逐日调查，用春夏秋冬四季，旧历十二个月（或民族历各月顺序），农事岁时二十四节气，一年三百六十五日作为调查的“经线”，以农、牧、渔、猎等不同生产类型的各种细目为调查的“纬线”，记录每日夜的逐项生产习俗惯例，然后进行综合分析，便可以了解这个村落的经济民俗概貌了。这种民俗调查对发展经济文化都有价值，也是移风易俗的科学依据。

研究民间经济生产的民俗，是我国当代民俗学的重要任务之一。它可以使我们的民俗科学，立足于我国各民族的实际，着眼于大量的日常习俗惯制，对发展社会主义时期的新民俗有积极作用。它可以使我们排除那种过多猎取奇风异俗的偏向，开创出我们自己民俗科学的路子来。

工匠和规矩、准绳

——关于经济民俗之二：工匠

鲁班的传说自古以来便家喻户晓。鲁班不仅是大工匠的典型，而且早已经成为神匠鬼工的祖师爷了。

《述异记》有一则短小的传说，说鲁班制作的一只大石龟，夏天能游到海里去，冬天可返回到山上。从这则传说看，鲁班是个奇巧的石匠。

在《朝野佥载》中也有一则故事，说鲁般是甘肃敦煌人，生卒年代不详。他当时在凉州造塔，想回家时便乘上他自做的木鸢，击楔三下，就飞到家了。后来，他父亲乘他的飞鸢时，击楔十下，于是飞到了吴地。当地人以为是妖物，把他父亲杀了。鲁般为报杀父之仇，又做一个木神仙，举手指东南吴地，大旱三年。后来，吴人以重礼致歉，他才砍断仙人一只手，吴地当即下了大雨。从这个传说看，鲁般又是个神奇的木匠。

这就难怪民间石匠、木匠都尊奉鲁班为本行业的祖师了。民间传唱的"赵州桥，鲁班修"，旧时木匠作坊为鲁班年年办"社"，纪念庆贺，民间谚语中以"班门弄斧"而誉鲁班之绝巧等，都说明了技工在历代群众生产生活中的重要地位。

鲁班或鲁般，自汉以来，大多把他看作是春秋时鲁哀公时代的公输般，甚至以为他就是鲁昭公之子。在传说中，他既是鲁国人，又是敦煌人。在古乐府中又传唱着“谁能刻镂此，公输与鲁班”。所以《广阳杂记》又认定鲁班与公输“明系两人”。看来这个大工匠的典型正是所有能工巧匠的化身，是民俗传承的创造。

实际上，早在传讲鲁班之前的很长历史时期里，工匠的神话及有关文献记载就已经有许多了。不过神话以石工的为多，如“女娲炼石补天”“禹治水刻石计里”等。关于木工、金属工，周代多有记录，而且分工很细。在《周礼·考工记》中介绍得很清楚，当时木工生产行业有七种，造车的叫“舆人”，造轮的叫“轮人”，制弓的叫“弓人”，制戈戟木柄的叫“庐人”，制作古代木弯犁的叫“车人”，制作古代钟磬木架的叫“梓人”，只有盖宫室房屋及制作室内木器的才叫“匠人”。由此可见，我国当时工匠技术的发展，已经是相当可观了。

在《庄子》里，还几次介绍了一个名叫匠石的大木工的神奇故事。说有个郢人，用白泥涂了自己鼻尖，白点像苍蝇翅膀那样薄，然后就叫匠石把这个白点砍去。匠石便抡起锛斧，一股风似地砍了下去，白泥点砍尽了，鼻子却一点也没伤着。[①] 这个小故事，十分动人地记录了人们对能工巧匠的赞颂。难怪宋国的国君听到这件事以后，也想亲自试一下。尽管这是则艺术夸张了的小故事，但却从一个侧面反映出两千多年前我国工匠经济生产的面貌。

工匠生产在我国古代民俗传承中，最伟大的智慧创造就是百工“五法”。《吕氏春秋》里谈到巧匠时，总是引申出一些道理，而这些道理都是从“五法”中提炼出来的。他说：“欲知平直，则必准绳；欲知方圆，则必规矩。”[②] 换成今天的俗谚来说，即“不以规矩不能成方圆”。这“五法”是什么呢？据《墨子》载：“为方以矩，为圆以规，直以绳，衡以水，正以县。”

---

① 见《庄子·徐无鬼》。

② 见《吕氏春秋·自知》。

矩：直角正方的木匠曲尺，古代俗称“鲁班尺”。在历代流传过程中，又称“车工尺”“商尺”“大尺”“今尺”“营造尺”。这种尺在我国木工手里，已经至少传了三千年，至今还在用。

规：正圆的工具。古代正圆的规是一根平木，一端固定一个圆心轴，另一端凿一排孔，孔中临时按圆的大小插画线的棍，以手推转，后来又发展成以绳作半径，两手操作旋转成圆。

绳：古称“绳墨”，是画直线的工具。现在俗称“墨斗”，其操作简单，利用小滑车，缠线通过墨槽，在木材上打印直线，十分清晰且又准确。因此，古人讲到准绳时，总是以木工技巧立论。

水：取平自古用水。至今，农村建房打地基时，往往还要用大铁锅盛满水，用绳测地面水平。《尚书·大传》说：“非水无以准万里之平”，正是这种技术的概括。后来因有了准尺、丁字形木尺，这样无水也可测平了。今天现代化的测具，仍然装有水泡测平的仪器，也是古代民俗的变异。

垂：取直立的垂绳。俗称的“木匠吊线”，单目测直立的古代方法，正是垂法。

这“五法”构成了木工民俗特征的一个重要侧面。它们和木工的刃具使用法结合在一起，形成了木工民俗传承的最基本的形态，代代师承，组成了木工行业的手工业集团。这种集团和其他类型的工匠，如铁工、瓦工、镟工、皮匠……汇集在一起，成为人类经济生产体系中独树一帜的生产队伍。他们以自己的各种技术参加到山村、渔村、牧区、农村的各种经济中来，成为不可忽视的生产力量。民俗学对这些职业集团不能不予以密切关注。

自古以来，把“匠人”营造宫室的技术看作“大工”。建房木工的“榫卯”技艺，就是十分宝贵的民俗传承。“榫卯”古称“簨牡”，汉代称“门牡”，后来又叫“枘凿”，现在俗称“公母”，都是这种木工结构法的传承。至于后来“斗栱”技巧的创造，更是营造技艺传承的一绝。

木工相材往往也有自己的民俗特点。古俗相木材以耐久为标准，这也许是我国许多古代建筑和木器物经千年不坏的原因之一吧。《庄子·人间世》记了一个完整的匠石相木材的传说，很有木工民俗特点。故事说：匠石领着徒弟到齐国去，走到一个地方看到一棵神秘的大树。树荫可以遮盖群牛，树围有五丈，高有八丈，树的枝丫可以做成船的就有十多枝。来看这棵大树的人山人海，唯独匠石看也不看继续前行。他的徒弟问："我跟随师傅学手艺到现在，还没有看到有这样好的木材，可是，你却连看都不看，这是为什么?"匠石说："那不过是无用之木。用它做船会沉掉，用它做棺椁会很快腐朽，用它做器物会很快损坏，用它做门窗会淌脂液，用它造柱子会遭虫蛀。"这个故事完整地表现了木匠基本功的传承。

我国自古以来就有反映工匠师徒关系的动物小故事。有一故事说猫是老虎的师傅。猫把技术传给虎以后，虎就要吃它，猫便爬到了树上。老虎上不了树，才知道猫师傅留了一手绝艺，没传给它，所以虎不能上树。这种类型的故事，大体上反映了旧式工匠传艺的特点。民间有一则讲鲁班和徒弟赵巧儿的故事，说"赵巧儿送灯台，一去不回来"，就揭示了工匠师承的重要。

从木匠的传承来看其他各种类型的工匠职业集团，可知他们都用自己特定的民俗传承，发挥着各种物质生产的经济职能。广泛散居在民间的匠人及其作坊，大体上仍旧沿袭着古老的技工传承而从事作业，只有在大规模现代化生产的条件下，这种种小手工业者的原始的民俗形态，才会迅速消逝。因此，民俗学对工匠经济的研究，无论对现存的大量工匠生产还是对未来手工业的现代化，都有重要意义。

除了技艺的传承外，由于工匠的生产处在长期被压迫的历史条件下，也把种种信仰事象传袭了下来。这些事象绝大部分是针对雇用东家的。拿木瓦工匠的"厌胜"来说，就是从匠人生产的民俗传承中，逐渐形成而神秘地施行的一种信仰事象。但它不仅是民俗信仰的一种形式，同时也反映了工匠生产关系中的斗争问题。据《西墅杂记》记录的几则关于匠人“厌胜”的短小传说，可以看出工匠常利用这种巫、蛊、咒的手段，来惩治或报复富户雇东。据传说：有一家莫姓大户人家，每到深更半夜，房子里便有角力摔跤的声音不停传出。家里人经过多次驱邪禳灾，都不生效。后来，把房宅转卖他人，拆了以后才发现，梁间有木刻的两个小人，裸体披发正在摔跤。这里的灵验当是无稽之谈，但私下镇物倒是完全可能的。木工安放木雕镇物的例子古今并不少。《西墅杂记》又记载说：韩氏营造房宅后，死丧不绝；四十多年后，风雨毁坏了院墙，在墙里发现藏有一块孝巾，以砖弁之。这显然是瓦工咒韩宅主人死丧的做法。我们在近年辽北的民间文学调查中，从木工口里也听到了一件关于“厌胜”的事：说新中国成立前一家财主大兴土木盖宅院。因为他太刻毒了，木工、瓦工都纷纷偷下镇物，诅咒他快点家败人亡。可是过了好多年，这家不仅没有败落，而且传了好几代，还靠剥削穷人发了大财。工匠们的后代都暗自纳闷，埋怨祖上的镇物不灵验。据说，土改时这家地主逃亡到黑龙江一带。农会翻修他家房宅时发现，正房梁间秘密安放着一个小木人赶着一辆小马车向大门外走的样子，大门楼墙里还发现，砖刻上有一个小人手拿弓箭向房中做射箭的姿势。木、瓦工说：赶车的木人是咒财主把家财都拉出去、取耗尽家资的意思，射箭砖人是咒财主家人口丧亡。那么又为什么不灵验呢？木、瓦工说：这两种镇物相克了。赶车人想让财主家破，但是车出不了大门，射箭人把箭头指向木人，所以财主家得以保全，直到新中国成立才打倒了财主。这个小故事十分生动地表述了工匠习俗的某些方面。

这种俗信的渊源，除了具有一般巫蛊特点外，主要还是在于工匠相信本工种技艺的高超和神奇。从很古的文献资料中就有关于这方面的记录。《列子·汤问》中记有周代偃师为周穆王制作能歌善舞的“机器人”的故事；《文士传》有张衡作木鸟，装上羽翼，腹内设机关，飞行数里的故事；《三国志》载诸葛亮制造木牛流马的事迹。晋代流传着匠人区纯（区纯是人名）制木妇人看守门户及制作木人舂谷的故事。唐代有马待封为皇后造妆具，用木人取手巾、梳篦和脂粉、眉黛、髻花的故事。《朝野佥载》中记有王琚做木獭沉于水中捕鱼的故事；殷文亮制木妓，唱歌吹笙酌酒的传说。《杜阳杂编》记韩志和制木鹤鹊等腹内设机关，可以飞行高三丈、远一二百步外。此书还载他制木猫捕鼠的传说。宋代有曾民瞻制作报时木偶二人，左木人昼司刻、夜司点，按刻点击铁板；右木人昼司辰、夜司更，按辰更鸣铜钲的事迹，记在《吉安府志》里。此外，指南车、记十二辰车、计里车、舂米车等，历代也多有记载。所有这些，都从工巧技艺的传承方面，显示了工匠的重要地位。至于历代楼室、桥梁、用具的工巧技艺，在文献、口头上传诵得就更多了。

古代的金工传承，后来发展成为金、银、铜、铁、锡五金工匠行业，再发展出近代的冶金、铸造、锻压，以及现代的车、钳、铆、焊等工种。

古代的石工传承，后来发展成为石雕刻、石建筑、石器皿及玉器宝石等工匠，直至今日。

古代个体陶工传承，后来发展成我国著名的陶瓷工匠作坊；由瓷器进而发展到搪瓷、玻璃制作。

其他像织工、漆工、染工的传承也都对经济生产发挥着各自的作用。大规模现代化工业生产和固有的工匠职业集团生产，有着千丝万缕的联系。工匠中的民俗事象至今还以它固有的特点影响着工业生产。因此，对经济的民俗、对工匠的调查研究，对我国的经济发展是有重要意义的。

工匠职业集团在我国有极广泛的影响，它是民俗学经济生产方面不可忽视的一个内容。工匠生产的技艺及创造都各具不同的类型，在各个时代、各个地方及各个民族中，都有不同的民俗特征。

广西、贵州、湖南毗邻地区的侗族山寨，人们住的都是一座座的杉木楼。这些木楼依地形不同而有不同的风格，有的甚至在陡坡上能架起宫殿式的房屋，很是壮丽。这些山寨木楼的设计技艺也十分高超，和别的民族工匠不同，全是在半边竹竿上绘制蓝图的。工匠先是用规矩、准绳测量好地形，然后只用一把曲尺，一支竹笔，便把全部构想画到半边竹竿上。这个设计图，侗语称作“香竿”。在一条香竿上画出密密麻麻的图形，只有侗寨工匠师傅们才看得懂。

香竿的长度和所建房屋的中柱一样高，绘凿前先刮去光皮，露出竹质。因底色金黄，易于着墨。侗乡奇巧的鼓楼、风雨桥，都曾点画在这样的半边竹竿上。香竿上标满工匠们传统的特殊文字记号。这些标记大约等于十三个文字，即：前、后、左、右、上、下、中、方、天、士、挂、梁、柱。这些文字记号也只有侗族工匠师傅才能识别。

竖屋架时，亲朋邻里都来帮忙。上梁时的仪式是：屋梁上系着红布，吊着禾把，当它慢慢升上屋架时，主人燃放鞭炮，向观看的人撒丢糯米糍粑。上梁后还有“踩梁”仪式。由木匠在梁上行走，把一匹侗布的一端系在屋架上，手拿着糍粑唱赞词。在赞词中，木匠自称是鲁班弟子，祝吉利、祝主家子孙成栋梁，祝“鲁班主家一样旺”。迁入新居时，还要行新居之礼，要打油茶，办酒席，唱贺歌，往往从白天闹到半夜才歇。

工匠生产所表现出来的民族民俗特色十分鲜明。目前，在我国广大乡村或少数民族聚居的地区，工匠生产仍然占有很重要的经济地位。对工匠职业集团的民俗事象的关注和研究，正是民俗学的任务之一。

从“貂蝉”谈服饰

——关于经济民俗之三：消费（一）

一提起“貂蝉”，读过《三国演义》的人立刻想到了吕布、董卓与貂蝉的故事；听过京剧的人首先想到《凤仪亭》。不过，我们这里说的并不是东汉末年的美女貂蝉，而是装饰着“貂尾”和“蝉”的“貂蝉冠”。它是古代服饰中的一种冠帽。

貂蝉冠在我国流传久远。据文献记载，早在战国时期，北方少数民族就已经把饰以金珰、插以貂尾的帽子作为贵职的标志了。到了赵武灵王时，又把这种冠帽作为王冠。秦灭了赵，秦王把这种王冠赐给了近臣，从那以后，这种冠帽被定为皇帝侍从武官的帽子。从汉代定制，把这种“加黄金珰，附蝉为文，貂尾为饰”的帽子称作“常侍武冠”，也称“貂蝉冠”，一直传到宋代。这种帽子在宋代又叫“笼巾”，那时它的构造样式在《宋史·舆服志》里记得很清楚：“织藻漆之，形正方，如平巾帻，饰以银，前有银花，上缀玳瑁蝉，左右为三小蝉，衔玉鼻，左插貂尾。”这种样式已经与汉代有些不同了，因为汉代的式样，与从北方少数民族传入时一样，还是“前插貂尾”。到了清代那就完全不同了。清官室老家在产貂的长白山和三江流域，因此，皇帝的近臣就不是戴“貂蝉”，而是近于套“貂帽”了。这貂帽是全貂皮做的防寒帽，更加珍贵。清制规定只有文官四品以上、武官三品以上才可以戴貂帽。

帽子上饰以“貂尾”和“蝉”是什么意思呢？古代文献中有许多

解释，说貂尾取其“紫蔚采润”，有文采而不“彰灼”，外柔易而内刚劲；蝉，“清高饮露而不食”，取其“清虚实识变”。也有的说这种帽子象征：“在位者，有文不自耀，有武不示人”①。这些解释就说明了貂蝉冠在民俗中的位置，它为踞高位者所用，是有特定阶级与阶层特点的；在宫廷习俗中，这种装饰不是随便可以戴的。《晋书·赵王伦传》记了一段历史故事：赵王伦与孙秀篡夺皇权后，对他手下的同谋者大加封赐，奸佞营利之徒、富室纨绔之子、奴卒厮役，凡是保他们夺权的，一律超阶越次，加官晋爵，甚至封侯。当时朝廷集会时，“貂蝉”满座。民间对此大为不满，流传出一则谣谚说：“貂不足，狗尾续”。狠狠地讽刺了那时朝廷的这批奸佞。从此，就有了“狗尾续貂”的典故。足见服饰冠戴是有自己的习俗特征的；另外，民俗对服饰冠戴的制约也是很严格的。

史书上常有用“貂蝉”开玩笑的记述。像南齐名将周盘龙，晚年镇边，要求解职。齐武帝把他调入宫廷为常侍。这本来是降职使用，所以对他开玩笑说：“你戴‘貂蝉’比戴战盔怎么样?”他不敢轻慢，忙回答说：“这‘貂蝉’是从战盔中生出来的”。又如，梁武帝时，才子陆云公很善于棋艺，经常陪皇帝下棋。有一次，他的武冠被蜡烛灯火烧着。皇帝笑着说：“烛火烧了你的貂蝉了。”其实，陆云公并不够戴貂蝉的级别，皇帝这句戏言显然是要加封他为侍中，果然后来兑现了。这两个小故事就把服饰冠戴的俗例标志出来了。至于《梦溪笔谈》里讲的蔡御史照镜子，居然看见镜子里面自己戴上了“貂蝉”，以为这是升官的异兆，这就更具有民俗特色了。从“貂蝉”类推到所有的服饰鞋帽，从古至今，从中及外，都有自身发展的民俗历史。

服饰鞋帽在民间经济生活中属于消费一类，通常称之为“衣着”或“穿戴”。穿戴是人类独有的智慧、独有的技巧所创造的物品。在世

---

① 见晋·崔豹《古今注》等杂录。

代传承中，它既保护身体，又是人体的装饰。服饰的发展，使它的概念几乎成了人体外部装饰及保护物的总称。不仅包括“貂蝉”这样的冠帽，也包括靴鞋。同时也包括了所有附属性的实用品和装饰品，像袜子、手套，就连首饰、手帕、扇子，以及后来的提包、钱袋等，也附加在内了。这样就形成了穿着打扮的综合意义了。尽管如此，服饰的主体还是指服装。

服饰在世世代代的民俗传承中，形成了各种类型。这些类型又依据多种民俗因素构成了服饰的多彩多姿的风貌。在这里，服饰类型所依据的民俗因素是十分重要的。下面有必要介绍一下：

一、依据性别形成的服饰习俗。在男女性别上自古以来就有民俗上的区别，不仅信仰上有男为天、属阳，女为地、属阴的对称，就是服饰上也很有差别。周代王室就按照阴阳之别，男女祭仪之差，把天子之服定为九种，祭服六，常服三；王后之服定为六种，祭服三，常服三。王后因为没有祭天地、山川、社稷的仪礼，所以祭服只有三种。王后的三件常服很值得注意：一种是表示亲自养蚕的服装，黄色，名叫“纬衣”；第二种是王宴宾客时见礼的服装，白色，名叫“展衣”；第三种是深居闲处时的服装，黑色，名叫“缘衣”，取其“至阴不动”“太质无华”的意思。实际上按周代的礼俗，王后这些常服，在许多卿、大夫、士的命妇身上也穿。同样道理，历代民俗服装总是依据男女分工的不同，男女在家庭内外的礼仪不同，男女生理习惯上的不同而分出差别的。

二、依据年龄形成的服饰民俗。自古以来，人在一生的不同阶段都有不同的特征和仪礼，因此，也形成了不同的类型。比如在我国农村多少世纪以来幼儿穿开裆裤的传承，就很有特色。随着年龄的增长，在服装样式、色彩、质料等方面，就都有不同的要求了。

三、依据季节形成的服饰民俗。现在一般分成单、夹、棉、皮，统称四季衣裳。夏季的短衫、短裤，冬季的皮袄、重裘，各有特色。《诗经·豳风·七月》里写的“七月流火，九月授衣”，表明九月霜降，妇功已成，可以授冬衣了。这就是季节因素使服饰构成了不同类型。《隋书·袁充传》中有一段小故事：说袁充小时候，有一年冬天家里来了父亲的同事，见他还穿着夏天的葛布衫，就嘲戏他说：“袁郎子絺兮络兮，凄其以风”。这里嘲弄他不合时令，太寒酸了。袁充很机敏地背诵了《诗经·葛覃》中的两句回答说：“为絺与绤，服之无斁”，宣称穿葛衣是百穿不厌的。可见不按季节穿衣，就会在民俗上遇到压力，至少会使人以为反常。《高士传》里记有另一个故事，说吴地有位叫披裘公的人，背柴走在道上。有一个人出游，见道上有失落的钱，就对公说：“你把那钱拾起来”。披裘公把柴镰一扔，怒目而说：“你就这样以为自己高贵，看别人卑贱。我五月里披皮袄背柴火，难道是个拾钱的人吗?”那人只得吃惊致歉。因此，可见季节给服饰习俗带来的特征是明显的。

四、依据用途形成的服饰民俗。穿着服装常常受生活需要的制约，比如有内、外衣之分；有日常便服与工作劳作服之分；此外还有节日、礼仪服装。自古以来，冠、婚、寿、丧，各礼都有专用服饰。又比如《小雅·无羊》中的蓑衣，自古以来就是御雨专用的草衣，斗笠原是防暑用帽，后也兼及防雨了。又因蓑笠多为渔民穿着，所以又在习惯中成为渔人标记了。《左传》记陈国成子穿的雨衣，就是为了防雨，用油绢做成的，后历代沿用。

五、依据职业形成的服饰民俗。猎户有猎装。在《水浒传》里，介绍解珍、解宝时，说他们穿着“豹皮裤，虎皮套体”。这正是古代一般猎装的描述。现代北方猎装多用耐磨耐寒的皮装，如冬狍皮做冬猎装，夏狍皮做春秋装，做翻毛皮袍为打猎伪装。其他职业的，渔家有渔家的穿着打扮，牧人有牧人的装束，商人有商人穿戴，工匠、医师、屠户、厨师，各行各业的衣着佩饰，都有自身的特殊标记或样式。僧、道服饰也是如此。

六、依据地位形成的服饰民俗。性别、年龄、职业相同，但因身份与尊卑所标志的地位不同，也构成了不同特点。在这里，阶级的差异所标志的不同特点最为鲜明。“貂蝉冠”“貂裘”代表的主室近侍，官衙贵胄身份，就是有力的证明。《红楼梦》第六回，刘姥姥第一次见到的王熙凤的打扮：“紫貂昭君套，围着攒珠勒子，穿着桃红洒花袄，石青缂丝灰鼠披风，大红洋绉银鼠皮裙。”这是一位贵妇人身份的家常冬装。又如第二十四回介绍鸳鸯的穿戴是：“水红绫子袄儿，青缎子坎肩儿，下面露着玉色绸袜，大红绣鞋。”二十六回介绍袭人的服饰是：“银红袄儿，青缎子坎肩，白绫细褶裙子。”这又是贵族人家主子的贴身丫鬟的装束。身份、地位的差别在服饰上所标明的规格，和社会制度有密切联系。封建时代的等级制度在服制上有十分严格的规定，这些规定虽然是“以礼为服制”，但在传袭中也逐渐成俗了。鲁迅笔下孔乙己的长衫即为一例。

七、依据民族形成的服饰民俗。这种由民族差别所决定的装束上的特色，是服饰民俗最鲜明的标志。民族生活和文化传统形成了各民族在服饰上不同的审美标准。服饰样式、花色都是按本民族的惯例而形成的。例如，鄂伦春族的狍皮袍，女式的与男式的稍有不同。在领口、衩口、袖口、襟边，都用不同颜色的薄皮镶成边饰，还有图案花纹，皮套裤的膝部也绣有图饰。鄂伦春人戴的帽子叫“密特哈”，是完全用狍头皮按原形缝制的，别有风貌。脚下男女都穿毛皮长靴。景颇族男子多穿黑色圆领对襟上衣，下身穿宽大短裤，头上缠黑布或白布包头，头巾两端装饰着图案花边和小绒球。景颇族女子上穿黑色圆领对襟衣，下穿色彩鲜艳饰以花纹的筒裙；上衣较短窄，多用银币制成纽扣。已婚妇女包黑包头。苗族妇女穿的无领满肩衣，围裙、裤子和鞋，都装饰有著名的“苗绣”——花鸟兽鱼，别具一格。蒙古族喜欢穿马靴，有一种翻头传统牛皮靴叫包拉嘎力靴，还有一种马海布靴，上边都有蒙古族彩色图案。宽大的袍子的沿边、襟衩都饰以彩缎或花绦，腰系彩绸带。骑马游牧民族的特点十分鲜明。其他各民族的服饰也各有本民族特点，构成若干种类型。

八、依据原料形成的服饰民俗。这一点和经济生产、自然条件都有关联。前面说的鄂伦春的皮袍，就与狩猎有关。丝、绸、缎、锦，决定于桑蚕业；布决定于棉花生产；葛布与麻布又取决于葛麻生产。因此，各种原料的经济价值和质量派生出了服装质料的差异或服装所标志的身份、地位的差异。在我国民俗传承中穿绸缎与穿布麻大体上分成两类不同的阶层。像《红楼梦》中荣、宁二府里的人物服装，基本上是由绸缎标志出来的；《水浒传》中英雄人物服装，基本上是由布麻标志出来的。古人常以“布衣”代表平民百姓，正是服装原料形成的习俗。

九、依据色彩形成的服饰民俗。这里色彩的民俗有两种性质：一种是色彩所标志的装饰美的性质；另一种是色彩所标志的信仰方面的性质。这两者在民俗发展中往往是结合着的。

我们常见的阴色、阳色与吉服、丧服，都有对色彩崇拜的信仰在内。据《礼记》载，天子服装的颜色按季节有不同的规定：孟春穿青色，孟夏穿赤色，季夏穿黄色，孟秋穿白色，孟冬穿黑色。这是按季节的阴阳五行，制定出五方正色而成为礼俗的。除正色外，又按相生相克的信仰，定出间色，介于五色之间。我国服饰的色彩，与古代五方正色的色彩信仰结合在一起。《诗经·邶风》中有“绿兮衣兮，绿衣黄裳”，上衣为正色才对，下裳为间色才对，可这里上衣为绿色，下裳为黄色，故被视为不合习俗。又如古代僧道服饰，除样式外，对色彩的限制也是严格的。僧分禅僧、讲僧、教僧。《明会典》记：禅僧常服是茶褐色，青绦，披五色袈裟；讲僧常服则是五色，绿绦，披浅红袈裟；教僧常服是黑色，黑绦，披浅红袈裟。道士常服都是青法衣，只有朝服才是红色的。至于喜庆礼仪服色尚红、黄、绿，凶丧礼仪服色尚白、黑、灰，这都是在民俗发展中形成惯制的。唐睿宗改年号为太极时，曾特赐服给国内老人，九十岁以上的赐“绯衫”，八十岁以上赐“绿衫”。清官最高赏赐为黄色马褂。不同民族对不同色彩的看法也各不相同，象傈僳族青年妇女的上衣衫多用红、黑、绿、花布配成条格，白衣袖口镶黑布边。色彩所形成的民俗类型是多方面的，反映到服饰上的也是多种多样的。

十、依据工艺形成的服饰民俗。这是由裁缝、编织、印染、绣、嵌等工艺技巧的传承所构成的服饰习俗。平、斜、格纹的编织，各色花鸟虫鱼的印、绣，各种图案绦边的镶嵌，纽扣、飘带及佩物的缀饰，都有习俗惯例。《诗经·召南》中的“羔羊之皮，素丝五紽”“羔羊之革，素丝五緎”“羔羊之缝，素丝五总”，正是描绘古代缝制皮衣以上诸种要素融汇在一起，在长时期的发展中才形成了整个服饰的民俗。因此，服饰民俗是综合性的，不能只从某一项某一要素来考察它的特点。在上述十一种因素中，有的是属于人的自然属性，如性别、年龄的因素；有的属于人的社会属性，如身份、地位、职业分工及用途、民族等因素；还有的是物质生产所决定的服饰本身的各因素，如原料、染料、工艺的进步发展起很大的作用。当代服饰，从合成纤维的出现、民族文化的交流到制造工艺的现代化，都为服饰民俗的发展、创新提供了种种条件。但是，以上这十一种仍然是服饰民俗所依据的要素。

了解了服饰民俗构成的因素，只不过了解了服饰一般的民俗性格，要想了解服饰在社会生活中的全部特征，就要进一步了解穿着打扮在社会生活中的习俗惯制。除去封建时代宫廷规定的官方服制以外，通常有四种服饰习俗惯制，即：实用的、观赏的、礼仪的和信仰的。

实用的习惯表现为服饰自身的基本特征，它是从服装的实用价值中产生的。原料的经久耐穿，规格、样式的舒适合体，方便生活、生产，适应气候冷暖，都属于这一类。

观赏的习惯在服装上的表现是，在实用基础上派生出来的民俗特征，它是从服饰的社会作用中显示出来的。当人们贫困、衣不遮体的时候，观赏的意义也就完全丧失了。只有当人们处于正常安定的消费生活中时，观赏的习惯才占有重要位置；在社会交往中，观赏的习惯还会产生巨大的影响。布料、绸料及毛料的差别，素淡与艳丽的对比，肥瘦、长短的比例，色调与花纹的配合，鞋帽与衣裤的协调，甚至纽带的位置、领袖的尺寸、样式的新旧等并不完全出于实用的要求，但都是从审美和社会交往的需要而形成的。这些正是服饰民俗的重要内容。

礼仪的习惯在服饰上的表现和前两种不同，它几乎完全是出自社会礼俗的需要，并不一定去考虑服装的实用性与某些观赏性的要求，有的也和观赏需要结合起来，但仍以礼仪为重。比如结婚礼服，虽然也为了观赏，但主要是为了婚礼仪式的需要。从古以来，婚礼服饰几乎只用于一时的仪礼，过后就不再穿用了。至于我国几千年来的丧服，更加严格制度化，完全是为封建家族、亲族制度服务的陋习。丧服的五服制，是我国旧时代服饰民俗的代表，它最清楚地标志了封建习俗的社会性质。“斩缞”这种粗麻布不缉边的孝衣代表着父与子、祖与孙的直系血缘关系和财产继承关系；“齐缞”“大功”“小功”“缌麻”，这四种由粗麻布缉边到细熟麻布的四个等级差别，又相继标志出直系与旁系的亲疏关系。五个等级的丧服习俗，在长期的封建社会里维系着九族制。这种礼仪上的惯制所形成的民俗，影响深远，至今还在。

信仰的习惯在服饰上的表现和上述种种更不相同，它是信仰习俗中的某些惯制。比如人死后所穿的“寿衣”，完全没有实用的、观赏的意义，甚至礼仪上的意义也不大，只是把生活中的衣服鞋袜穿到亡灵身上，作为死者的生活延续。在东北农村至今还有临死之前必须抢先给亡人穿上殓衣的习俗，他们最忌死人光身而“去”。这是迷信中灵魂未死的观念。甚至在华北各地，新中国成立前流行农历十月初一给去世的先人亲人送寒衣的习俗。这同样是生活中服饰向信仰习俗转移的一种做法。至于旧社会迷信中许愿还愿，给神庙中泥菩萨黄袍加身的习俗，更是把人们互相赠送服装冠戴的习俗转移到宗教迷信中的一种做法。服饰在信仰上的习惯，随着人们觉悟的提高、科学文化知识的增长而日渐消逝。

服饰习俗是人类消费生活中一大内容，服饰民俗所展现出来的民族文化传统、精神文明与物质文明的程度，异常醒目。民俗学应当对服饰的进步与发展肩负起一定的责任。

最后，不可忽视的是服饰在民俗发展史上的历史特征。许多关于民族服饰的调查材料表明，服饰的历史特色或时代特色是最鲜明不过的。比如辛亥革命后汉族从清代发展下来的长衫，一直到新中国成立后的50年代初才逐渐淘汰，除农村极少数老年人和说唱艺人穿用外，不再有人穿了，这就是长衫的历史特点。同样，回溯几千年我国历史的各个朝代，服饰的继承与革新也是不断进行的，这对于文化的发展无疑地有着一定的影响。因此，服饰调查必须严格注意这种历史性，不应当把历史上某个时期的服饰当作另一个时期的服饰。比如，从历史上看，各代服色不同，夏黑、商白、周赤、秦黑、汉赤，唐服色黄，旗帜赤，到了明代就取法周、汉、唐、宋，定为以赤为宜。这是色彩上的历史性，此外样式也各代相异。

从酒、菜、饭谈饮食

——关于经济民俗之四：消费（二）

说到酒，人们会想到贵州的“茅台”、山西的“汾酒”。这两种名酒的历史各有传承。“茅台”产于贵州省仁怀县赤水河畔的茅台村。民间口头传说讲，这种酒的历史不过二百多年，从史料上推，也只能推到公元 16 世纪。这种名酒经九个月酿制，三年窖藏，才可以出售。过去的“茅台”作坊，最著名的有“华茅”“王茅”“赖茅”三大家。近二百年来，文人酒客吟诗作赋赞“茅台”的不少；其实这种名酒是酒中“新秀”，比起山西汾酒，至少要差一千岁。

山西流传一首民间歌谣，唱道：“汾州府，汾阳城，离城三十杏花村。杏花村里出美酒，杏花村里出贤人。”唐诗里也有“借问酒家何处有，牧童遥指杏花村”的名句。据此，有人揣测这是指汾阳杏花村说的。汾酒在古代叫做“汾清”，最晚在公元 6 世纪的北齐已成为宫中佳品了，皇帝还把它推荐给臣下。

关于汾酒的传说故事很多。一种类型是古代名酒大多源于汾酒的传说，这里也包括“茅台”来自汾酒的传说。一种是历史传说，是讲历代名人来杏花村饮酒的逸闻。据说李自成率军进攻北京之前，路过汾阳杏花村，队伍在这里驻扎了三天三夜，百姓用汾酒款待了他们。李自成喝了酒，把百姓的盛情和名酒归在一起，给这个村庄取了一个新名叫“尽善村”。直到 1953 年，才恢复了杏花村这一原名。第三种传说是风物特产传说，最有名的是《仙井的传说》。传说有一位仙人来到杏花村，他喝了井里的水，又把水吐回井里，从那以后用这眼井泉的水酿成的酒便名扬天下了。村民在这里修了古井亭，上边有三百年前的文人题的"得造花香"的匾额，还有石刻《酒泉记》。这样看来，汾酒的流传史比"茅台"显然古老多了。

从中外驰名的美酒再看酒的民俗历史，就更久远了。距今四千二百年前的酿酒器和饮酒具曾于龙山文化遗址出土。在《尚书·说命篇》里也有了关于"酒醴"和"曲蘖"的记载。周代设有专职掌管酒的酿造的官员、并制订法令，确定酿造规程，也已经是三千一百年前的事了。从《诗经》《楚辞》及历代文章、诗词、戏曲、小说来看没有不把酒的传承作为生活的重要侧面来加以描述的。唐代大诗人的诗作很多创于酒兴，就连一位烧酒作坊的纪叟去世以后，李白还吟了一首《哭宣城善酿纪叟》诗悼念说："纪叟黄泉里，还应酿老春。夜台无李白①，沽酒与何人?"酒在人类饮食生活中占有的位置，并不是无足轻重的，尽管有很多人并不饮用它。它在仪礼、节日、祭祀、社交往来等方面，更是不可或缺的。至于在相当一部分人中间，一日三餐必饮酒或某些人嗜酒成性，那就更引出某些习俗惯制来。

说到酒，就自然联系到菜。这里的菜，是肴馔、肴馐、肴核的总称。肴是荤菜，指鱼肉类食品；馔也是食物；馐是美味食品；核是蔬菜果核食物；一句话就是由烹饪调制的荤素食品。人需要饮食，这是生理需要，就连三千年前的我国古人都认识到这一点。值得民俗学注意的是，人类和其他动物不同，人能用自己的智慧和技能，发明了火，把生食改革成熟食，改变了人类文明之前的茹毛饮血的饮食习俗。由此而发展下来的饮食传承中，便有了多方面的民俗事象。烹调熟菜、食用熟菜便形成了各种食制和习惯。

---

① 一说："夜台无晓日。"

菜肴的原料和配料是菜食传承中最基本的内容。通常我国食用菜肴原料不外乎以下六类：

一、鱼肉类。自古以来就以家畜中的牛、羊、猪及家禽中的鸡、鸭、鹅，水产中的鱼、虾、蟹等为主要肉食对象。随地方风味的不同和经济生活的不同，才有食用包括蛇和蚕蛹在内的野兽、野禽和虫类的习俗。或者说这种食用野味的传承，实际上是远古食俗的一种遗留。

二、蛋品类。由家野禽派生出来的类似肉食的菜类。

三、油脂类。由牛羊豕派生出来的油脂和由植物种子榨取来的食用油。

四、蔬菜类。主要指由野菜培育而形成的可食用的菜蔬。它既包括块根的薯类，根茎的萝卜、莲藕，茎叶的白菜、油菜，也包括蕈菌的蘑菇、木耳，以及笋、茄类等。

五、瓜果类。通常称作干鲜果品。既有桃、李、梅、杏、梨、苹果、葡萄、石榴、柿、荔枝、枇杷、菠萝等，也有枣、栗、莲子、瓜子、松子、榛子、核桃、椰子、槟榔等多样果实，还有冬瓜、南瓜、西瓜、甜瓜、黄瓜等。

六、调味类。盐、糖、醋、酱、姜、辣椒、芥末、胡椒、花椒、桂皮、茴香，以及现代的咖喱、味精、糖精等。

把上述六类原料，配制成千百种不同风味的菜肴，这便是各种菜食的民俗类型。一般说来，各地有各地的习惯口味和烹调方法，这就构成了各地方菜系。常言说，我国有八大菜系，其实并不止于此。其中在国外、国内较为驰名的菜系就有“闽菜”“川菜”“粤菜”“京菜”“苏菜”“湘菜”“徽菜”“鲁菜”“鄂菜”等，都各有特色。像闽菜是以福州菜为代表，突出特色是“糟法”，它的“炝糟”“爆糟”“炸糟”能配合主料而成名菜。糟是用糯米、红米和酒药炮制，封藏一年后而成的，呈玫瑰红色，味香甜酸，人称“红糟”。苏菜在《史记》《吴越春秋》中早有记载，二千四百年前就有多种烹调鱼菜的方法。鄂菜的名菜“武昌鱼”，早在《诗经》上就有这种鲂鱼的食俗记录。《三国志》《齐民要术》都记了这种鱼及烹调方法。徽菜的“马蹄鳖”也是著名菜肴。鲁菜是以济南菜、胶东菜为代表的。胶东菜源于福山菜，以烹调海鲜著称。京菜是以融合北方满、蒙、回、汉菜肴发展起来的，因此以烹调“全羊席”为代表。小吃如“爆肚儿”，大餐如“烤羊肉”和“涮羊肉”都是名菜。北京这座历代都城，汇集了各地名师，创出了京菜新类型。我国的食俗，光是菜肴品种就不下万种。有特殊风味的也不下两千种。比如粤菜，是以广州、潮州、东江三种地方菜为主体构成的菜系。它以用料广泛为特色，以致南宋人十分夸张地说广东菜是“不问鸟兽虫蛇，无不食之”。粤菜最有名的是“蛇餐”，就是人们常说的“龙虎斗”。其实早在一百五十年前，这个菜是“烹黄鳝田鸡”，与蛇无关，后来才改用“三蛇”与“豹狸”烩制而成。“蛇餐”在广东至少已经有两千年的历史了。《淮南子》里记载说：“越人得蚺蛇，以为上肴”。这足以证明各地方菜的类型，是有自身民俗传承的。

菜肴的民俗，一表现于食品原料生产的地方特色。黄土高原一带不盛产蛇，自然难出“蛇餐”；蒙古草原难得鸭鹅，何能出“烤鸭”。可见食俗是依附于自然生态资源的。二表现于民族与地方的口味。喜酸、喜辣、喜咸、喜甜，各民族各地方都有所偏重。民间俗谣把我国食俗口味笼统概括为“南甜、北咸、东辣、西酸”，其实并不准确。西南苗族、侗族喜酸，鱼肉都要腌咸酸的才为好吃。湘菜和川菜等则多辣味。根据不同的口味，可以大体划出饮食区域来。三表现于烹调法。中国菜的各地风味都与熟食制法的多样有关，比如配料、刀工、火候、调味，都有不同特点和要求。粤菜讲究下料品种多，善变化，讲鲜嫩，注重油温和下油轻重。鲁菜讲究清脆，善用糖醋汁，刀纹美观，喜用清汤奶汤。苏菜重酥滑，保原汁，讲比例，喜配色，尤其注意果品雕花。烹调方法的各种类型在我国各地方菜里也各有独到之处。我国烹调法最常见的有：爆、烧、炒、炸、烤、煎、蒸、炖、扒、溜、汆、拌、煮、烩。同时各地方又各有特长，广东菜的小炒、烹；福建菜的炻、醉、扣、糟；湖北菜的煨、滑；安徽菜的酥；江苏菜的焖；北京菜的白煮、涮等都是。

菜肴的地方特色和民族特色在民间日常饭菜中也相应地会显示出来。比如鄂伦春族以兽肉为主要菜食，以白煮和烤食为主要方法，火候以鲜嫩为好。有时用野猪油、野葱花拌熟肉、肝、脑。苗族喜食腌酸肉，腌法是在坛里放一层肉，放一层盐，层层挤压，几天后再和糯米饭、甜酒糟一起均匀揉搓，加辣椒粉等配料，然后封存。一两年再开盖食用。河北、天津一带的油炸蚂蚱，辽宁东部的炒、炸蚕蛹，虽是民间小吃，但地方特色很浓。傣族菜食佳品中有几种特殊类型的酱，傣语称"萨"，最著名的有"蚁卵酱"，是用大黄蚂蚁巢的蚁卵做成的。在《礼记》中称这种酱为"蚳醢"。唐代《岭表录异记》介绍了这种酱，说蚁卵酱："交广溪洞间，酋长多收蚁卵，淘泽令净，卤以为酱，或云其味酷似肉酱。"可见这种酱的历史相当悠久。傣族还有"蛐蛐酱"和"蝉酱"，也各具一格。广泛多样的菜肴原料，多种、变异的烹调方法，在各民族民间菜肴中形成了不同的民族风味。民族民俗学对此也要予以研究，这对于发展饮食民俗，改革菜肴结构，扩大原料来源，都有实用价值。

说到酒与莱，就很难离开饭。这里说的饭，首先是广义的，它既包括粒状的米饭，又包括粉状的面食、糕点，但是，主要的还是指各类米饭。我国北方产麦区的面食习俗很有特色，自古以来的各种饼类的制作和食用都有悠久的传统，这里暂且不谈了。重点谈谈米的食俗。

我国是世界上种稻产米的发源地之一，这已经为世界科学界所承认。在云南几处古代新石器时期的文化遗址中，都发现了三千多年前稻谷的碳化粒，这十分雄辩地证明了我国吃稻米的习俗很古了。有关稻谷生产的农业起源神话在我国文献中和口头上都可以找到。《山海经·海内经》记载着我国西南地区古代盛产"膏菽、膏稻、膏黍、膏稷"等"百谷"的古事。《淮南子·氾论训》记有"后稷作稼穑，死而为稷"的谷物神话。《拾遗记》中记有炎帝拾得丹雀衔来的一株九穗禾上的谷粒，播种后产米供食的神话。《孝子传》里讲了舜父瞽叟夜得怪梦，见凤凰口衔米的传说。许多谷种来源传说都告诉我们古代饭食传承是悠久的。在广东、广西、福建、贵州、四川等地山区，都流传着"出米岩""出米洞"或"出米臼"的奇异传说，更进一步说明了我国南方的边远地区、特别是少数民族地区的饭食传承十分久远。

在我国的史书文献上，也记下了许多米食的习俗惯制。在周代专设有掌管宫中米粮分配的官，叫"舍人"，他不仅管理活人吃的粮食，还要管理死丧供饭的米谷及祭祀用的米粮。

古时，脱谷壳成米的人，叫作"舂人"；专门炊米为饭食的人，叫作"饎人"。从进食惯例看，古代米食主要有米粥、米饭两大类，米糕等杂类当是晚些时候的创造。煮米成粥，厚粥叫"饘"，薄粥叫"酏"。蒸米成饭，饭有黄黍、白黍、黄粱、白粱、稷米、稻米六种。同时还有制羹饭、干饭的许多方法。据《礼记》记载：古代，到了中秋要给老年人以煮烂的软粥作饮食。以饭食养亲敬老的礼俗，在古文献里还有很多。

我国自古以来就有在饭食上提倡节俭的风尚。古代饲养家禽用糠秕，是为了节米粟以养民。《新序》介绍说，邹穆公用糠秕喂禽，臣下请求喂粮米。穆公不准，说："粟米，人之上食，奈何其以养鸟？……鸟苟食邹之秕，不害邹之粟也。粟之在仓与在民，于我何择？"他宁愿用米换秕，也不浪费粮食。《礼记·檀弓》记："粥之食，自天子达"，可知自古上下吃粥成习，即使吃饭，也以粗米为俗。《韩子·五蠹》

说："尧之王天下也……粝蒸之饭。"孙叔敖相楚[1]，晏子相齐[2]，箕季谏魏文侯[3]，他们都是以身作则，吃粗米糙饭，提倡"粝餐之食"的。这当是最早的勤俭持家、勤俭建国的范例了。此外，许多度饥荒的民俗也是如此。

在长期炊米为食的民俗传承中，创造了我国饭食的一整套做法和吃法。从淘米、浆米、到煮、蒸、焖各法；从杂以豆类制粥饭，如赤豆、绿豆等饭食，到杂以肉菜果实为粥饭，分别构成了多种饭食类型。比如：薏苡仁粥饭、莲子粥、栗子粥、薯芋粥饭、枣粥饭、萝卜粥饭、菠菜粥、姜粥、茴香粥、辣米粥、羊肝粥、牛羊猪肉末粥饭、苏子粥饭以及许多其他草药粥，如枸杞子粥、地黄粥等，其中有些粥饭是人药用的。另外，有些是独具地方特色和民族特色的，像维吾尔等族的"抓饭"，不仅吃法独特，做法也别具一格。北方民族的"肉饭""炒米"，西南民族的"黑糯饭"，也都有自身的习俗。随粥饭发展起来的米糕、米团、米粽、米粉、米糟、米酒等各种食品，又形成新的类型。米食与菜肴相结合，又形成了多样菜肴或饭食。

饮食习俗的发展，是人类对自身本能的一种高度的理性发展。在饮食上的智慧与创造，也展示了人类文明进步的过程。民俗学不仅要探讨饮食本身从原料到制作再到食用的多种民俗，更重要的是要探讨由饮食而形成的人类社会生活的习俗惯制，从而进一步发展人类的文明和进步。

饮食民俗在我国生活中大致表现在以下三类惯制上：

一、日常生活需要的饮食惯制。这是从生理需要出发，为了恢复体力而形成的习惯。它包括节制饮食的次数，食量的分配与时间的规定。我们的祖先很早就创造了一日三餐的惯例，古代叫"三食"，分早、

① 见《韩子·外储》。
② 见《晏子春秋》。
③ 见《新序·刺奢》。

午、晚三顿，成为饮食正常次数和共同约定的时间。这种对人类食制的约定俗成，是一种比较科学的规定。它不仅利于生活，更利于生产，相沿至今，人们都照例保存了这种习俗。顿与顿之间的间食、点心，果品的食用和茶水的饮用，大体上都有一些习惯。有的地方和民族也进行食物数量的分配，主食与副食的比例搭配，这些往往也是根据原料来源的状况加以节制的习俗。如过去缺盐地区有分盐节用的种种习惯和传说。这些都是日常饮食管理方面的惯制，稳定性很强，一旦成俗，很难改动。例如，东北地区很多农民在农闲季节实行一日两餐，传袭远久，至今不变。

二、节日仪礼需要的饮食惯制。这方面的习俗主要不是生理需要，而是从年节及仪礼的社会需要出发的。这方面的习俗惯制也是多样的。比如旧式婚礼，从定亲到相亲，民间都有以食品酒类为部分礼品的，婚礼席上的菜肴名目、花色和盘盏的数字都有祝吉的含义。结婚典礼过程中的“交杯酒”“食姊妹桌”“食汤圆”“吃子孙饽饽”“食酒婚桌”“吃新娘茶”等，各地不同名称的婚礼饮食，都是祝贺的形式，食品的叫法也往往谐音取义以求吉祥。又比如正月十五的元宵，寒食、清明的冷饭糕饼，端阳的粽子，中秋的月饼，腊八的粥，都是岁时节日的需要。再有，饮食时的座次，上菜的顺序，劝酒敬酒的礼节，行令的内容和方法，也都有一定社会习俗上的制约，如男女、尊卑、长幼关系和祈福忌讳等。《红楼梦》五十三回元宵夜宴的场面，摆了一桌“合欢宴”，“男东女西归坐，献屠苏酒、合欢汤、吉祥果、如意糕”，没有一样不标志出仪礼与节日特色的。在这里，食物礼品的赠答也是很重要的民俗事象。像过新年连日到亲友家吃年酒，这是一种往来惯例；亲友之间互赠食品更是较为普遍的惯例。除五月五送团粽、八月十五送果饼之类的节日礼品外，日常还有土特产品的赠答礼物。《红楼梦》三十九回里刘姥姥再次来到贾府，用口袋送来了乡下新鲜的瓜果蔬菜，都是“头一起摘下来的”“留的尖儿”的土产。这种以食物送礼的习俗在民间十分盛行，用这种往来维系着社会上亲族、邻里、朋友的关系。由于阶级地位、经济状况的差异，这种习俗也自然分出了等级差别；又由于社会关系的复杂，在特定的历史环境中，这种正常的礼尚往来也可能转化成不正之风。

礼仪上的饮食习俗，在发展中总趋向于由繁到简。一些王朝建国初期制订法令会典，限定前代饮食奢俗，但因剥削制度未变，这种限制成功无几。三国时，山西太原一带寒食禁火吃冷食长达一百〇五天，严重影响了人民的生产与生活，魏武帝下《明罚令》，革除了这一陋俗，强令为炊，使当地寒食禁火缩短到一至三日，这当是成功的事例。

三、信仰上的饮食惯制。这是把人类饮食生活转移到信仰中去的一种习俗，如给亡灵供酒饭，给神灵上供祭酒。在民间还有许多地方性的关于饮食的迷信习俗，有的地方生育小孩后，为防病灾，到乡里各家要米粮，名为“讨百家饭”。还有些地方于旧历十月初一吃糯米红豆饭，名为“吃红饭”。有的在厨房供一碗红饭，让苍蝇吃一顿，主人还念念有词地祝祷一番，甚至约苍蝇明年再会。这些都是愚昧、迷信的恶俗。旧时代的信仰习俗中多用食物为供品讨好鬼神，其实这全然没有根据。因为，一方面说神灵不食人间烟火，一方面又要求用人间烟火去媚神灵，以示心诚。这正是社会生活中以物质利益讨好权贵的一种曲折的反映。

由饮食民俗派生出来的屠户、厨师、饭铺、酒坊、茶坊、鱼肉店、菜果行、调料店、粮店及多种小吃摊贩等职业与行业的习俗，以及由此而发展起来的饮食器皿制作工艺的民俗，也都相应地构成了各自的类型。我国的陶瓷食器和食品，清楚地表明了为人类文明所做出的积极贡献。

上栋下宇话住室

——关于经济民俗之五：消费（三）

两千多年前，我国古代记录的一些有关人类居住生活的传说断片，流传至今。

《韩非子·五蠹》里说：上古的时候，人少，还常遭到禽兽伤害。于是，有智慧的人便架木作“巢”。这样，大家便公推他管理天下，称他为“有巢氏”。有的记载说：太古时期，人类穴居，和别的动物友好相处，后来人聪明机智了，才开始与禽兽为敌。有个聪明人用木作“巢”，教会大家筑巢的方法，来防避禽兽之害。人们称他为“大巢氏”。又记有：古时，人多遭灾难。有个聪明的人教会人们冬天挖地住“窟”，夏天就架木居住。人们称这圣明的人为“有巢氏”。后来，又因为“巢”常常倒伏，人们伤亡严重，于是有智慧的人又教人们编槿木为篱做成“庐”，扎草作门，用芦苇抹泥成屋盖。这样既防止了倒伏，躲避了风雨，同时，也改革了住“巢”的旧俗，人们称这些智者也叫“有巢氏”。①

后来，又有记载说：古人靠丘陵地掘穴为“窟”，住在里面虽然可以冬避风寒，但是不防潮湿。这时又有圣明的人创造了“宫室”，它地势高，可以防潮湿，周围严实可以挡住风寒，上边有屋顶。这里的“宫

① 见《礼记》《路史》等。

室”，就是后来的房屋。

由冬“窟”夏“庐”的居住进而发展成“宫室”，这才向文明居住迈出了一大步。在这个居住民俗的大课题里，我国学者对古俗有精辟的论述[①]，值得研读。

居住发展到建造房屋，这是古代人类祖先从适应大自然条件到战胜大自然的重大进步和创造。古代文献中的“圣人”号称“有巢氏”，其实正是劳动人民中间的有聪明才智的人。人类从原始居住向文明居住的过渡，是民俗发展的重要阶段。人们利用地面空间，建造居室，分成室内室外，使饮食起居、家族亲族、政治文化等多方面生活更加社会化，这是消费生活的要素，是民俗学理应予以重视的方面。

房屋和它以前的“巢”“窟”“庐”有很大不同。据《易经·系下》载：“上古穴居而野处，后世圣人易之以宫室，上栋下宇，以待风雨，盖取诸大壮。”这里所说的栋和宇是很关键的。栋是屋的脊梁，宇即屋檐，这才构成了最主要的房屋顶部。上栋下宇，便是相沿至今居住房屋构造的主要民俗传承。

从有了简易的住屋到现在，不知经过了多少改造、变革，才形成了当代住室。在建筑原料、房屋结构等方面，也有了很大变化。但是，在我国广大农村、小城镇、大城市的郊县的主要住屋，至今仍旧保留了上栋下宇式的屋顶构造。即使钢筋混凝土部件结构，也取法于上栋下宇的科学道理。民间营造房屋十分重视栋梁之材，因脊檩是最要紧之处。栋宇在历史上逐渐变成了房屋的代词，用来区别住室前身的窟和庐。

自从祖先创造了住室以来，又在营造上发展了多种形式，有宫、殿、堂、斋、楼、厦、轩、馆、库、仓、阁、亭、署、宅、室之分。就民间居住习俗来说，主要是仓库与住室，古来还特别强调营造的顺序

---

① 可参阅杨公骥著《考论古代黄河流域和东北亚地区居民“冬窟夏庐”的生活方式及风俗》，载《东北师大学报》1980年第3期。

是：一宗庙，二仓库，三宫室，但是居住生活的主要建筑仍是后两者。

根据我国各民族的居住习俗，可以看到上边所说的上栋下宇式房屋，是一种典型的民间居室结构，但它只是一种。在我国还有另外几种居住结构，在部分地区施用。由于自然条件与社会生活的不同，营造技术的风格不同，便使居住习俗在以下五个方面表现出不同类型。

一、住室的基本构造。在我国民间住屋大体分为三类：一类是利用自然物进行加工营造的固定生活空间。这类住屋基本上沿袭了古俗，用掘窟的办法来修造的。它的主要特点是利用地形、地势、地物等天然条件，挖成了“窑洞”“地窨子”等形式。它不同于“宫室”的是，不一定使用上栋下宇的顶盖，主要运用挖掘技术造成拱形洞顶，以防崩塌。晋北、陕北的许多山地窑洞都是这种类型，除前面门窗外，整个居室主体都是利用山地掘成的。东北的地窨子，有的是地穴连地洞；有的是地穴加顶盖，通常是架檩盖柴或席，平顶铺土，能防雪，一般只在冬季使用；还有的利用树干为立柱，用树条搭成临时“窝棚”，算是构木为巢的遗风。这种类型从构造特点上看显然是落后的，但这是居住古俗的因袭，同时也是客观条件造成的。晋北、陕北黄土山地多，林木缺少，难得作栋宇的建材，因此，窑洞就成了民间普遍的住屋了。在那里，过去室内的桌凳也多有用黄泥塑成的。第二类是适应自然环境，根据生产生活需要制作的移动生活空间。这种住屋不固定，经常处于游动状态，这主要是指两种情况的住屋：一个是长年世世代代的游动性生产决定的，另一个是临时性生产决定的。前一种最典型的是我国定居以前的游牧部落的帐幕。定居前，这些以畜牧为主的牧民，赶着畜群逐水草而生，帐幕需随时装卸搬运，固定时间不长；有的部落把帐幕支在“幌车”上，组成牧营，方便迁移。这种移动的住室也有很古老的历史，在《史记·天官书》里称它作“穹闾”，《匈奴传》里称它为“穹庐”，在《淮南子·齐俗训》叫“穷庐”，俗称“毡帐”“旃帐”，现代多称“蒙古包”。这是一种内撑以木栅、木架，外包以毛毡、缚以毛绳的古代

“庐”形住室。像乌孙公主在《悲秋歌》里唱的“穹庐为室兮毡为墙”，就是说的这种保暖避风雨的移动住室。这种住室对游牧民族说来，是理想的住所，正因如此，古代北方民族才称秦汉人为“土室之人”。鄂伦春族是游猎民族，在定居以前也以帐幕式居室游动生活，他们住的是“歇人柱”，俗称“撮罗子”。鄂伦春语称搭架杆子为“歇人”，家屋叫“柱”，是一种圆锥形的架棚，架杆支开以后加上遮盖物。遮盖的东西按季节气候变换，冬春寒季，上半部盖苇草扎的围子，下半部围着叫作“勒敦”的狍皮围子；夏天围着黑边的白布，秋天围着叫作“铁克沙”的桦树皮围子。妇女产房在“歇人柱”右前方搭盖，是一种较小的名叫“恩克那力纠哈罕”的架棚。这种移动性居室，过去在鄂伦春族生活中占十分重要位置，以致在他们的谜语中还有以“歇人柱”的架杆做谜底的物谜：“二十多人互揪辫发，谁也不肯把手放下”。这种架棚标志了按季节逐兽群迁移的鄂伦春族居住的民俗特点。除此以外，还有以车船为住室的。这类住室既有交通的性质又有居住的性质，大约吉普赛人的大篷车就属这类。我国新中国成立前闽粤沿海以渔业为生的“疍民”，就是以“居家船”为住室的。船中有底舱，又分前、中、后三舱，按辈分及已婚、未婚分舱居住，这种船不常划动。至于现代出于生产的需要，临时搭架的帐幕、窝棚、组装板房等都属于这类移动生活空间。第三类便是典型的上栋下宇式的，有天棚地板和四壁的固定生活空间。这种住屋大量存在，它只需要一定面积的地面，经过营造，把需要的生活空间从自然环境里隔离出来。

二、住室的功用和规格。住室总是依据其功用而营造的，通俗地说，住室要保障人身健康、安全、尽可能的舒适和安乐。因此，营建规格特别重视住屋的防自然和人为灾害的作用。其中包括屋顶的强度、墙的厚度、门窗的严实程度，附属物如围墙、院套、锁闩的配备，还有调节室内寒暑干湿明暗的部位，如窗、炉灶、火塘、通风孔的设置。室内住人的起居间及设备，如卧室、厨房。里间、外间，床、炕，以及一切生活用具的陈设布局，都有各种民俗特征。同时，根据居住生活的需要，有关辅助性建筑的布局也值得注意。像储存必需品的仓房，饲养畜禽的圈棚，也都是紧密联系着住室的附属成分，不同地区和民族也都表现出不同特点。比如，云南省拉祜族家庭住室是以公共房屋为主要形式。公共房屋内分格，和汉族分间相似，每格内住有家庭成员，通常是已婚夫妇各占一格为一个“底谷”，未婚子女再分别占格。室内设火炉，各家数量不等，有的一格一火炉为一个生活单位，有的格多，火炉少，标志生活单位少。生活单位有共同的和个体的两种，大致以共同生产和个体生产为依据。个体生产的成员除在公共住室占格外，还有的在自己的耕地上设有临时住屋叫“叶布”。在这里格与火炉的构造和布置，是拉祜族住室的民俗特点。有些村落的拉祜族同一格或火炉，还要分成几个“土锅”作为生活单位，住室相应地显示出这种特点。根据拉祜族生活特点，住屋几乎都是木桩上盖屋，楼上住人，楼下养猪、牛和堆放木柴。楼上分三部分，一部分是寝室，一部分是舂碓处，另一部分是晒台。在寝室内部左侧通常分成格，每一生活单位在格前设火炉一个；右侧放粮、饲料、水，火炉与储藏物之间为共用走道。西南少数民族的住室有许多相近似之处，傈僳族、布朗族、怒族等几乎都是这种上人下畜的竹木结构的公共住室。这种住室除民族特点外，主要是由于经济生活的贫困形成的。所以考察住屋的功用和规格，不可脱离经济生产、物质生活的水平。

三、住室的造型和工艺。住室除了它的实用价值以外，在长时期发展过程中形成了不同类型的造型艺术体系，这些体系都是从民间营造技术上总结发展起来的。全世界住屋造型工艺通常分成六个体系：用古代原始形式住屋室的称作原始系。我国新中国成立前的苦聪人、灯人用木竹竿和树叶搭棚室的居住应属于这一类。用古阿拉伯建筑艺术筑成的、有伊斯兰教深刻影响的住室，称作阿拉伯系（或称伊斯兰系）。我国新疆一些少数民族的住室大致属于这一类。用印度、东南亚建筑艺术营造的、深受佛教影响的住室，称作南亚系。我国部分藏族、傣族的住室近似这一大类。用西欧建筑艺术营造的住室，深受天主教基督教影响的，称作欧美系。我国沿海大港口广州、上海、青岛、天津等地原租界区里的住室，大致属这一类。用典型的中国式上栋下宇营造的住室都属于东亚系。此外，还有标志古西亚、埃及的古代系。我国的住室民俗样式是东亚系造型的代表，很值得重视。

和整个造型紧密联系着的是住室的装饰艺术，它包括雕刻、绘画及室内装潢。如屋脊上的砖雕，窗棂上的木刻，檐头的瓦当，廊前的漆柱，椽头的图案，都标志着住室的民俗性格。但是，这一切也同样属于物质生活程度较高范围的事象。像云南的苦聪人散居老林，房屋简陋，木竹屋架上盖有芭蕉叶或竹叶，一个多月就要换一次。棚内狭小，人猪鸡狗同睡火塘边。这样就谈不上任何工艺装潢，如果有的话也属于原始艺术阶段。因此，建筑艺术方面的民俗是在上栋下宇的房屋进入比较文明阶段时才可能形成和发展。

四、住屋的分布与坐落。人类居住的分布与人类的社会属性分不开，也与人类的生产分不开，因而主要是利用有利的自然条件，构成聚居体，使住屋的集合体构成居住的建筑群。除此以外在偏僻地区也有少数独处人家，北方俗称孤家子，这是一种例外的孤立居住点，它本身不能构成居住民俗特点。典型的住屋集合体只能是自然村落、乡镇、都市，另外，住屋集合体也大体构成了村落环绕城镇的民俗圈。

住屋的坐向习惯为住屋的群体创造了整齐有序的布局。住屋营造自古就有用日光测座向的要求，使住屋在采光取暖方面，按向阳背阴的原则；在适应气候方面取避风方向；在选择地利方面，多是面水靠山，山也都取向阳山坡为主。我国向阳屯、靠山庄之多，正是很典型的例子。在广大平原地区，历来北房为上房，东西为厢房、配屋。至于坐南向北的房屋，在习惯中不宜做居室。于是，住室的坐向也自然形成了居住使用价值的不同等级。北方流传着一首居住谚语“有钱不住东西房，冬不暖，夏不凉”，正是有关住室座向习惯的科学总结。旧式的四合院，甚至北京、沈阳故宫中寝殿的坐落配置，都标志了居住生活中的等级差别。封建家长制的尊卑、长幼、妻妾、嫡庶以及皇家的后妃，都在居住方面显示出身份地位的差别。家主夫妇与帝后住正殿一样常居正屋，以下均住配殿、厢房，形成旧时代居住惯例。

五、住屋的有关信仰。建造住屋时的各种仪式，都是把居住和信仰习俗结合起来的。过去，许多民族在住屋的内部都有供奉神灵、祖灵的位置。这个位置是圣洁而不可侵犯的禁区。自古以来，凡是住屋内有火塘或炉灶的地方，往往又都供奉有火神或灶神，按制祭祀的习俗。

新中国成立前，在住屋营造时往往有利用“巫师”“阴阳先生”卜吉或“相宅”的迷信，俗称“相阴阳宅”。这种做法把家祖坟茔看成为“阴宅”“亡人的住屋”，甚至把坟墓的排列顺序和位置也依照人间居室的尊卑次序安置。这是把居住生活方式向祖灵信仰转移的古俗遗留，认为死者同样享有生前居住的生活权利。在民间流传的许多关于“鬼”“狐”的传说故事里，往往都描绘了那些“鬼灵”“精灵”的住屋宅院，过若干时间才揭晓这些住屋原是废墟、古墓、洞穴。这种情节所反映的意识，就包含有居住与信仰观念结合的成分。至于由这些迷信观念形成的“阴阳宅相生相克”的说法与做法，也是过去迷信职业者利用住屋的有关信仰遗风进行的活动。

窟、洞、宫、观、殿、堂、寺、庙、庵里的佛神，也都有自身的居室，甚至有的神像雕塑也取“卧佛”姿态。因此庙宇的建造和塑像的袍带、祭酒、供果一样，都是把人类社会的消费生活转移到神灵供奉上面的信仰传承。

将以上五个方面所表现出的民俗事象汇集在一起，就形成了居住的民俗传承诸类型。

随着物质文明的发展，居住民俗里一些优良的科学的成分，不断被现代建筑屋室的技术所采用、所发展，而一些原始的、鄙陋的，甚至迷信的成分，都将随着物质财富的增加、消费生活的不断科学化而逐步淘汰。上栋下宇的旧式住屋像远古时代的“冬窟夏庐”一样，终将在民俗发展中为现代化住房所取代。

兄弟分家的故事和家族

——关于社会民俗之一：家族

在我国民间故事中流传最广的类型之一就是“两兄弟”型故事，或称“狗耕田”型故事。它的梗概是：兄弟二人（有的是三人）分家了，哥哥分得了好房子、好地和牛马，弟弟只分得了破房子、荒地和小狗。弟弟用狗耕田，经过几番曲折，获得了幸福，而哥哥受到了惩处或报应。

通常人们只以为这不过是表现哥哥奸诈自私与弟弟忠厚老实的故事，是好人得好报、坏人得恶报的因果报应故事。其实，这类故事有它深刻的民俗特点，尤其在我国长期的封建时代流传这个故事，就更有它的社会意义。

分家这种经济的社会的民俗，是结束了原始分配制之后长期私有制发展的产物，是家产继承的重要方式方法。为什么这类故事中的分家，总是哥哥（长子）占有财物多，弟弟（季子）所得财产少呢？为什么故事的同情在季子一边，对长子则采取了鞭挞反对的态度呢？原来这里面有家产继承权上的斗争。这种斗争在民俗史料上看得比较清楚。

我国家产继承权在历史上大体有四种情况。第一，是长子继承或以长子为主的继承形式。这种习俗是长子在家族内部居于首位，有支配财产的绝对优先权。在确立父权制的情况下，长子以外的兄弟或未嫁姊妹只能得到很少的财物。第二，是老人与子女平均分家，各得一份财产，有的给老人多分一份作为养老费用。这类习俗往往是以家族内子女分成个体家庭为标志的。但也有的老人把自己分得的家产归入幼子，由幼子继承兼养老人。第三，是季子继承或以季子为主要继承的形式。这种继承以季子负责扶养老人为标志，并多得财物。这是前一种习俗的发展，与长子继承几乎处于对立状态，是为了从长子那里把继承权夺过来的一种反映。这便是为什么大量故事把同情和支持放到季子一边的原因。第四，是女子继承，或女子及其丈夫的继承。这种类型多表现在“从妻居”“入赘”形式的家族里，是一种古老的母系氏族继承的残余。在我国大量存在的是以长子继承与幼子继承为主要形式。汉族家族大多是长子继承。古代丧服制里规定穿“斩缞”，最重孝服的有“承孙”“承重孙”，这便是通常说的有继承权的长门长孙、长重孙。封建家长制的长子、长孙、长重孙，除特殊情况（如痴呆、恶疾、夭亡、无能等）外，都是当然家长继承人。古代封建王室的继承也是以立长子为太子的。因此，家族内部长子的优势与次子以下兄弟的劣势，自然形成了等级差别，产生了不可避免的继承权之争。但是，在民间家长制脆弱、财产不多的情况下，或有长子、次子依次分居、老人随幼子居住、财产各分一股的状况。近代我国东北地区，绝大多数家族采取了老人随幼子居住的做法，祖产等归幼子，诸兄分家另盖居室。

少数民族也有类似情况，布朗族在布朗山寨的“戛滚”（家族）中，有一种是分家时老人多分一份，长子也多分一份，以下递减，幼子分到的财物最少。另一种是，分家时财产由兄弟平分，同时给父母留下一份养老田，然后父母随幼子居住。养老田由幼子耕种，收获物用来供养父母。老人死后，幼子负责安葬，养老田归幼子所有，兄弟共同安葬的，养老田平分。这两种分家法显示出长子继承与幼子继承之争，大致可以看出由长子继承向幼子继承的转变或过渡。“两兄弟”型的民间故事正是这种家族继承关系的形象化。

当然，家族世系的继承十分复杂，上边的叙述只不过是一般的民俗特点，要想了解我国家族社会，还必须从家族内部结构谈起。

家族是社会的基本单位，它是用平行的夫妇关系与垂直的亲子关系结构而成的，最小的社会生活共同体。正是这个共同体，显示出最直接的人类社会延续性，形成了家族体系。具体地说，它是以父母子女的血缘关系结成的、同吃同住的最小生活单位，是进行社会生产与分配的最小单位，是向社会提供劳动力的最小基地，是维持社会延续、生育子女的最小基地，是承担社会义务、抚养老弱病残的最小单位，是约制社会行为、管理内部成员的最小集团，是精神生活相互依赖的最小感情融和体。具有这些特点和职能的家族，就构成了家庭。

家庭中的夫妇姻缘关系是为发展血缘关系而处于从属地位的。因此，夫妇之间、父母与子女之间，都是用直系血亲作为联系纽带的。这样便形成了一种惯例，即“父子有亲，男女有别，长幼有序”。家族内部出现了不平衡，也形成了成员地位的不同级别。以父权为中心的社会，确定了儿子的继承关系，确定了母对于父的从属关系，确定了姊妹与兄弟关系中的兄弟优越的地位，确定了兄与弟关系中的长兄优越的地位。这样，双亲对于诸子女形成了亲疏差别，兄弟姊妹间形成了同辈不同等的状况。

随着私有财产的积累，这种直系血缘关系在家族中被强调到了至高的程度，不断地发展着家族的血统世系，形成我国以汉族为代表的“九族制”。于是，在我国很长的历史时期里，家族形态是用世代（即辈数）来分类的。夫妇一代家族与双亲子女两代家族几乎都不是典型的，只有祖孙三世同堂或四世、五世同堂的家族体系才是典型的。对家长（户主）来说，子孙以下的所有旁系分支，都是他的直系血亲，只有当他死后，大家族才有可能分离成若干直系血亲家族。在这里，分家是由一个大家族分成若干小家族的关键。曹雪芹在《红楼梦》中就展现了这种家族体系。我国历代帝王世系，实质上也是这种家族体系在政治制度上的反映。那种“万世一系”的“家天下”观念，在每一个家族中都存在。我国古代的“五服”制正是这种九族世系的标记。用“斩缞、齐缞、大功、小功、缌麻”五等丧服，标志了九族的直系与旁系，保证了由高祖到玄孙的九世血亲体系的完整。

随着封建制度的解体，半封建半殖民地社会的根本改造，我国社会主义制度下的家族体系有了新的转变。旧式家族中的家长制逐渐由民主制取代，和睦相处取代了等级高低。以血缘关系为家族重心的旧观念也逐渐向以姻缘关系为重心的夫妻、子女感情融和的新观念转移。旧家庭道德、礼仪规范也逐渐被社会主义新道德风尚所战胜。分家、分居与财产的继承也都随私有制的变革失去了必然的联系。但是，旧式家族体系的残余，仍然顽固地起着阻碍作用，家族的旧习俗、旧观念依然严重地影响着新家族体系的建立，并造成极大压力。比如，男女双方的财产、地位与身份，对建立夫妻关系的影响；妻子生育与不生育、生男与生女在家族中的不同位置；父权、夫权在家族生活中支配作用的大小；直系血亲对嫁入的外姓女子的态度和约束力等，都成为当代家族体系中的复杂问题。几千年的汉族九族制的遗风，给我国的社会生活背上了十分沉重而又陈旧的包袱，很值得注意。

在我国多少世纪的父系大家族发展和影响下，家族的民俗形成了以下多方面的事象。

一、家世。家世一般指家族的世业或门阀，也就是家族世系主要的职业特征所标志的社会地位。新社会讲的家庭出身大致和家世相似。比如，过去常说的“将门之后”“书香门第”“世代务农”都是指家世而言。旧社会联姻十分讲究“门当户对”，也是从家世讲起的。家世在家族内部或整个社会中都有重要影响，特别是某代祖先在生前如果是著名人物，那么这个家族后世的发展变化就往往受这种家世的制约。古代名将、名相、名士的家世影响，在史书列传中常常可以看到。至于民间世代名艺人、名工匠、名郎中所构成的家世，也有极大的好影响。同样道理，古代权奸、贪官、污吏和民间恶霸、地痞的家世，给家族的发展带来相应的坏影响。历史上许多这些门第的子孙往往改名换姓迁徙隐居，以避家世之丑。民间传说中的杨家将、呼家将、岳家军就是从世代忠烈方面赞颂这些家世的。家世在社会民俗中有很大的习惯势力。几千年来封建门阀观念形成的家世高低贵贱，十分严重地影响着社会的生活。家世观念的实质是反动的“血统论”，即“龙生龙，凤生凤，老鼠儿子会打洞”的传统观念。家世曾“贵”过的则永远为“贵”，“贱”者永世为“贱”，这便是我国旧时代的习俗。新中国成立后，冲破了这种旧习，但是，“左”的思潮又从另一个极端推行了同样的习俗，即“出身决定一切”的“唯出身论”或“唯成分论”，把工农出身看作“贵”家世，其他成分几乎都列入“贱”家世，这都是不科学的。家世的影响很大，但家世不能决定任何个人的道路。现在实行的“有成分论”，不“唯成分论”，一切以本人表现为主的家世观念是符合实际的。因此，门第观念在今天应当被彻底打破。

二、家谱。家谱是我国家族民俗发展中的一种记录家族世系及重要成员事迹的谱书。古代又称家牒、家乘，又俗称宗谱、族谱，是封建大家族记录血亲延续系统的文字，多流行于仕宦之家。有人说家谱始于宋代是不对的，其实早在六朝以前就流行了，那时十分看重门第，到了宋代，则大为盛行。《宋史·艺文志》中设有《谱牒类》，专门记述臣僚血脉宗亲的系统。家谱是维护封建大家族“万世一系”的文字依据。为了延续家谱，往往立谱时确定家族成员命名的辈分序列，标出字号。我国孔、孟、曾三个大族在全国同姓同谱中，辈分字号，严格清晰，对了解孔夫子、孟夫子的血族宗亲及其旁系分支有一定作用。从汉代司马迁著史起便运用谱牒资料编写王室家族世系，直至明清，家谱修立之风不断，它为我国旧世家的家族制度起到了巩固的作用。历代修谱的家族集会庆典，对集结本族势力，缓和族内阶级矛盾方面，有不可轻视的作用。

谱牒这种民俗形式，在封建王朝被专门学者制成“谱学”。晋代贾弼撰写《姓氏簿状》，被称为贾氏谱学。梁代王僧孺又改写成《十八州谱》，号称王氏谱学。唐代有《氏族志》，宋代司马光有《臣僚家谱》，苏洵有《族谱引》等。古代封建王朝选拔人才也多根据家谱，以适应统治的需要。近代，家谱的民俗形式渗入到民间更广泛的阶层后，有的便利于宗族内部的封建家长制的控制，有的也成了普通人民联系亲族集团抗击剥削阶级的手段。

新中国成立后，取代家谱形式的是“家史”，不仅有像刘文彩式的罪恶的大地主家史，也有了千百万劳动人民的苦难家史。家史的调查和诉苦活动，在新中国成立初蔚成新风。劳动人民用口头流传下来的家族世系的遭遇，勾画出整个劳动阶级的共同身世和谱系。

封建大家族的解体，社会交往的扩大，使家谱的意义越来越小了。但是，劳动人民家族内部记述自己各代祖先光辉业绩的家史，完全可以追写，不断充实，成为社会主义精神文明的实际教材。

三、家风。家风指家族的传统风尚而言，是在家长或主要成员影响下自然而然形成的传统习惯和生活作风，通常又称作“门风”。这种家族内部的风习往往世代传承，有极大稳定性。晋人潘岳写过《家风诗》。《颜氏家训》里有《风操》篇，专讲维护门风的道理。古代家族内部讲门风，除了封建礼教的内容外，尚有许多可取之处。如提倡家庭和睦、尊老爱幼、互谦互让、勤俭持家等。戒赌、戒嫖、戒酗酒、戒殴斗都应当看作是好的家风。那些骄奢淫逸、挥霍无度、道德沦丧的家风，即使在旧时代也是为千手所指、万口所唾的。一个家族内部的风习，对家族成员（特别是后辈子女）影响极大。好的家风对家族的健康发展，有极大的积极作用。新家庭应当树立新的家风。

四、家教。家教指家族长辈对幼辈子女的教育所形成的惯例，这是教养子女保证世系相续接班的重要手段。它包括德与才两个方面，品德的教育在家教中占首要位置。封建时代，因受儒家思想统治，人们多侧重封建伦理道德及日常礼法的教育。有的家族甚至用文字形式规定了

“家训”，作为内部德育教材。宋代司马光编著的《家范》共十卷，列举了治家格言作为家教大纲，摘编了大量历史事例，并进行评论，成了旧时代家教用的标准课本。在平民中，家教大多是言传身教。育才也是家教的重要内容。各阶层、各职业的家族，一般按照自己不同的培养目标分三个阶段进行：幼儿阶段多为训练语言，辨识事物，通过谜语、儿歌、童谣、故事，启发孩子的智慧，培养认识事物的初步能力，并灌输一定的生活知识，这是启蒙阶段。到了少年阶段，按惯习开始了家庭职业教育，长辈传授家技家艺是主要内容。职业技艺工匠开始让子女担当助手、学徒，干所谓“下手活儿”，这是学手艺的最初阶段。女孩在这阶段开始了妇女家务劳动，缝补浆洗等简单技能的学习和锻炼，为成年职业奠定基础。青年阶段是最后学本领、继承祖业或创新业的阶段，也是育才的最后期。许多民间故事讲述的学成技艺后外出见世面的情景，正是家庭育才的形象反映。家教是社会教育的基础，社会风气的好坏、先进与落后、文明与愚昧，首先要看家教的质量。家教是培育德才兼备的家族继承人的重要手段。社会主义社会的基础教育，照例也在很大程度上取决于家教，这是社会民俗的发展必然。

五、家法。家法又称家约、家规。本来是旧时代家长训饬和制裁家族成员的法规、条例，也可以说是家族成员共同遵守的规矩。这种规矩大多数是不成文的。各家既有相似相同的规矩，也有不同的规矩。这些规矩在执行过程中，往往与家长的惩罚手段结合在一起。常言说的“国有国法，家有家规”，正是指这种约束家庭成员行为的惯例而言。新社会的家庭趋向民主化，但正常的家庭准则还应当遵守，好的家规对子女的成长可以起到积极的引导作用，对防止恶习的侵蚀有很大制约作用。

六、家产。家产又称家财、家私、家业、家计、家当、家缘，是一家所拥有的财物产业。这是家族制依附的经济基础、家族体系的命脉。在私有制社会中，家产对外决定着家族的社会地位和影响，对内维系着家族成员之间的生产、分配与消费的诸种关系。旧社会，财产在家族中起着决定性作用，前面所述的继承与分家，都是由此而产生的。在家产的处理习俗中，最有影响的是遗嘱与遗产的习俗。家产所有权的转移，首先取决于原产权所有者的意志，和原家产所有者留下的关于遗产分配的遗言。遗产包括财物和债务（既有外方欠本家族的债，又有欠外方的债），都要转移授权，由此带来的家族、亲族纠纷十分复杂。在资本主义制度下，这方面的习俗形成了一整套程序。在我国，在家产支配权上的旧传统与新风尚的斗争还依然存在。

七、家务。家务又叫家事、家政，是指日常生活事务。这是指家族内部日常生活惯习，或指家内劳动和管理的各种琐碎事象而言。通常说的开门七件事：柴、米、油、盐、酱、醋、茶，都属这类家事。除饮食外，衣着、居住的管理，社交往来，都在其中，是家族惯制中最具有普遍性的内容。

八、家长与家属。家长又称家主，古来说的“家无二主”，就是指家族内部的家长制；家属是指家主以外的家族成员。家长又俗称“户主”“当家的”。对内统管家族，对外全权代表家族处理事务。家长在旧社会维持着严格的相续制，代代相传。家属在家长统管下又分成若干尊卑、长幼、男女、亲疏的差别。现在，我国以夫妇关系建立的单一家族体系，户主的家长权（或称父权、夫权）逐渐削弱，而平等协商、互爱互助的和睦家族关系正在形成。

九、家庆与家难。前者指家族内部的喜庆事，包括归省探亲等；后者指家族内部的不幸事。在唐代，把回家探亲称作“拜家庆”。孟浩然的诗句“明朝拜家庆，须著老莱衣”（《夕次蔡阳馆》）就是指这种习俗。家族内部日常生活的喜与愁，都在家族中表现出多种细微的习俗。

十、家庙与家祭。古代大家族祭祀祖先的祠堂，叫作家庙或宗祠。祭宗祠是封建家族发展世系的重要信仰形式，利用祖灵观念与祖先崇拜，作为家族体系的精神支柱。唐代甚至有专人制订了家祭仪礼，相沿执行。《红楼梦》第七十五回写了八月中秋开祠行朔望之礼，第五十三回详尽地描绘了除夕前贾府大祭“贾氏宗祠”的过程。这一切都标志了大家族解体前，仍在用祖先的精神支撑家门的状况。

除以上十项家族惯俗外，旧社会我国汉族中还盛行“家讳”习俗，这种禁忌习俗也进入了家族礼法中。古人在日常言语或使用文字时避免提到父祖的名字，这是家讳。俗语说“子不言父名”，就指这种旧俗。这方面的纪事在古代很多。唐代皇室规定，凡居官职名犯父祖名讳可以申请改任它职。如《淮南子》中无“长”字，因淮南王父名“长”，故书中都改用“脩”字。苏东坡祖父名“序”，他在“序文”中把“序”都写成“叙”。南朝宋范晔父名“泰”，故其在《后汉书》中一律以“太”代“泰”。吕希纯父名“公著”，本人辞“著作郎”之职不受。刘温叟父名“乐”，竟终身不听音乐，不游乐山水。徐积因父名“石”，故平生忌用石器，足不踏石。家讳到了这种迂腐程度，都是为了维护封建礼法。

在旧社会，封建家族中还有家号、家印、屋号、宅号的习俗，这是一种标志本家族门第的特殊名号或记号。许多记号或称号都能从各个角度，反映出不同家族的特征。

随着父权大家族的瓦解，社会主义制度下的小家族，必将从前代家族中继承良好的习俗传统，革除不适应时代的恶俗、陋俗。比如家长的继承制、旧式分家制、重男轻女观念、门阀观念、亲疏等级、宗族派性等，都将逐渐淘汰。尊老爱幼、和睦相处、勤俭持家、热爱劳动等好的传统和作风，都将得到发扬。

随着家族的姻缘关系与血缘关系的发展，又出现了家族中的继亲关系，继父母与继子女之间构成了非血缘的家族体系。又由于对子女的养育关系的不同，又出现了家族中的养亲与乳亲关系，养父母与养子女，以及子女对乳娘之间构成了非血缘的家族体系。更由于社会交往的原因，出现了干亲或义亲关系，俗称的干爹娘、义父母与干儿女、义子女之间，有的也构成了非血缘的家族体系。这些都是家族民俗派生或演变出来的有关习俗内容与形式。民俗学者对此也应给以足够的重视。

我国各民族的家族体系，都分别沿着自身的发展道路，形成了各自不同的民俗特点。尤其是西南各兄弟民族的家族系统和汉族的封建家族体系往往差别很大，在这里除生产、生活等关系的因素外，很大程度与婚姻制度的差异有关，这在其他专题中将涉及。

我国以汉族为代表的古老的封建家族制，在民俗史上十分缓慢地向前发展了三千年，至今旧式家族制残余还给我们今天的社会背上了相当沉重的包袱。但是，我国家族制的发展，也传袭下来许多良好的习俗，它们为当代新型家族体系的形成起到了积极作用。

伯、叔、姑、舅、姨

——关于社会民俗之二：亲族称谓

在日常家庭生活和亲属往来当中，成员之间关系的标记，便是称谓。从孩子牙牙学语、刚刚懂事时起，便懂得呼唤爸爸、妈妈，随后在父母的教习下，学会了呼唤伯、叔、姑、舅、姨，并把这些称谓和爸、妈（或爹、娘）区分开来。孩子长成人后再将这种称谓传授到下一代。我国汉族的这种称谓的民俗传承，至少延续了三千年。

但是，只要我们把这些称谓和其他国家的称谓一对照，立刻会发现有许多国家的传统称谓和我们的大不相同。近些年来学习外国语的青年人都感到，学英语、俄语、法语、日语等多种外语中的一些称谓很简单，但是，从文学读物中把这些称谓译成汉文，就不大容易找到对应的叫法了。这是为什么呢？许多人找不到解释。

就以下列称谓的名词为例：

英语 Uncle 等于汉语的伯父、叔父、姑父、舅父、姨父。

英语 Aunt 等于汉语的伯母、叔母、姑母、舅母、姨母。

俄语 ДяДя 等于汉语的伯父、叔父、姑父、舅父、姨父。

俄语 Тётка（Тётя）等于汉语的伯母、叔母、姑母、舅母、姨母。

法语 Oncel 等于汉语的伯父、叔父、姑父、舅父、姨父。

法语 Tante 等于汉语的伯母、叔母、姑母、舅母、姨母。

日语“オヅ”等于汉语的伯父、叔父、姑父、舅父、姨父。

日语“オバ”等于汉语的伯母、叔母、姑母、舅母、姨母。

这种反复对照的称谓，使我们看到我国汉族亲族称谓的方法有三个特点：一是在称谓上标明了父系和母系。父亲的兄弟姐妹，分别称伯、叔、姑，连同他（她）们的配偶，都是父系亲属；母亲的兄弟姐妹，分别称舅、姨，连同他（她）们的配偶，都是母系亲属。二是在称谓上标明了男方和女方。父母亲的兄弟，分别称伯父、叔父、舅父，他们和他们的妻子，都是男方亲族；父母亲的姐妹又分别称姑母、姨母，她们和她们的丈夫都是女方亲族。三是在称谓上着重标明了父系男方亲族的长幼。父亲的兄称伯、其弟称叔，相应地称伯的妻为伯母，俗称“大娘”“大妈”，称叔的妻为叔母，俗称“婶娘”“婶子”。可以看出这种称谓在标志社会关系上的具体性和严格程度。

亲族称谓在我国如此具体和严格，是有其历史渊源的。在古文献《尔雅·释亲》《贾谊新书·六术》《白虎通·三纲六纪》《释名·释亲属》等典籍中都有详细记载，其中大部分流传至今，依旧通用，也有一部分随俗改变或淘汰。

先从父系称谓谈起。

伯：通称伯父，是父的兄。《尔雅·释亲》里说：父亲同出兄弟中，比父亲早生的称作“世父”。《释名·释亲属》说：“父之兄曰世父，言为嫡统继世也；又曰伯父，伯，把也，把持家政也。”可见古来把父之兄称作世父或伯父，是有社会根源的。“世”与“伯”都有继承或主持家政的含意，这说明汉族从古以来对亲族的称谓不只是标明伯与父的长幼顺序，而且还标明了伯父在亲族中的地位。封建家长制的中心在于维持家族、亲族的“嫡统继世”，维护其家产的世系继承权。世父或伯父的称谓，正是标明了这种继承权归属在父辈长子身上。在民间文学中，我国流传着大量的“两兄弟”型故事，都是以兄弟分家，兄继承了大量财产；弟只得到剩余的残破什物，兄依仗自己的继承权欺压弟弟为情节的；故事狠狠地鞭挞了长子继承权的家长制。这类故事同样对家族、亲族中的伯的地位是一个很好的解释。因此，在我国漫长的封建制度发展中，不可能形成父辈兄弟的共同称谓。伯父，是对父亲的兄所做的具体而特定的说明。在众伯中再标以大、二、三、四等次序，以示差别。

叔：通称叔父，是父的弟。《尔雅·释亲》中说：在父亲之后生的弟，称作叔父。《释名·释亲属》中说：父亲之弟叫“仲父”，“仲父”之弟叫“叔父”，“叔父”之弟叫“季父”。仲、叔、季都是依“伯”的次序排下来表示长幼的。在家族、亲族发展中，一般地都统称叔父，这是因为仲、叔、季在长子继承权下，并没有实际意义。仲是中的意思，叔是年少的意思，季是“癸”的意思。癸为“天干”之最末，言其最后的意思。这三者都比伯或父“年少”，所以叔父可以通称。叔父在父辈中是作为与伯父在家族、亲族位置中有所差别的标记。在众叔中另排次序。

姑：通称姑母，父的同出姊妹，无先后生的区分，一律称姑母。《尔雅·释亲》：“父之姊妹为姑”，并没有再举出父姊与父妹的差别，这种与伯、叔不同的类分，完全取决于父姊父妹在家族、亲族中的地位而定的。《释名·释亲属》解释说：“父之姊妹曰姑，姑，故也；言已为久故之人也。”这种解释放到父辈是完全说得通的，它只标明与父亲的近亲关系，并不标明其他社会属性。在封建家族、亲族制中，父之姊长于父与叔辈也得不到伯父的位置，因其最终是要嫁于外姓的。因此，姑之夫，按父辈论称作姑父，在家族、亲族制中他是不可能与伯、叔等同的，因而也不可能产生共同称谓。这里父系的女性地位又起了很大作用，父系的男性位置是以“嫡统继世”维持着的，所以姑父随姑母地位而稍稍向远于伯、叔了。

再谈母系称谓。

舅：通称舅父，是母之兄弟。《称谓录》说：“母之兄弟，舅”；“凡母党之尊者，由母推之，则皆母之属也；从母是也。至母之兄弟，则不可谓之母，其可谓之父乎，二者皆不可以名，故圣人更名之曰：舅。”为什么叫舅呢？按《释名·释亲属》说：母之兄弟称作舅，和称姑的故是同义。古代把“舅”解做和“姑”相同，取其故。旧，久之义，这在母系关系上应当说是清楚的。因此，母亲的兄弟和父亲的姊妹一样同为近亲，这便是后世姑舅至亲的渊源。很简单，父的姊妹对父之子女说是姑，父对于姑之子女说则是舅，这是很明显的。因舅父或姑父在家族、亲族制中与伯、叔不处于同等地位，故不可能与伯、叔形成共同称谓。

姨：通称姨母，母的同出姊妹。《释名·释亲属》说：“母之姊妹曰姨”，“谓之从母”。姨在母系中从母，是近亲，但是姨本人在自己家族、亲族中还有男性兄弟（即母与姨之兄弟）“嫡统继世”，所以姨和舅不同。姨的丈夫称姨父，他和舅父，甚至和伯、叔、姑父又有差别，不可能形成与之共同的称谓。

同样道理，在我国几千年封建家族、亲族制的延续下，伯母、叔母(婶母)、姑母、舅母、姨母像她们的丈夫一样，不可能形成共同的称谓。父系中与伯、叔、姑对应的称谓是侄，母系中与舅、姨对应的称谓是甥。具体地说，在古代女称兄弟之女为侄，男称姊妹之子为甥，所以“侄”从女，“甥”从男。以后才逐渐类推到男女称兄弟之子为侄，女为侄女；男女称姊妹之子为甥，女为甥女。

其实，古代文献中在舅、姑、甥的称谓上，一直存在着多重性，很值得重视。以《尔雅·释亲》为例，它一方面说：“谓吾舅者，吾谓之甥也。”一方面又说：“妇称夫之父曰舅，称夫之母曰姑”，“妻之父为外舅，妻之母为外姑”，“亦宜呼婿为甥”。随后，又解释说：“舅姑者何？舅者旧也，姑者故也。旧故，老人称也。夫之父母为舅姑何？尊如父而非父者，舅也；亲如母而非母者，姑也。”从这里可以看到古来对舅姑称谓的演变。

夫妻双方对各自的父母互称舅姑，不应当简单地只认为是“尊如父母，而非父母”，从科学意义上讲，这里互称舅姑是有更古一些时代的家族、亲族关系的影子的。从大量的我国西南少数民族的称谓中可以类推到，古代称舅姑是血缘家族的某种遗风。例如，从永宁纳西族母权制脱胎而来的父系家族，实行一种叫作“木周尼周”的舅表婚，是姊妹儿子娶兄弟女儿为妻的通婚关系，父母双方互为舅姑。独龙族普遍实行姑母儿子娶舅父女儿为妻的“安克安拉”婚。“安克”是舅，“安拉”是甥，父母双方也互称舅姑。景颇族实行“梅尤达玛”婚。“梅尤”，景颇语为舅，又为“丈人种”，这和汉族古籍上说的“称妻之父为舅”的意思一样；“达玛”是甥，又是“姑爷种”，和古代文献上说的“称婿为甥”完全一致。在这里父母双方仍是舅姑。傈僳族实行的“阿尼木底”婚，是舅父儿子娶姑母女儿为妻的姑舅亲，父母双方为舅姑。所以古代称谓中，妻称夫之父为舅，等于把妻之母与夫之父放到同一兄弟姊妹行列中；妻称夫之母为姑，也等于把妻之父与夫之母放到同一兄弟姊妹行列。夫称妻之父母为舅姑，显然也是把自己父母与妻之父母列为同一兄弟姊妹行辈中。至于在舅、姑上加个“外”字，只能在父系家族确立之后才有可能。从这种大量的夫妻双方父母都是兄弟姊妹、夫妻之间也是兄弟姊妹的子女、也互为兄弟姊妹，从兄弟姊妹或表兄弟姊妹近亲婚姻的事例看，最早的舅姑之称，正是古代血缘家族中脱胎出来的古俗亲族遗称。这种称谓发展到后来的对偶制，一夫一妻制时，含义就不可理解了，于是有人从礼教出发解释为“尊如父母，而非父母”了。但是，这种解释不能成立的地方正在于，这种称谓为什么不相应地尊之为伯、叔、姨或姑父、姨父、舅母、叔母，偏偏以舅姑称之呢？其前因就在家族制度上。随着家族关系的构成不断变革，舅姑之称自然不能适应新的情况，才渐渐有了“翁姑”“公婆”之称，以后又随配偶同称

“父母”了。舅与姑则依旧保持原来兄弟与姊妹之间相对应的子女尊称。舅与姑是很古老的称谓，至今舅姑关系在亲族系统中的位置也异常重要。

从舅姑的称谓推断，古来有一个时期我国的亲族称谓大致也是按辈分、按男女划分的，同辈男为兄弟，同辈女为姐妹；父母一辈也互为兄弟姊妹，对下辈，除确认父母以外，大约都是舅姑了。以后再划分伯、叔，分清姨，最后连同他们的配偶都大致弄清后，才定称为伯母、叔母、姨父、姑父、舅母，这大约已是相当晚些时候的事了。

可见，我国这种称谓法有它自身的体系和民俗特点，和英、俄、法、日等许多国家的称谓是不同的。

民俗学者在研究亲族构造时的重要着眼点便是亲族的称谓。凡是确定亲族与本人关系的名称，都是亲族称谓。这种称谓是由各代婚姻关系构成的男女双方血缘系统排列出来的。称谓法在全世界只有两大种：一种是类分法；一种是叙述法。我国以汉族为代表的称谓法就属于叙述法；上面列举的英、俄、法、日等国称谓的例子，则是典型的类分法。这两种称谓法的差异如下：

一、在叙述法中，父方母方的标记十分分明。类分法不标明父方母方。如，叙述法的父方亲族称谓是：父兄弟为伯、叔，父姊妹为姑，父兄弟姊妹的子女为侄、侄女。母方亲族称谓是：母兄弟为舅，母姊妹为姨，母兄弟姊妹子女为甥、甥女。

类分法只标明性别，其余同辈亲族同称，不论父方母方。同样，同辈夫方大伯、小叔、大小姑，妻方大舅、小舅、大小姨等，在类分法中都称兄弟姊妹。

二、在叙述法中，直系旁系的标记有严格区别，类分法不标明直系旁系。如，叙述法的直系称谓是：

直系长辈：本人、父、祖父、曾祖父、高祖父。

直系晚辈：本人、子、孙、曾孙（重孙）、玄孙、来孙、晜孙、仍孙、云孙。

叙述法的旁系称谓是：

旁系长辈：父之兄弟为伯叔；祖父兄弟为从祖父；曾祖兄弟为族祖父。

旁系晚辈：伯叔之子为从兄弟；兄弟之子为侄，姊妹之子为甥，侄之子为归孙；甥之子为离孙；女之子为外孙。在类分法中仍然只标明性别，按辈分亲族同称，不细述直系旁系。

古代多妻制中妻妾嫡庶之分在叙述法里也十分严格，反映出“庶出”子女的地位不同于“嫡出”。

三、在叙述法中，不仅标明尊属、卑属，而且严格标明长幼的排行顺序。类分法只标明尊卑辈分，一般不标明排行顺序。叙述法对尊卑与类分法对尊卑的标志是一致的，只是在父方母方和直系旁系的差别之外，又多了一层详细的排行序列，用来确定同辈人的先后，如三伯、五叔、七姑、八姨、六舅直至最后一个称作“老叔”（或“小叔”）“老舅”（或“小舅”）的为止。

从我国典型的亲族称谓习惯看来，我国亲属、亲戚构成的范围，系统十分清楚，也十分琐细。由此而确定的亲族之间的远近差别，丧服制的等级，饮食和仪礼的座次、顺序，财产的分配与继承，生产与生活上的合力，经济上的依赖与扶助，养育上的责任与义务，赠答往来的规格，亲族内的行为制约及管理的权限，宗族派性的发展等社会习俗惯制，形成了相当完整的体系。有史以来亲族之间所发生的纠纷，特别像皇室亲族之间所发生的政治纠纷，往往都与亲族系统的父方、母方，直系、旁系，尊卑、长幼、嫡庶之间的关系失去了平衡，违反了常例有直接关系。所以我国古代，为了维护这种正统的亲族制度，从周代起制定了一系列法令措施，并用各种“家范”“治家”“齐家”“睦亲”的大道理巩固着这个传统的亲族制度。

在亲族称谓上，我国少数民族和汉族的称谓法并不完全相同。永宁纳西族的亲族称谓最为特殊，在那里母亲与舅母（即舅父的女伴或妻）一律称为“爱梅”，舅父与父亲（即母亲的男伴或夫）一律称为“阿乌”。这种称谓显然是从兄弟姊妹互为婚配的亲族制度产生的。海东佤族的亲族称谓中对父母的哥哥（即伯、大于母亲的舅）一律称“伯”；对父母的弟弟（即叔、小于母亲的舅）一律称“根尼阿木”；对父母的姐姐（大于父母的姑或姨）称“麻添”；对父母的妹妹（即小于父母的姑或姨）称“麻尼阿木”。这种称谓与汉族相同的是论辈分、论长幼顺序、论性别，但是它并不区分父方母方或夫方妻方。这种称谓显然与十分突出父系的称谓不同，有古代血缘、亚血缘家族的古俗遗风。在西双版纳傣族中还有一种按辈分、性别的称谓法。这种称谓法分性别的特点是儿、孙和女、孙女来区分的。如子称父为“波布”，女称父为“波陶”；子称母为“咪亚”，女称母为“咪陶”；孙称祖父“波布满”，孙女称祖父为“波陶满”；孙称祖母“咪亚满”，孙女称祖母为“咪陶满”。这种称谓强调出性别的区别，是和当地的从妻居婚俗遗风有关。在社会上，不同于家族内部称谓，男女称谓一律按女性称谓，即妻的称谓由夫从之同称。澜沧拉祜族的亲族称谓又有自己的特色，伯、叔、姨父统称“阿帕”，舅父称“吴直”，姑父称“阿尤帕”，伯母、叔母、姨母统称“阿梅”，舅母、姑母又统称“阿尤”。这里已经标志出了类分的特点。碧江怒族的称谓，父、伯、叔、姨父都是“奥扑”，母、伯母、叔母、姨母都是“奥米”；除分出舅姑以外，其余都与父母相类分，这也是古俗的遗风。曼散的布朗族亲族称谓也有类分的特点，称母、姑、姨都是“迈”，伯、叔、舅都是“奥”。北方民族中如蒙古族的称谓是有父方母方之分的，性别、辈分、长幼都和汉族的叙述法一致，它的叙述更具体。伯是“义和阿巴嘎”，叔是“阿巴嘎”，姑是“阿巴嘎额格其”，舅是“那嘎其阿布”，姨是“那嘎其额格其”。

叙述法称谓也不都是一种类型，汉族的叙述法对主要亲族都有特定称谓。但是在其他族中还有只对极少数亲族有基本称谓，然后以此类推加以具体描述。像拉祜族中有的只有父、母、兄、弟、姐、妹、夫、妻、子、女的基本称谓。其他像伯、叔、姑、舅、姨等，都没有称谓。伯称“父亲的兄”，叔称“父亲的弟”，姑称“父亲的姐或妹”，舅称“母亲的兄或弟”，姨称“母亲的姐或妹”。其他类推，一律叙述。像姑表妹夫的称谓，就成了“父亲妹妹的女儿的丈夫”（读音为“那帕奥那加加米波奥冒”），这是最原始的一种叙述方法。

我国各族亲族称谓法，十分清楚地标明了本民族的亲族系统及其结构，通过称谓可以准确地看到家族、亲族关系所展现出的社会基础。一个民族的社会民俗，首先从家族、亲族系统反映出来。特别是像汉族称谓法所标志的历史悠久的父权家长制家族、亲族体系，使中国古老的“九族制”给社会的发展带来了沉重的压力。因此，民俗学者的任务对亲族制度的研究就更有十分重要的意义。

从兄妹婚到一夫一妻

——关于社会民俗之三：婚姻

人类是怎样来的，我们的祖先用许多神话做了解释。下面举一些例子来看看它的特点：

> 中国古代神话说，世上本来没有人，是大神女娲抟黄土做成了人，成为人类的祖先。
>
> 埃及古代神话说，世上本来没有人，大神赫奴姆用泥土造的人，成了祖先。
>
> 希腊古代神话也说，世上最早的人是大神宙斯用泥土塑造的。
>
> 希伯来神话里有个叫亚当的男人，他的故事被记入《圣经》。“亚当”这个名字的原意就是“出自泥土”。据说是上帝按照自己的形象塑造了他，因此，他成为人类始祖。

可见古代祖先对人类来源进行了很有意义的思考。更可贵的还有在此基础上的探索，像屈原在《天问》中提出的女娲又是谁造的这一问题。同样道理，赫奴姆、宙斯、上帝的形体又是谁造的呢？现在，神话学的科学结论已经告诉我们，这些神正是人类祖先按照自己的形象加以想象创造出来的。

和这些神话同时流传的还有人的祖先分别是许许多多种动物和一些

植物化生而来的故事；又有人和其他动物异类婚配繁衍人类的种种故事。这些故事又是一种原始的探索，开始对人类的来源做某些接近人类生活的解释，开始把人类的繁衍与婚配联系起来了。

后来，在有人类的各个角落便开始大量流传兄弟姊妹之间婚配的故事了。这样就把探索人类起源的问题放到现实生活中去思考了。

古文献和汉墓石刻上都清楚地记载着女娲和伏羲既是兄妹又是夫妇对偶神。唐代《独异志》记录了有关的故事，说宇宙初开之时女娲兄妹在昆仑山上，以烟相合占卜，相配为婚，成为人之始祖。现代在我国西南地区各兄弟民族中仍然广泛流传着本民族的兄妹婚故事。苗族的《伏羲姊妹造人烟》、彝族的《梅葛》、傈僳族的《开天辟地的故事》、白族的《氏族来源的传说》、布依族的《姊妹成亲》、撒尼人的《木瑙斋瓦》、傣族神话《布桑该·耶桑该》、叙事诗《召树屯》中都有兄弟姊妹通婚的描述；壮族的《盘古》传说也有这类婚姻的记述。其他像纳西族《创世纪》中利恩兄弟姊妹成婚的故事，瑶族、怒族、拉祜族等也都有兄妹婚的故事。

在外国古老的神话中，兄妹婚例也并不少。像希腊神话中的众神之父宙斯和天后赫拉、农神得墨忒耳，既是兄弟姊妹，又是夫妻。日本古代神话中的人类始祖伊邪那岐与伊邪那美，也是兄妹成婚的对偶神。朝鲜的洪水故事里也有兄妹婚配的记述。

不论这些神话、传说或故事在流传中染上了多少后世婚姻的色彩，但它们所追忆的远古时兄弟姊妹间通婚的情节，却始终是故事的中心。这些故事的产生并非偶然的和荒诞的，而是有现实根据的。它是我们这个时代不可能理解的，遥远古代婚制的口头遗留，是人类祖先从野蛮向文明发展的重要阶段。

科学早已证明，在兄妹婚之前，人类祖先实行过杂乱的配偶生活。例如，中太平洋波利尼西亚群岛及印度尼西亚诸岛上流传的古代传说中，有些是讲述父与女、母与子配偶的故事，就是这种最为原始的婚姻关系的影像。人类排除了父母与子女的群团杂婚关系，向同辈分之间互为配偶的婚姻发展，在远古，应当说是一种进步。兄妹婚是以同胞兄弟姐妹之间的婚姻为基础的婚姻形式，这种婚姻同时扩大到从兄弟姊妹、表兄弟姊妹之间的集体群婚。父亲为集体父辈，母亲为集体母辈，子女为集体子女。这种婚姻所形成的特点是：母亲知道哪一个是自己的子女，子女也知道自己的生身母，其余母辈成员都是“庶母”；父亲却无法知道自己的子女，子女更无从知道自己的生身父亲。这种婚姻就是血缘婚，这种婚姻所构成的家族，叫血缘家族。这种婚姻关系在波利尼西亚各岛、马来亚及夏威夷、南非洲等地还有某种程度的遗留。

这种血亲间一群同胞兄弟与姊妹间的多偶婚，在我国西南少数民族中有一些残余形式。在永宁纳西族的几个村落里，新中国成立前有过同母异父兄弟姊妹互为夫妻的现象。在纳西族史诗《创世纪》里有“利恩兄弟姊妹成夫妇”的记载，也正是这种同辈同胞兄弟姊妹之间的群婚写照。

婚姻的最初阶段的文明进步，表现在对同胞兄弟姊妹婚的排斥上。许多科学资料证明，这是一场婚姻、也是社会的巨大变革。这时并不排斥其他旁系从兄弟姊妹、表兄弟姊妹之间的婚姻。这样便形成了一群姊妹与一群非同胞兄弟的男子成婚；姊妹的子女之间也自然排除了婚姻关系，和另外一群子女结成配偶。这样一来，本氏族内不可能有婚姻关系了，开始了氏族外婚的形式。在西南地区民间流传着谴责兄妹婚的传说，如纳西族《人类迁徙记》中说，兄弟姊妹通婚触怒了天神，山崩地裂，天地变异。在绝大多数兄妹婚故事中，也都流露出某些非难、排斥的痕迹。像故事中的妹制造难题拒婚，婚后生“怪胎”“肉蛋”之类的情节，都是排斥氏族内婚的一些约束性成分。在全世界很多氏族部落的不成文的法律中都有规定：严禁同胞兄弟姊妹之间的婚姻关系，即排除氏族内部婚姻关系。我国西南少数民族中这种形式的遗留较多。永宁纳西族的“阿注”婚，就是同一母系一群姊妹与其他母系男子结交

“阿注”互为夫妇的。同一母系的一群兄弟则必须到其他母系女子处作男“阿注”。这种形式便是氏族外婚的一种形式。这种排斥了同胞兄弟姊妹之间通婚的制度，在初期阶段大量的是堂兄弟姊妹、表兄弟姊妹之间的近亲婚姻，又叫作亚血缘婚姻。新中国成立前后，这种婚姻在怒族中便占了较大的比例。后来的近亲婚姻，就是从这种古婚俗发展沿袭下来的。

血缘婚和亚血缘婚发展的结果，只能是男女双方到别的氏族去得到妻子或丈夫。这样就形成了婚姻的对偶制，自然不同于以往的自然结合的群婚，逐渐由主妻、主夫的对偶，发展成独占性质的对偶。其方式也因族外婚而不能不产生多样性。比如，议婚方法确定婚约，由礼物交换形成的购买到敌对部落中俘获配偶的掠夺（即抢婚），都是这种婚姻的标志。各民族的史诗、英雄叙事诗中，传唱了古老的议婚婚约，讲述了多少匹马、多少只羊换来了新娘，描绘了声势浩大的抢夺敌方财物时夺来女俘在氏族内分配的场面。甚至在许多古老的民间故事中，都讲到了议婚、抢婚的情节，其渊源正在于对偶制婚的确立，经济上的发展与父系家族的出现。这种婚制远比血缘婚、亚血缘婚进步。马克思说得很好：两个进步的家族、部落合而为一，“相当于两个部落能量的总和”[①]，它结束了氏族内血缘、姻缘的混乱状态，成为人类发展史上最早的身心健壮的家族和部落。没有血缘亲属关系的人们之间通婚，这是人类文明的重大发展。

由于部落间大规模战争对男子的毁灭，对女子的掠夺，由于古代群婚制的遗风，由于父权的发展使独占性质膨胀，对偶婚制出现了一夫多妻的风俗。这种对偶同居的多妻占有制，阻碍了文明社会的发展。

对偶家族产生发展的父权，终于在一夫一妻制的社会中巩固下来。这时父权不仅控制了越来越多的财富，同时也控制了自己的妻和子女。

---

① 马克思．摩尔根《古代社会》一书摘要［M］．北京：人民出版社，1978：34.

同样，女子从自己的父系转移到丈夫的氏族后，也失去了从父方应得的权利，在夫家也同样得不到任何权利上的补偿。这时，一夫一妻制的特点是：奠定了男权父系世系的基础，开始了财产向子孙转移的继承观念，发展了严格的血缘亲属关系。

可以看出，典型的一夫一妻制是私有制的产物。因此，一夫一妻制的婚姻受到了社会制度十分有力的制约。妻的地位远不是母系氏族时期的中心位置了。妻和财产为夫私有，所不同的只是妻和其他财物不同，她的作用只在于生育子女，延续世系，妻的位置也取决于生育子女。所以，妻的生活处于受强制的状态，这便是一夫一妻制在私有制条件下形成男尊女卑的原因。

一夫一妻制所表现出的私有制特点，在我国主要存在于封建家长制中。我国封建时代确立了的若干“准则”是：首先，妻是用一定财物买来的，是夫家的财产，要受到夫家的绝对控制。俗语说的“娶到的媳妇买到的马，由人骑来由人打”，“嫁鸡随鸡，嫁狗随狗”，正是这种婚姻的写照。第二，妻的主要任务是生育子女，延续继承家业的世系，为了保证血缘世系的纯洁，妻必须严守贞操，受到全家族血亲的注视，生活处于幽闭状态。第三，由于家长制的控制，在一定条件下媳妇有转升为婆母地位的机会，从而转过来又强制和压迫自己媳妇，依此相袭成风。这就是“千年古道变成河，多年的媳妇熬成婆”的事实。我国大量的“媳妇苦”故事、“恶婆母”传说，正是这种封建时代一夫一妻制婚姻不平等的反映。

现代的一夫一妻制，随着社会制度的变革，男女地位的平等，旧时代遗留下来的包办、买卖的婚姻逐渐淘汰，男尊女卑之恶风正在改变，夫权制与家长制越来越趋于解体，平等民主的家庭基础正在不断确立和巩固。社会主义新婚俗，从根本上改造了一夫一妻制的传统性质。

一夫一妻制的发展，形成了系统而严格的亲族关系，血亲与姻亲都被分析到“个别化”程度，产生了清晰的直系与旁系，从而构成了密如蛛网的宗族系统，成为社会的基本单位。

从遥远的古代兄妹婚到现代的一夫一妻制婚姻，人类社会的发展在婚姻形式上呈现出多样性，每一种形式都展示出婚姻习俗发展历史的痕迹。从构成婚姻的手段、方式和性质来看，我国存在过的婚姻形式大致有以下十六种。

一、掠夺婚。掠夺婚俗名叫抢婚，是古代氏族部落外婚所造成的用战争形式掠夺妇女的遗俗。我国古代《易经》爻辞中的“匪寇婚媾”，正是这种抢婚的描绘。世界上现存的抢婚的方式也是多样的。在民间文学中也有古老的抢婚描述。近代抢婚与古俗不同，几乎都转变成模拟抢掠的方式了。像新中国成立前后在景颇族中实行的求婚方式，就是这种古俗遗风。景颇族称抢婚为“迷鲁”，先举行占卜仪式，选中男女双方村落主持抢婚的人员，这种抢夺大都是已经过女方的同意才进行的。傈傈族中有一部分也实行抢婚，而且事先约好抢夺的时间和地点。德宏傣族的抢婚别有特点，先是男方结伴执刀，按约定时间地点抢夺姑娘。姑娘装作呼救，女方乡里营救。抢夺者向他们撒铜钱，诱使追的人拾钱。抢者逃走，然后再行正式的议婚手续。台湾高山族的鲁凯人新婚时，新娘要用三条麻绳绑起来并藏在隐蔽处，由新郎找到后割断绳子才可以带走，这也是一种抢婚遗风的标志。过去瑶族迎亲，也有晚上举火把模拟杀抢战斗的方式，战斗中男女溜走，然后再举行聚宴。壮族的“夜婚”也有抢婚遗风。这些抢婚仪式，已经失去了原来掠夺婚的性质，成为婚礼习俗的形式了。但是在新中国成立前，强抢妇女的婚姻也还确实存在，那是封建买办阶级压迫手段与古婚遗俗畸形结合的结果，就不是简单的婚俗问题了。

二、买卖婚。买卖婚是族外婚议婚的发展，是私有制婚姻的代表形式。它是以男方用相当数量财物为代价换取女方为妇的。《周礼》《礼记》中都详细记载了从天子、诸侯到士庶结婚用聘金彩礼的事实。古代议婚、订婚、成婚过程中的“六礼”，其中有“纳采”“纳吉”“纳征”

三大项，正是议定娶妇身价的各种做法。女家得财物后将女转给男家，脱离女家，等于财物与女子的议价交换。在汉族买卖婚中大多用聘金及金银首饰、衣物、礼烛、礼饼等，也有加猪羊鸡鹅的。过去富户也有用牛马、土地做聘礼的。在少数民族中，过去买卖婚的聘礼各有不同。北方民族如蒙、满等较早期都是用牛、马和羊为礼的，以牲畜数量多少作为确定婚姻等级的标志。鄂伦春族送交的彩礼，除马匹外还要有野猪等猎物及酒等。怒族聘礼多用牛，通常一至三头，但往往只用一头牛，其余用铁锅、三脚架、刀等用具顶替。在傈僳族中过去有以牛计价付银钱的买卖婚，议婚时定出几头牛，折多少钱，一般按四头大牛论价，结婚时付清；同时还要付一笔给女方母亲的喂奶钱、衣服钱，其他成员的同意钱。因为这是把出嫁看作成年劳动力的转移，所以索财礼作为补偿。因此，财礼因人而异，要看男女两家的财产及女子的本领而定。有的人家结婚可以请求分期付款，甚至到儿女都长大了还付不清财礼。买卖婚给人民带来了沉重的负担，许许多多因贫穷而得不到成婚的悲惨事例，都是对买卖婚的控诉。由买卖婚畸形发展起来的拐卖妇女、卖身等行为，更是买卖婚罪恶所造成的。新中国成立前，把女儿卖给人家做了牺牲品，妇女被迫跳入“火坑”，都是买卖婚对妇女摧残的后果。

三、服役婚。这是一种古老婚俗的遗留。它是以男方赴女方家服劳役为结婚条件的。通常服役有一定期限，等于男方用劳役向女家交付妻子身价的形式。在西双版纳流行一句俗语说：“得一个女婿，如得一个家奴”。正是这种服役婚的描绘。过去有人引《圣经》上雅各娶表妹，到舅父拉班家服役十四年的故事，来证明这种婚俗，其实在我国拉祜族过去的婚姻里，就有按传统夫到妻家“上门”十五年的做法，去时不仅带自己的生活用具，还要带上生产工具和家畜、家禽去服役；十五年后，带妻和儿女回到父方家庭。苦聪人也是到岳父家服劳役五至十年，作为支付妻的身价。这种婚姻是从妻居的一种形式，有的继承了女家财产，便转为入赘婚了。

四、表亲婚。表亲婚通常称姑表婚与舅表婚，是古老的亚血缘婚的遗风，是指兄弟的子女与姊妹的子女之间的婚姻关系而言。这种近亲婚不宜以亲族感情和某种继承关系为根据，而且还有古老的观念作依据。通常把舅家娶姑家女儿为媳，看作是对当年姑的出嫁的一种赔偿。所以，在我国十分看重姑舅表亲。傈僳族的“阿尼木底”婚把姑母女儿嫁回舅家，舅家用首饰财礼迎回。拉祜族盛行姑舅表单方面婚，只许兄弟之女嫁与姊妹之子，这和汉、满族中的“姑母做婆”一致，反之则被称为“骨血倒流”，不能通婚。傈僳族有句谚语说：“树最大的是杉木，人最大的是母舅”，正是强调舅舅儿子娶姑母女儿的优先权。舅家如不娶，姑母女儿方可另嫁。过去怒族中这种姑舅表婚的优先权也十分突出。表亲婚继血缘、亚血缘婚后成为最落后的一种古俗，它对自然选择原则，危害子孙繁衍和发展人类，是一种顽固的反科学形式。我国婚姻法对近亲结婚的限制，就是科学总结了表亲婚弊害的成果。

五、交换婚。交换婚是古代族外婚的一种古俗形式。它是两个氏族的男方互换其姊妹为妻，或互换其女儿为媳的做法，是一种对等交换的议婚方式。这种方式在姑舅表婚中表现为两代交换，即姑出嫁，生女回嫁舅家。这种交换婚后来在贫困人家之间实行过，不用财礼，以人换人。这种婚俗与婚后换妻的恶俗有原则区别，不可混淆。

六、转房婚。学术上又称逆缘婚，是古代“夫兄弟”“妻姊妹”共夫共妻的残余形式。景颇族、佤族中有这种婚俗。这是一种兄亡嫂转嫁给弟，弟亡弟媳转嫁给兄，姊亡妹续嫁姐丈的婚姻形式。从汉代到清末，还有嫡子继承父妾，侄继承伯叔母等婚例，也属于这种类型的杂婚遗风。这是一种奴隶制、封建制财产转移的变形，既维护了原有亲族系统，子女也随之转房仍为本氏族成员，保证了劳动力不外流，同时由于姊妹先后同夫，又维持了两个家族间的亲属往来。到了现代，转房婚随着社会的文明进步，不断淘汰了它的多妻成分，发展了这种类型的自愿婚，还是可以存在的。

七、招养婚。招养婚就是文言的“入赘”，口语的“招养老女婿”。这是一种母系家族和从妻居服役婚的古风遗留和发展。形式上是女子不出嫁、招男子入女家为婿，主要目的是女方需要养老接代。这在秦汉时期为“赘婿服役”，在宋代为“舍居婿”“赘婿补代”，在元代为“赘婿养老”。这种婚姻形式也可叫作“招嗣婚”。

八、招养夫婚。招养夫婚是一种重婚的一妻多夫的变异形式，这种婚俗在民间得到承认。东北俗称“拉帮套”，是一种本夫患重病，家庭经济十分困难的情况下，另招一夫负责抚养本夫及全家子女的做法。东北农村又称“搭伙”，以表示为两夫一妻的生活共同体，其中本夫仍为主夫。这是经济贫困和家庭不幸所造成的婚俗，随着社会发展与经济繁荣，这种形式的婚俗将迅速消逝。

九、典妻婚。这是旧社会买卖婚派生出来的临时婚形式。在旧社会，女方家庭经济困难，丈夫同意将妻典当给别人，有一定期限，收一定租典金，到期将妻归还。男方多为借妻得子，得到继承权，传代防老。这种典妻风宋代就流行了，元代更加盛行，明清沿袭成俗，是封建制度婚俗畸形发展的结果。

十、童养婚。我国封建时代婚俗之一。大多是有子嗣后，同时抱养别家女儿作为养女，适婚龄期再与本家子成婚。这种婚姻形式带有极大的剥削性和强制性。未成年养女多为廉价购买来的劳力，她往往担负繁重的家务劳动，同时要遭受体罚摧残。童养婚历史悠久，据《三国志》载：“沃沮国女，至十岁，婿家即迎之长养为媳。”又据《后汉书》记载，东汉献帝建安八年，曹操娶亲，就是娶的“少时待年”的童养媳。新中国成立前流传的大量反映童养婚苦的传说和生活歌谣，正是这种婚姻类型的反映。

十一、指腹婚。我国封建时代兴起的一种婚俗，又称胎婚。这种类型是两家主妇同孕，指腹相约，产后如一男一女，就结为夫妇，是家长制为子女包办预订婚约的变态形式。这种婚俗约起于六朝时代，当时十分注重门第，指腹婚是为了保证门第之间平等关系的延续。在《南史》里有韦放与张率为双方子女指腹为婚的记录；《北史》里也有崔浩为王慧龙妻与卢遐妻指腹为婚的记述。这种胎婚多在官宦人家进行，民间不多见。在传奇小说、话本、戏曲中这类婚俗有所表现。这种畸形婚俗即使在封建时代，也经常受到指责，甚至受到禁止。司马光就曾指出过指腹婚弊害之多。元代在法律上甚至规定："诸男女议婚，有以指腹割襟为定者，禁之。"事实上，这种恶俗相沿到新中国成立前，足见积习之难改。

十二、冥婚。冥婚又称嫁殇婚、娶殇婚，是一种古老的封建加迷信的婚俗形式。它是以男女两方用死者联姻的婚嫁关系为特点。周代就已流行，并被列为禁止范围。《周礼·地官》记有"禁迁葬者与嫁殇者"，正是指这种死后联姻合葬的冥婚。由于帝王将相带头推行此俗，所以在封建时代曾盛行一时。三国时魏明帝女淑死后，与文帝甄皇后的亡从孙黄合葬成婚。魏太祖曾拟把亡女，嫁给邴原的亡子为婚，被推辞。唐代宫中也有这种婚例。唐中宗时，韦皇后为亡弟与萧至忠亡女冥婚合葬；后来韦氏事败，萧至忠发墓把亡女棺柩迁走，表示离婚。这种迷信婚俗，发展到宋代更为严重，当时有一种职业，叫作"鬼媒人"，专做未婚早亡男女两家联姻生意的。合婚时，卜吉、制冠带，一切如仪。宋代康誉之撰写的《昨梦录》里特别记载了宋朝风行的这种恶俗。我国大陆上新中国成立后基本上消灭了这种恶俗，随丧葬礼的革新，此俗成为历史陈迹。台湾省近些年仍有"娶鬼女"的婚俗。清晨，路上放有首饰、衣物，为"鬼媒"，拾到的人被盯梢后道"喜"结亲，往来密切，如系已婚男子拾得，要将自己子女优先归于亡"妻"名下，立碑上坟。可见，移风易俗首先取决于社会制度的变革，冥婚的兴废足以为证。

十三、共妻婚。共妻婚是旧社会流行于西藏地区的古俗，是古代血缘、亚血缘婚的残余影响和变异形式。多为兄弟共妻，结婚时兄为主夫，其余弟为副夫，子女虽为集体所有，但不称共父，一律依生育顺序兄弟分配，长子女归长兄名下，以下依次。这种婚俗有经济上的原因，不完全由于穷困，主要是为了保持兄弟经济财产的统一体，不致分散，在习俗中往往还认为这样标志了兄弟家庭的和睦。在过去的藏族地区，各阶层中都有此俗。如今，西藏已基本上革除了这一旧俗。

十四、“阿注婚”。此婚俗流行于永宁纳西族，“阿注”意为朋友，男女双方皆可称之，是一种以女系为主，临时结交同居为婚的类型。男“阿注”只从妻同居，生产、收益均属于男方原家族，是母系氏族外婚的一种对偶婚。男子向外到女“阿注”家同居，女子在家招来外家男“阿注”，女子地位在家族中居上，男子从属。近些年也开始有把结交的“阿注”稳固化，成为长期丈夫的事例，还有的男子把女“阿注”接回家里的做法。这种向一夫一妻制的过渡，又往往受到家族制度母系优势的限制，所以这种古老婚俗的改变，还要经过一段时间，只有当母系地位不可能存在时，才有彻底转入新俗的条件。

十五、试验婚。试验婚是未正式结婚前先行试婚同居的婚俗。过去西南少数民族中这种婚姻形式较多，是一种自愿婚的萌芽，有建“未婚舍”、实行婚前同居的习俗。像佤族、怒族、布朗族、景颇族、哈尼族、彝族撒尼人、阿细人都有各自不同的试婚阶段。布朗族的订婚，称作“甘伯”，男方带茶、盐、烟、饭、菜及银钱到女家，向女方父母表示对其女儿的喜爱。女方父母收下礼物后，男方请求女方父母同意，与未婚妻同居。结婚阶段叫做“甘内木”，是最后获得女方全氏族对同居的批准仪式。这种婚俗往往都要经过一段未婚青年自愿同居“公房”的试婚过程。这种公房，怒族称为“吴尧”，哈尼族称为“尤拉”，景颇族称为“王治”或“恩拉达”。

十六、自愿婚。以男女双方性爱为手段的正常婚俗，双方在经济、感情、生活各方面保持了平等与均衡。在一夫一妻制发展过程中，自愿婚会遭到来自家族制度的极大阻力。古代的“私奔婚”是自愿婚的古俗形式。如《周礼》记载的“仲春之日，令会男女，于是时也，奔者不禁”。《诗经·国风》中私奔定情、自愿为婚的表现不在少数。一夫一妻制只有当私有制解体后，才能呈现真正的自愿婚形式。当代最好的婚俗是提倡在自愿基础上建立夫妻关系。因此，自愿婚虽古已有之，但作为一种为人民普遍接受的进步婚俗，还是在新中国成立后开始实行的。

从兄弟姊妹配偶的血缘婚姻到一夫一妻制，婚姻成了社会民俗中构成家族的重要手段。不论在民俗发展史上婚俗出现了多少种形式，它们总是人类社会发展的轨迹，为人类走向文明进步，留下了复杂而深刻的脚印。它们将为婚俗的发展，提供充分的经验教训，使人类的家族、亲族结构向更加文明进步的高级阶段过渡。在这里，婚俗在社会发展中的重要意义是显而易见的。

由婚姻带来的民俗传承还包括媒妁、离婚，以及群婚残余形成的私通、卖淫。这些也都是社会风习中的问题，这里从略。

乡亲和村落社会

——关于社会民俗之四：村落

在风物传说中，常常听到这样的故事，说某地原来没有河界，没有山界，只因为两村人争地，神仙给划了一道界，才出了河水，出了断山。比如辽宁山区有几种关于雷劈砬子的传说。都说两村人为了争一座山场各不相让，甚至出了人命，后来两村人都求神仙公断。一天夜里风狂雨暴，雷电交加，一个霹雷响过，大山中间被劈断，形成陡立的峭壁。从那时起，两村人停止了械斗，各据半边山。这个劈过的山涧取名叫作雷劈砬子。

还有地方有地界石碑能走的传说，说两村分地标界，甲村势力大，强占了乙村许多好地，立上了石头界碑。但是，说也奇怪，这神奇的界碑每天夜里会自动向后撤走，慢慢地让出了多占的地。

这类奇异的传说显示了村落社会的共同体观念，这种维护本村落社会利益的观念和种种表现，便构成了村落的乡里习俗。

家族和亲族形成了社会结构的基本单位，但是更为广泛地发挥社会作用的，却是若干不同亲族联合构成的生活共同体，组成了更大范围的社会单位。这种单位便是乡里、村、镇，再扩大便为城市。这种乡里村落，是由许多亲缘关系和共同的地缘关系结合而成的乡亲协同体，也可以叫作地缘共同体。

在我国悠久的村落发展史中，这种地缘共同体表现出两种形态。一种是较为稳定的村落，也就是若干个家族，集合并定位在一定地区，过着协同生活，世代相袭成为稳定的村落；另一种是不稳定的村落，也就是若干迁出户与若干迁入户不断调节的、稳定住户不占优势的不稳定村落。这种村落在历史上各种战乱、灾荒年代屡见不鲜。

我国村落大体有以下几种类型：一、单一家族户村落。俗称孤家子，这便是最早的张家庄、王家屯、李家窝棚、赵家堡的形态，基本上是单一大家族分户聚居的村落。在山区又多是家族隐居村或家族开发村，即为了全家逃避战乱、仇杀或全家采集、开矿，定居下来的村落。这种类型的村落，往往家长、族长就是一村之长。二、亲族户集合体村落。这种类型的村落主要是由姻亲联系起来的几大姓村落。三、移民户多姓杂居村落。几乎都是邻里关系，无亲族关系。这三种类型的村落，大体上可以看出村落社会发展的脉络，也就是由家族村逐步扩展成亲族村，再到多姓氏杂居村。这样形成了通常说的自然村落。

村落的乡里习俗表现在以下几个方面：

首先是严格维护村境的惯制。这是由传统的地缘观念和强烈的村境意识决定的惯制，是土地观念在村落社会生活中的反映。前边所引述的雷劈砬子传说，正是天然村界的概念；界碑退走的传说，正是人为村界的概念。它们都是为了维护村境而产生的传说。村内各户对村落所拥有的公用地境、山林、水域都有一定监护权，对邻村基本上采取防范态度。对村境内的公益设施、各村户也都有集体维护修建的义务，像村中的公用水井、道路、桥梁、树木、河塘、水库等的修造。

旧社会村落与村落之间的械斗，除各种政治、社会原因外，维护地缘共同体利益也是很重要的民俗原因。为了抢山场、林场，为了争水源、良田，常常有相邻村落进行世代仇杀的恶俗，虽然双方互有亲友，但是为了本村的狭隘利益，也绝不相让，以血相见。例如，傈僳族在新中国成立前，村寨之间经常发生械斗，发生的原因主要有土地纠纷、水利纠纷、盗窃纠纷、婚姻纠纷等。械斗前，双方准备皮盾、弩弓、长刀、短匕。交战前，村寨中参战的人都饮酒吃肉聚餐。械斗时，双方在外村寨的亲族可以参加到自己亲族一方助战，如果交战双方有姻亲关系，这些有关系的人可以任选一方参加，不受谴责。战斗时，妇女可以观战，因为规定械斗严禁射杀妇女。械斗往往要待双方杀死人数相等时才结束。有的械斗世代仇杀，形成了恶俗，常被反动当局所利用。布朗族村寨间为了争夺寨地，也曾发生过械斗，为争夺马鹿也有过争执。随着社会主义制度的不断健全，这种狭隘的小集团利益的地缘观念，基本上被公私兼顾或集体主义的、共产主义的思想所取代，村寨利益服从于更大范围的地方利益或国家利益了。

第二，组织村落的协同生活。乡里中世代传袭着一些固定的或不固定的协力组织及共同活动。我国各民族村落由于地缘性特别鲜明，所以显示出很强的内聚力，构成了十分紧密的集体，因而组织互助协力成为代代相传的惯制。最通常见到的协力组织是婚丧大事的互助与修建房屋的互助。在西南少数民族地区，多数村寨每逢村中死人，全村停产一天，村中各户都出人力物力去掘墓穴，帮助抬埋、送丧、跳丧舞。结婚时全村也都要帮忙出力，从采购、办宴到接待各项杂役，都分担处理。东北满汉民族中称这种婚丧大事的互助为“唠忙”。谁家有人病危，便开始出人协助守夜，直到守丧、出殡，最后协理分家产，都依靠村中协作力量。甚至谁家贫困，谁家人患重病，全村寨的人都伸手支援粮钱柴物，不必归还。

修建房屋在村落中多少世纪以来便有帮工互助的惯例。特别是建房上梁、盖顶时，几乎全村各户劳力都出动帮工，家里没有大劳力的，妇女孩子也来参加做辅助劳动。像侗寨盖木楼时，全村人扛抬做好的杉木梁柱，很快便盖成了。房主人要按习惯供给帮工乡亲饭食酒菜。在北方，挖水井、垛院墙，往往也靠村中人协力完成。耕种收割的换工互助，也是千年以上的协力习俗。

在旧社会里，除了上述协力组织活动外，还有全村规模的村祭、游艺，也都有临时的组织形式。比如，过去的“祈雨”，全村出动，利用迷信祭龙王的手段祈求降雨抗旱。每逢新正、节日，村寨举办“社火”，组织歌舞娱乐活动，也有临时的协力组织形式。村落的地缘性对内部的组织力量极强，一旦村中有人不参加各种帮工互助活动，往往要受到谴责。

第三，管理乡里的共同生活。村落的社会秩序要靠村落本身来维持，因此就产生了村落的管理职能机构，就产生了村长（或族长兼）、头人。由于长期反动政权的统治，绝大多数的村落管理，受反动当局控制成为鱼肉乡民的势力。但是，在维护本乡本土利益方面，村落的管理有时也起到一定的发展村落的社会作用。

村管理的惯制之一是村议事，有的是全村性的会议形式，有的是村中各家族有威望有影响的长者组成的村老会议，决定本村公共事务，调解村内重大纠纷，随时制订和调整本村的乡规民约，不断完善本村的习惯法。有的还介入家族、亲族纠纷，财产权转让分配，甚至形成民间文书，签字、画押，照例生效。执行对村落的保卫，对侵害村利益的人的处罚、制裁等。

拉祜族有的村寨设有村社大会制，称“迪卡节达”，凡成年男女都可参加，每年至少召开两次。年节前合议如何过年节，并开会选出新村社头人，定出寨规。布朗族议事也有选举头人的大会，但实行“族内继承制”，即在头人氏族内选成员继任，年满五十岁按规定不得当头人，群众也执行罢免权，有一定的村落民主性质。但是，从近代历史上考察，大多数议事主持者，经常利用职权剥削乡民，收地租，放高利贷，受礼受贿，摊派罚款，侵吞贪污等。

傈僳族很注重乡规民约，比如制裁盗窃，按习惯无论到地里或家里行窃，只要被发现，可以当场打死，不予谴责和追究，所以有夜不闭户的习惯。难以调解的纠纷，用罚款也不能解决时，按习惯举行“神判”。“神判”是一种村寨的迷信制裁手段。有“抛血酒”方式，即抛撒血酒于地上，盟誓咒罚，用来制裁一方检举、另一方不承认的调解裁判。有“吃血酒”方式，用来证明某人无罪。过去在傈僳族、怒族中，还都有“捞油锅”“捞开水锅”“拔火桩”等十分残酷的验罪方法，这些“神判”仪式十分隆重，是村寨执行乡规的重要活动。

村落的保卫与制裁，包括防火、防盗、防洪、防殴斗的各种临时组织行动，也包括各种等级不同的惩罚。从处罚钱、粮、物，直到没收、烧屋、“扫地出门”、赶出村落、开除村籍。体罚有拘禁、用刑。通常轻微的处罚在村落中形式多样，派给贱活计、秽差事，像干丧葬等不吉事务，清除粪便等不洁事务都是。一般性的示众方式，是村落制裁的常规，像戴高帽游乡，挂污辱性招牌，敲锣自白，背石头，挂脏物，等等不一。汉族中乡里制裁有的地方有“恶口骂”的习俗，村中人齐集会场，面对被罚人进行痛骂羞辱。17 世纪时的满族乡里制裁，有用锅底黑抹脸示众，男穿女服示众，“画地为牢”等习惯刑法。在过去，旧社会的旧式村落习俗中，这些制裁手段往往被封建主、反动官府篡夺，成为诬陷良民、残害群众的手段，历代农民起义和革命运动又往往利用同样手段惩治反动派。现在，建设新社会，它又成了管理村队生活的手段。当前提倡良好的乡规民约，正有这种积极的用意。

村管理权常常在家族、亲族的产业纠纷中执行。村监督，使分产分家形成契约文书，法律一般对这种民间仲裁承认生效，甚至重大的借贷事务，也有经村仲裁立约的。像怒族中间各户有借牛的习惯，但是牛是贵重家畜，要制订借偿契约的。借牛时，先用绳子量牛胸围，然后把量好的尺寸对折起来用拳再量，计算多少拳数。如果是六拳零三指，就在一根竹竿上刻六条长道、三条短道，将竹竿从中破开，两家各执一半，作为契约；还有的将牛胸围的尺码刻在借户门上作为契约的。这时请来村中证人，按年利“一拳”计债。如借时六拳三指，明年还时要还一头七拳三指的牛，如达不到规定长度，用钱粮找补。借猪也用同样习惯法。土地典押、买卖的调解，往往是旧社会村落管理的一项大事。由于土地私有制和地主阶级的压迫，这些事务的调解和处理，往往以贫苦农民的更大破产而告终。

第四，开展乡里的社交往来活动。主要是在村中喜庆、年节、庙会等活动中，村落为各阶层（特别是青年男女）提供社会交往的条件，扩大各个不同亲缘间的地缘感情。傣族、白族、侗族、瑶族、彝族、苗族等西南少数民族村寨，都有“行歌”的公共场所，有不少民族为青年建设了“公房”，保证社交活动的自由，使村落的社会民俗性格更加完备。

从村落习俗中可以看到，村落内部实际上由各种联合力量错综交织地支配着协同生活。各种重重叠叠的联合体以它们各自的能量影响着村落的发展。在我国广大农村、山村、牧村、渔村，大体上形成了如下几种联合体的传统势力。

一、村内外亲族集团，是支配和左右村社会的重要联合体。比如一个村里几大亲族系统，某一个亲族的势力控制了村管理大权，这个村的事务和利益，大多数情况下归予该亲族。村制受到族制的严重影响，有的甚至合二而一，一姓一家说了算。这种情况，往往出现村内宗族派性之争，氏族与氏族间或氏族内部各支系产生纠纷。在村中势力弱的亲族集团又往往借用邻村亲族关系的外力，扩大本族能量。特别是在我国长期封建族制构成的村落共同体中，因袭、保守、落后、内聚力极强的家族和亲族体系，起着不容忽视的作用。

二、村内外阶级集团，是交错在亲族内外的因经济地位而决定的阶级联合体。许多村落内部都有地主、富农集团、中农协同体、贫雇农协同体、工匠职业协同体。这些不同阶级、阶层的联合，构成了村生活中各方面不同的利益和要求，甚至在单一家族的村落里，也存在着本族财主剥削压榨本族贫雇农的现象。在农村中广泛流传着的“长工斗地主”型的传说故事，正是这种村落阶级特点的民俗反映。在私有制社会里，剥削阶级往往掌握了村政权，于是，被剥削阶级往往广泛利用邻村邻乡同阶级的势力，抵制或反抗这一反动的村政权。剥削阶级往往又利用亲缘观念和地缘观念束缚反抗他们的阶级，打出“一个姓字没掰开”“人不亲土亲”等幌子处理村事务，消磨被剥削阶级意志。

三、村内近邻集团，是村落内部按自然地域形成的最小定位集团，它的形成完全出于习惯。俗话说的“远亲不如近邻”就有这种含意。这种关系往往从互助开始，渐渐形成了不同姓氏的某种亲缘关系，常常有按亲族称谓法来称呼近邻为伯、叔、婶、姑、姨等亲称的。另外，常常在一个自然村内，各部位又有不同的俗称。如辽北某地一自然村落内，又分别称做前街、腰街、后街、西上岗、东下洼、沟南、沟沿、沟北、老房场、新房场等小地域，对各部分家户的称呼前边往往加小地域名，如“沟沿老刘家”“老房场老于家”等等。这些小地块的近邻关系，往往在村内也交错地形成利益集团，为了共同的生活利益，往往向村中提出本地块的要求。这种近邻地缘观念是村落观念最小的单位，离开了这一点观念，村落观念也不稳固了。

四、结义结社集团，是村落民俗中世代传袭的由地缘关系联系起来的信用、信仰集团。在我国各民族习俗中，结义是源于村落的一种社会民俗事象，它的影响力很大，成为历代结社活动的基本手段。《三国演义》中刘备、关羽、张飞桃园三结义的描绘以及它在民间的广泛流传，都是这种民俗事象的反映。《水浒传》故事中水泊梁山的一百〇八将，从分别结义到集体聚义结社，在勾栏瓦肆的说唱中世代传播，家喻户晓，也是这种结义结社的典型反映。

结义，又称结盟、拜把子，是基于共同命运和利益结成的小集团，通常为二三人，也有四人以上的，但是从许多事例看，几十人的结义串联，往往转为结社。结义结社历来都采取盟誓的信仰仪式，用誓言实行对结义关系的约束。盟誓仪式在祭天时多用血为牺牲，这种古俗在彝族、傈僳族以及其他西南少数民族中还有遗留。有的把各自手指的血滴入酒中，互饮宣誓，誓词多为“有福同享，有难同当”之类，求天作证。在长期封建制度压榨下，广大农民采取这种民俗形式的结义，目的也不尽相同。有的是单纯为了谋求生活上道义上的互助，结义后以义兄弟相称，把原来不同宗不同姓的社会交往关系，增进为兄弟般亲缘关系，于是出现了分享快乐、分担忧愁的亲密关系。在乡里间这种关系是用“义”字标志它的性质的，这就是“不能同年同月同日生，但愿同年同月同日死”的“生死之交”。在民间故事和传说中，常常听到有关“忘恩负义”题材的故事，正是民间对结义观念的评价和宣传。一般性结义是建筑在共同生活利益上的。

有的结义目的就不只是为了生活利益和道义上的某些支持，更重要的是有明确的政治目的。在反动统治年代，具有革命性的结义，是动摇村落社会反动统治的重要力量。民间结义的发展扩大，形成了秘密结社。秘密结社利用结义和某些民间信仰的习俗，组成有纲领、有口号的社团、帮会，由一个村落串联到更多村落，进入市镇，以它的信仰上的神秘性与政治上的战斗性融汇在一起，成为跨越村落社会及各种行业的势力。这种结社常常提出三方面的口号，一方面是经济性质的，如“杀富济贫”“开仓分粮”之类；二方面是信仰性质的，如“替天行道”之类；三方面是政治性质的，如“杀赃官、除恶霸”“反清扶明”“扶清灭洋”之类。

元代末年在长江、黄河中下游兴起的白莲教，清初在华南沿海兴起的天地会，清末在华北兴起的义和团，都是由结义结社发展起来的带有浓厚迷信色彩的政治集团。这些集团的成员，绝大多数是乡里破产农民和失业手工业者，往往利用战乱、灾荒、徭役等时机揭竿而起，用它们的革命性、民主性的口号，吸引了大多数普通百姓，形成了打击和动摇反动统治的民间政治力量。

但是，不能不看到这种结社，从一开始就有愚昧、落后、封建、迷信的局限。这些局限总是和那些民主性的革命性的成分搅在一起，呈现十分复杂的状态。这种鱼龙混杂、良莠并存的特点，正是这些结社集团最后失败或被收买、起内讧的内在原因。结义结社以其同样的特点，在人民民主制度下也必然成为具有一定破坏性的反面势力。

地缘关系的相对扩大，村落社会民俗的传播，使乡里民俗传承不断向城镇都市社会转移和渗透。随着村民向发展中城市的大量迁移，把村落社会的习俗，原原本本带入城市，在城市文化发展中又变异成多样习俗。旧的地缘关系形成的老乡亲关系，与新的地缘关系形成的新邻里关系相结合，产生了更广泛的地缘观念。像由某村、某镇的观念，扩大为某县、某市、某省的观念。由于迁移形成的双重或多重地缘观念，如通常所说的故乡与第二故乡的观念，使人们的社会往来习俗扩大了。原来村落社会的许多惯制，在向城镇、都市和整个国家的转移过程中，逐渐成了法律、政权方面的各种依据。像乡规民约的许多具体内容，都为民法、刑法的实施提供了素材和依据。

乡土观念是国家、民族观念的组成部分。乡里习俗惯制在全国数以百万计的村落中发展成为国风、民风的发源基地。爱家乡是爱国主义的起点。因此，对于我们这个以村落社会为主体结构的社会主义大国来说，研究乡里习俗，发展和改革乡里习俗，使新村落尽快摆脱大量不适应现代化建设的旧俗，便成为当务之急了。

民俗学者所肩负的研究社会民俗的使命，正在于此。

从诞生礼到丧葬礼

——关于社会民俗之五：仪礼

在神话、传说、故事中，人们常常可以听到许多奇异荒诞的情节。比如：上古时代伏羲氏，是其母亲踏着了巨人的脚印以后生下的；神农氏母亲因感应神龙而生下了他；有虞氏母亲看到了虹，就生了舜；简狄吞燕卵而生商的祖先契，姜嫄在野外踩了巨人脚印，生了周的祖先弃。后世又流传有“枣核儿子”“蛙儿子”“豆儿子”等怪孩子出生的故事。在这些故事神奇色彩的背后，都有一个最现实的生活做基础，那就是人的诞生。离开了人由诞生而进入人类社会这个最为普遍的现实基础，一切奇异的画面也就不存在了。

古代就有伏羲、女娲兄妹为婚的神话，后来又流传有仙女下凡与人结婚的故事。有天鹅姑娘、田螺姑娘与农家子成亲，雁、鹤、蛇、狐、鱼、蚌的精灵与人成亲，各种花神木仙与人成亲的故事；又有穷汉与公主成婚的故事等，五光十色、古怪离奇。就在这些荒诞情节的构思当中，也有一个最现实的生活做基础，那就是男女婚姻。离开了人由结婚而进入社会生活新阶段的普遍的现实基础，这一切离奇的故事也就不存在了。

同样，古代有盘古死后尸体的各部化成了日月星辰、山川草木的神话，后来又流传了什么亲娘死后来了后娘的故事，什么老父老母临死前留下了重要遗言的传说，什么孟姜女的丈夫死后，秦始皇和满朝文武披麻戴孝的传说，梁山伯和祝英台死后合塚化蝶的传说，韩凭夫妇死后墓生相思树的传说等，也都有民间口头创作的现实基础，那就是人的丧葬。没有人由于死丧而脱离社会生活的普遍事实，这一切荒诞的故事也就失去了源泉。

可见，诞生、结婚、丧葬，是每个人必经的生活过程中的几个阶段。这些人生的重要阶段，则是民间故事中幻想形象、奇异情节的现实基础和社会民俗性格。

人的自然生长全过程是从生到死，这是自然法则。但是，人的一生和其他动物的一生有着完全不同的社会属性，往往在民俗传承中分阶段地标志出来。也就是说，一个人在社会上取得社会成员资格的详细记录过程，由民俗仪礼显示出来，形成了社会民俗的一种重要类型。这种类型在民俗学上叫作人生礼仪，又称通过礼仪。

人生礼仪是从佛教术语译过来的。这种礼仪的最小单位是以岁计算，但主要是生到死中间的若干重大阶段的礼仪。我国自古至今有诞生礼、冠礼、婚礼、寿礼、葬礼等五种，其中寿礼又是诞生礼的重复和纪念，所以实际上只有四礼。

生卒过程中的年岁和以上礼仪相结合，构成了三种不同发展状况的仪式。比如说由母亲孕育期到了诞生日，这是一种重要变化，所以诞生礼就是一种叫做脱离前状况的仪式。这以后的三朝（满月、百日、周岁）都是诞生后发展的渐变阶段，又被称为过渡时期的仪式。接续过渡期的新礼仪，如进入成年期，举行冠礼；到结婚期，举行婚礼。又都被称为进入新状况的仪式。再经过若干过渡期，突然由死亡结束了生命，于是又循回到脱离前状况的仪式，举行葬礼。人的一生，不论古今中外，都是用相应的民俗礼仪渡过的。从这个角度看，任何一个人都是具有民俗性格的人。这个民俗性格，也正是人的社会属性的一个重要组成部分。

诞生礼。人生的开端礼，本来是一种大礼，但是由于产育的生理特殊性，这个礼仪往往是在极小范围内，以某些神秘的方式举行的。既有为新生儿祝吉的含意，也有为产妇驱邪的表示。

早在孕育期，就已经有了预示诞生的某些民俗形式了。通常把孕育称作“有喜”，就是最鲜明的标记。旧时代，这期间孕妇生活有许多禁忌约束。如忌食什么，禁视什么，避讳什么，都有各民族各地方的惯制。直到婴儿诞生，才正式表明一个人进入社会，要为社会所接纳、所承认。特别是即将诞生的月辰，从古至今各族都有产妇住进“产房”的习俗。据古代《礼记》记载，产妇生子后，丈夫都不得入产房。古时这种产育习俗、当然不只是社会习俗，还具有浓厚的信仰习俗的性质。

诞生礼虽是大礼，但是自古以来却形成了既重男女之生，又重生男生女之别。这是和我国封建家族制重男轻女的观念有关，同时也与封建迷信的天地阴阳的观念有关。《诗经·小雅·斯干》中描绘的生了男孩，“载寝之床，载衣以裳，载弄之璋”，用以表示尊贵和有德；生了女孩，“载寝之地，载衣之裼，载弄之瓦”，用以表示卑顺。《礼记》载：生了男孩，“设弧于门左”，左为“天道所尊”；生了女孩，“设帨于门右”，右为“地道所尊”，作为诞生的标志。“弧”是木弓，用以象征男子之阳刚；“帨”是佩巾，如现代的手帕，是女子日常用的物件，用它标志女子的阴柔。这正是重男轻女的先例。自古以来，就有以牛、羊、猪等礼物作为生父庆贺生子的习俗。诞生后三日，往往进入正式仪礼。古代以礼物表示“接生”也多在三朝。生男又行六射天地四方的仪式。近代又多行“洗三”仪式。北方多用艾叶、花椒等草药热汤洗婴儿，以驱灾避瘟。宋代产后三朝，行“落脐炙囟”的仪礼，以表示完全脱离孕期残余，正式进入婴儿期。诞生礼的过渡期礼仪很多：满月、百日，直至周岁，大体为一段落。这期间要行剃发礼、认舅礼、命名礼(乳名)、抓周礼等。从抓周后又每年要用五色线束古铜钱制锁，行挂锁礼，又称“锁关”，以求结实、平安，直至十二岁方才解锁“开关”。

冠礼。冠礼是我国古时的成年礼，现在早已经废止了。它是男子二十岁时加冠的礼仪，用加冠来标志社会承认并接纳他进入成人行列。它相当于今天的年满十八周岁为法定年龄，社会既予以承认，也将予以管理和制约。按《礼记·冠义》记载，当时冠礼十分隆重，既选择良辰吉日，还要选择为冠者行冠礼的“大宾”。同时，冠礼也是为以后的婚礼做基础，加冠之前一律为“童子”。刚刚达到加冠年龄，又只是“弱冠”，真正的冠者当在二十岁之后，成为择婚期。

目前，在我国各兄弟民族中，还有与古代冠礼相接近的成年仪礼。例如拔牙、染牙、穿裙、盘发髻等都有仪式，以标志开始进入成年。永宁纳西族给进入成年期的男女，在自己母系家里公开举行穿裤子、穿裙子礼；举行隆重的仪式后，宾客承认他进入成年，开始有了接交“阿注”的权利，可以公开参加各种青年社交活动了。

婚礼：在人的一生中结婚的仪礼被看作是大礼，因为从此一个人就要进入建立新家族的重要阶段，属于人生仪礼中“划时期”的仪礼。各民族对这个仪礼都十分重视。我国古代婚礼分六个阶段，称为“六礼”，即：纳采、问名、纳吉、纳征、请期、亲迎。六礼在长期发展中产生了许多变异，同时也因地而异。下面分别简述：

一、纳采。《仪礼·士昏礼》载：“昏礼下达，纳采用雁”。昏是古婚字。纳采是议婚的第一阶段，男方请媒提亲后，女方同意议婚，男方备礼去女家求婚，礼物是雁。为什么用雁？古人说是取象征顺乎阴阳之意。雁这种候鸟，“木落南翔，冰泮北徂”，正是顺乎阴阳往来。后世民间用雁，又发展了新意，说雁失配偶，终生不再成双，取其忠贞。这大概是封建时代宣传烈女贞妇的结果。其实，早在周代用雁为纳采礼之前，是分不同情况的。公卿纳采用羊羔，大夫用雁，士用雉，后来一律都改用雁了。按古礼，雁一律要活的。后世，纳采求婚一项仪礼逐渐与问名合并举行了。

二、问名。求婚后，托媒人请问女方出生年月日和姓名、准备合婚的仪式。按《仪礼・士昏礼》记载："宾执雁，请问名"，主人同意请宾入，授礼。宾说问名辞："某既受命，将加诸卜，敢请女为谁氏。"以谦虚口吻询问女方名号。这里的卜，就是占卜男女双方生辰八字阴阳，以定婚姻的吉凶。问名礼在我国影响深远，直到解放后有的婚礼在订婚阶段，还有用生辰八字与姓名合婚的封建迷信做法。同时把问名的议婚项目扩展到议门第、财产、职位、容貌、健康等多方面。把女方庚帖与男方生辰做了占卜确定可以成婚以后，再实行纳吉礼。过去广东许多地方订婚不用庚帖，只赠槟榔，很有特色。

三、纳吉。把问名后占卜合婚的好消息再通知女方的仪礼。男家卜吉之后，再备礼到女家决定婚约，后来又称为"订盟"。这是订婚阶段的主要仪礼。古俗，照例要用雁，作为婚事已定的信物。后来，随着买卖婚的发展，经议婚到婚定，进入"小聘"阶段。俗称有送定、过定、定聘等。定礼多为戒指、首饰、彩绸、礼饼、礼香烛，甚至有羊猪等。送定礼过后，就进入纳征礼。

四、纳征。又称纳币，是订盟之后，男家将聘礼送往女家，是成婚阶段的重要仪礼。征是成的意思；币所指的财物古时是皮帛等物，后来就发展成为聘金了。这项成婚礼又俗称完聘或大聘，过大礼等，在传袭中，十分繁缛。往往备有礼单，装礼品的箱笼，由人挑或抬着，甚至伴以鼓乐，在媒人、押礼人护送下到女家。这项古礼是六礼中唯一不用雁的仪式。在婚礼发展中，这一项仪式还采取了回礼的做法，将聘礼中食品的一部或全部退还；或受聘礼后，将女家赠男方的衣帽鞋袜作为回礼。近代，聘礼更加多样，包括给女方家的现款在内，把纳征一礼更加商业化。聘礼的多少及物品名称多取吉祥如意的含意，数目取双忌单。古代聘礼的"束帛"，虽然是五匹帛为一束，但是每匹帛的卷法是两端对卷，一束共为十端。古俗聘礼的"俪皮"，同样含此意。俪是双，俪皮指成对的鹿皮。可见成双在聘礼中是几千年的传承。

五、请期。送完聘礼后，选择结婚日期，备礼到女家，征得同意时的仪式。《仪礼·士昏礼》记："请期，用雁。主人辞，宾许告期。"古俗照例用雁，现代多用红笺写迎娶日期时辰作"请期礼书"，或口头通知协商，俗称"提日子""送日头"。礼品也从简了。请期往往和过聘礼结合起来，随过大礼同时决定婚期。

六、亲迎。亲迎是新婿亲往女家迎娶的仪式。这项仪礼往往被看作是婚礼的主要程序，有的只把亲迎称作婚礼，把以前五项都作为议婚、订婚等过渡性礼仪。亲迎礼是历来最繁文缛节的仪式。由于人们祝吉的生活愿望与信仰习俗心理糅合在一起，便形成了五花八门的程序。家族与亲族对亲属成员的发展，也有寄予社会承认的需要，因而不断积累并创造出多种形式。这些形式中有一部分完全出于社会交往关系的需要。比如向女家送贺礼的"添妆"，在男家新妇行拜见礼时的"认大小"，婚宴上新人的斟酒，宴后至新婚之夜的"食新娘茶""闹洞房""装（点）烟"等形式都是确立社会关系的仪式。纯属亲迎部分的仪礼，因民族、地方而各有不同。如用花轿，用喜车，用马，用船等不一。亲迎发展到后来有两种方式：一种是亲迎，用轿是"双顶"；一种是不亲迎，男方在家等候，用轿是"单顶"。扶新妇上车轿的"好命人"，陪新郎至女家迎娶的"傧相"，各有要求。起车轿时，有的女家向新郎献四喜汤或茶；迎娶的队伍行次也各有惯制。到男家后，由门外进入室内的全过程形式最多，迎轿，下轿，祭拜天地，行合卺礼，入洞房，每一个过程中都有几种到十几种形式。大部分是表示祝吉驱邪的仪式，其中有的十分荒诞，充满了禁忌迷信色彩。现在，随着科学文明的发展，我国的迎娶礼逐渐向删繁就简、节俭办婚事的新俗演变，尽管旧俗形式还有消极影响，但封建迷信成分大多已剔除了。

结婚六礼过后又进入过渡期。新妇回娘家的"归宁"，一直到新妇进入育产期，第二代再行诞生礼。从此，婚礼只作为一种家庆纪念日，按周年庆贺，直至终年。像西方习俗，结婚二十五周年做"银婚"礼，结婚五十周年行"金婚"礼，就是婚礼的追忆仪式。

各少数民族由于民族文化发展的特点不同，家族的结构有所差异，婚礼与汉族的往往有较大不同。鄂伦春族婚礼，第一项是求婚，由媒人代表男方求婚，如得到允诺，媒人向女方父母叩头，作为求婚告成。第二项是认亲，男方未婚夫由母亲或婶母及一些亲友伴着，携带酒肉到女家，女家邀集近亲，举行认亲礼。女婿要给女方长辈亲戚敬酒叩头，但不得向岳父母敬叩。认亲礼当晚未婚男女吃一种叫“老考太”的黏粥，然后在女方“歇人柱”帐篷中提前同居约一个月。第三项才是过礼，男方往女家送交马匹、野猪、酒等彩礼，并议定迎娶日期。这时，女婿才向岳父母敬酒叩头，谢恩。第四项是迎娶，女婿带领本部落兄弟姐妹乘马去女方部落。女方派出送亲队伍也各骑马，迎至半路，燃起篝火，喝酒吃肉。新娘骑马故意离去，新郎骑马追赶，然后、并辔而回，共同到男家赴宴。西南、西北各兄弟民族的婚礼仪式，也别有风情和特色。

寿礼。诞生礼的周年延续和回顾，是对老年人高寿纪念和庆祝的典礼。除六十、七十、八十以上各寿诞为“大寿”外，其他都属于一般性过渡期礼仪。

葬礼。又称丧礼，是人死后由亲属、邻里等哀悼、纪念、评价的礼节，同时也是处理死者殓殡祭奠的仪礼。它既有社会习俗的特点，又有人类特有的处理死者的信仰性质。葬礼的历史从出土的墓葬考察，至少在两万年以前已经有了。那时，古人在死者旁放有装饰物、食品和各种生活生产用具，就证明当时已经为安慰死者“灵魂”、安排死者生活举行过相应的仪式。在各民族古老的葬礼中，除土葬、火葬、水葬外，还有将死者尸体安放在树顶、山野的“露天葬”仪式，有的将死者尸体分割后由亲属吃掉进行“腹葬”的，这些都是古老的原始信仰的遗留。

汉族的丧葬仪礼，都是从周礼传袭演化而来。按照“生有所养，死有所藏”的原则，我国古代早已把对死者的处理看成很庄严的大事。丧礼的几大项目如下：

一、停尸。人死后的第一个仪式，便是把死者尸体安放在规定的地方。《仪礼·士丧礼》说："死予适室，无用敛衾。"以正屋论，死于北牖下床，迁于南牖下床上，停尸，脱去死衣，盖上特制的殓被。现代农村照例有停尸的仪礼。北方，死于炕上，后用木板停尸地上，临死时或死当时脱死衣换"寿衣"，供饭，北方叫"倒头饭"。停尸方向各地不一，多西向。处理尸体有在死者口内含铜币的，古代有"含玉"习俗。少数民族中，如北方满族多含乾隆制钱。拉祜族多含银子或银圆，名叫"含口"。有的在停尸时就举行沐浴（又称"洗尸"）礼，整修发须指甲。傈僳族停尸多靠火塘里边，头向地势高处，头包头布，头前供酒饭，供猪肉，男供九斤，女供七斤。杀猪煮肉祭死者，祈求保平安。有的不停尸，直接停棺。

二、招魂。古代招魂礼有专司这种仪礼的人，名叫"复者"。复是返还的意思。古俗招魂自前方升屋，面北呼叫（死者为男呼名，女呼字）。手持寿衣，呼三长声，取魂魄返归于衣。然后自后方下屋，将衣敷死者身上。后世受佛教影响，有向西方呼叫的。近代在拉祜族中要请巫师为死者招魂，用白纸剪人形，系于竿上，燃香烛，在死者身旁举行祷告。招魂是古俗，后世多删减。

三、吊丧。西南有些少数民族中常有用吹竹号报丧的，村中死了人，用吹竹号多少声标志死人的身份；拉祜族在村中鸣火枪报丧，这是吊丧礼的准备。家族、亲族穿丧服，按制分等。孝男孝女守灵、举哀，朝夕和宾至时都要哭奠。哭丧多为歌颂死者功德的。守灵时，子女、尊卑、长幼有别有序，执丧杖，俗称"哭丧棒"。父死用竹木，母死用桐木，取其不忘根本的意思。来宾吊丧，主人哭拜稽颡。吊丧期间家属、亲友非丧事不谈，面垢忌脂粉，食米粥淡饭，不吃菜果，以示哀恸。家里养马备车，金属饰具一律改换木制，彩丝改用绳，马不剪鬃。这时的吊丧还是葬礼的准备阶段。

四、殡仪。又称入殓、大殓。有饰尸仪式：洗尸，按制更衣，入棺前先书铭，写好柩位。入棺时，上盖下铺都十分严格；棺木的彩画都有信仰上的意义。入棺，家族卜吉。后世有入棺封盖时、亲属守在左右高喊死者称谓大叫“躲钉”的习俗。如父母死，殓时要等在外的儿女到家才能入棺；妇女死也要等娘家父母或兄弟姊妹到后入棺。此是亲属向遗体的告别仪式。布朗族为死者入殓，要铺盖白布，装一小袋饭，将生前首饰、心爱物放于棺中。在死者身底，多有垫铜钱、银币的，有的放四角，有的放成七星形。佤族也有将随葬品放入棺内的习俗。盛殓后，设灵堂举行奠礼，这是丧葬阶段的大礼，是正式的追悼亡人的仪式。从迁尸入棺到宾客拜奠，都属殡仪。

五、送葬。又称下葬，是全部丧葬阶段的最后程序。先是掘墓，有的富豪官宦家，人在世时就有营造墓室的，大部分是丧后破土掘墓，掘墓有卜吉仪式。随后，通知亲友下葬日期和程序。送葬日辰、行列、祭品都各有惯习。古代供物包括猪、羊、鱼、枣、栗等，祭酒也有惯制。傈僳族出殡，四人抬尸，无棺，尸体放在栗木杆上。男用九根，女用七根，杆上垫麻布毯，用麻绳系尸。男子的殉葬品有弩弓、刀、苞谷、烟袋等都放在布袋中；女子无弓刀，有织梭与针线。布朗族出殡，点蜡烛四支引路，在埋葬处死者头下埋一壶酒，一杯茶，表示吃喝好了再上路。拉祜族用两根木料扎成担架，抬尸埋葬。由一男子手持火把或端一火盆，随带死者衣物用具送行，表示死者还像生前一样继续可以生活。下葬后，死者的面部俯卧，侧身，手交叉。埋后平整坟土，不垒坟，在坟场焚毁死者衣物。葬后返回祭祖先，跳舞唱歌表示驱逐鬼魂。古代汉族、朝鲜族都有殡后棺暂停在家中，孝子守丧，居住在临时庐内，三年后出葬，这种古俗现已淘汰。

葬礼将人间的社会习俗与信仰习俗杂糅在一起。既存在对死者一生的社会影响、事业贡献和作为进行总评和追念，又包括对死者进入信仰中的另一世界的祝福。葬礼以后的仪礼，如理七、断七、百日、周年，各种追荐仪式，主要是信仰习俗中的仪礼了。也就是葬礼由对人的仪礼转为对“鬼灵”“祖灵”的仪礼；此后，大多进入宗教的、迷信的范围，与社会关系之间的往来，相去愈远了。

任何人的一生，都无法逃出诞生、结婚及死丧等必须通过仪礼的束缚。这些仪礼，连同它们的过渡期仪礼，在各民族社会文化发展当中都起到了不小的影响作用。仪礼的发展、变异或改革，对社会的发展进步都有直接关系。

各种仪礼，尤其是婚丧两大礼，自古以来就存在繁缛与简约，奢靡与俭朴两种风气之争。由于私有制的贫富差别，封建制的等级森严，剥削阶级的婚丧相竞奢费，而普通百姓因经济所限，力从节俭。历代统治阶级中，往往也有开明者提倡改良婚丧习俗，力图易新。例如：南北朝时易俗之举不少。南齐明帝时，尚书令徐孝嗣建议把婚礼的繁缛部分删减掉；此议得到皇帝准奏。魏世祖九年十月下诏有司处理国内婚姻奢靡、丧葬过度的问题。北周武帝曾下诏规定了婚嫁节俭的制度。南齐世祖为了制止朝野的婚嫁奢费的不正之风，下敕书令诸王纳妃，只许依古礼见公婆时纳枣栗股脩，稍加点香泽花粉，其他衣物一律停止。北周武帝的诏书里说："政在节财，礼唯尚俭。而顷者婚嫁竞为奢靡，牢羞之费，罄竭财资，其乖典训之礼，有司宜加宣勒，使咸遵礼制。"这些提倡移风易俗的做法在当时也无法实施。

在民间，上行下效，常常也追逐旧习俗仪礼。但是，劳动人民中历代有用乡规民约制约仪礼的做法，这些可贵的移风易俗的好传统，正是我国民俗发展中的民主性精华，不可等闲视之。

最珍贵的是贵州锦屏县婆洞侗族改革婚礼习俗的一段民俗史。清道光十一年（1831）十二月二十二日，当地十个侗寨的乡民为了抵制和反对封建婚俗的"六礼"，经过协议，制订出维护侗族简朴婚俗的"八议"，并把它刻石为碑，永志不忘。[①] 这座碑名叫"因地制宜"碑，原

① 婆洞八议碑是贵州侗族民俗工作者黄建春、杨胜杰、刘文祥等同志在锦屏县启蒙区的某地垫脚石中发掘出来的珍贵文物。

是立在200多年前侗寨寨老议事的文昌阁内，碑上碑文现在仍完整无损。碑文序言猛烈指斥圣人“六礼”与僻壤遐陬不能相应；对“六礼”弊害之多，一一加以揭露，痛快淋漓。

这八议的内容如下：

一议：行亲之家，财礼六两，女家全受，舅父只收酒肉水，礼财不妄受分毫。

一议：送亲礼物，只许糍粑一糟，其酒肉多寡，听其自便。

一议：送陪亲婆礼，只许酒肉，不得又送糍粑。

一议：嫁女之家，妆奁多寡，随便其有，手巾概行禁止。

一议：纳采之后，禁止节礼，日后行亲节礼，只许馈送一年。

一议：喜忧礼物，禁送卷联祭轴。

一议：姑表结亲，不得混赖。必要庚书媒帖为凭，其财礼仍照六两。

一议：生男育女之家，只许嫡亲送礼，不许搭礼。

这八条具体规定当时约束着十寨七百多户人家，使当地树起了好民风。侗家的这项民俗发展史上的大事，给我们今天在处理各项仪礼时提供了很好的范例，它揭示出民俗的发展要靠广大人民的自觉性，要在习俗改革方面抓住类似的典型，按照民俗自身的规律加以引导，发扬良俗，革除鄙俗的好民风，在新社会里是不难建立起来的。

人生仪礼的民俗传承，是社会民俗中最常触及、最敏感的事象，研究它的发展变化，对精神文明的建设，很有意义。

“泰山石敢当”和“万物有灵”

——关于信仰民俗之一：灵魂

新中国成立前，在许多城镇农村可以看到，屋后巷口常有一块片石，上刻“泰山石敢当”或“石敢当”字样，立在墙边或嵌在墙里。新中国成立后不多见了，北京东城区内东黄城根道南一家墙上，还嵌着一块刻有这种字样的白石板，这已是稀有罕见的了。

这种石块，至少在唐代就有了。据《急就篇》记，上古时有许多石氏名人，后世也都是名门望族；“敢当”是说“所当无敌”的意思。又据《继古丛编》载：“吴民庐舍，遇街冲，必设石人，或植片石，镌‘石敢当’以镇之。”古代把这种片石作为压禳不祥的镇物看待。在《墨庄漫录》里记有一则小传说：北宋庆历年间，有个名叫张纬的人在莆田为官，得到一块石板，上面刻有以下文字：“石敢当，镇百鬼，压灾殃，官吏福，百姓康，风声盛，礼乐昌”，还刻有“大历五年，县令郑押宇记”等字。可见古代这石敢当的片石是一种有魔力的神灵之物。至于说上古时代的石氏，其实是一种附会。上古石氏姓族，是从石器时代石工巧匠转化而来，所说的所当无敌，正是指“石”本身的威力而言。这种用石块作镇物的巫术，源于远古时期对石的崇拜和信仰。至于“石敢当”又加上了“泰山”二字，就与这种信仰的历史特点有关了。古代封禅泰山的有七十二家。秦始皇巡游泰山时，其手下人树泰山刻石以歌颂秦的功德。唐明皇开元十三年，封禅泰山。以后历代帝王对我国名山推崇最多最高的也是泰山，可见泰山之石，更不同凡石了。

古代人对岩石的信仰是很重的。古代神话中的女娲，就曾炼制五彩石块，修补坍塌了的苍天，足见石头在信仰中有多大神力了。《山海经》里记有一个“精卫填海”的故事，也是讲有只复仇的小神鸟，要把西山的石块，一口口衔去填塞东海。这又是石崇拜的反映。还有一则古代传说，讲古代羌人与戈鸡人发生了战争。羌人不能取胜，后来夜梦神人指点他们用白石作武器，就可以战胜戈鸡人。羌人如法做了去作战，获胜。从此，羌人供奉此神，只因为不知道这个神的形貌，所以一直用白石代替供奉。我国北方少数民族对“鄂博”的原始信仰，也是以堆积石块作为供奉对象的。彝族阿细人在自己的史诗里，保留了十月祭石神的记录。还有的民族在宗教影响下，对陨石加以膜拜。所有这些都和“泰山石敢当”一样，都是源于原始信仰中的石崇拜。

从对岩石的信仰可以看出，信仰民俗是源于古老的大自然崇拜的。不仅对岩石如此，对山、水、火，对天、地、日、月、星，对风、雨、雷、电，对花草树木，对飞禽走兽，都表现了同对岩石一样的崇拜和信仰。这便是从远古时期传下来的“万物有灵”观念，这种观念对后世的信仰民俗，始终有着强烈的影响。

从岩石信仰我们说到古今对大自然信仰的方方面面。

在天体、天象信仰方面，对日和月的崇拜很有代表性。在《尚书·尧典》中有“宾日”于东、“饯日”于西的记载，可以看到古代祖先早晚在日出日没时的迎送礼仪。古代神话中的“羲和浴日”，以及“后羿射日”中日里有三足乌神鸟等，都展示出古人对日的信仰。我国的月亮神话和拜月、救月习俗都由来已久，关于嫦娥奔月、捧月，以及月中有蟾蜍、桂树之说，早在汉代以前就有了。古代以色列人有在山头举烽火迎月的习俗；拉丁美洲大多数民族信月神，认为月光柔和，降露水滋润大地。各民族都有星信仰，汉族认为星是人的本命，地上有多少人，天上有多少星，星的陨落标志人的死亡。至于对牵牛星、织女星的崇信，

“七夕”习俗的由来，也都是对星信仰的结果。

对大地，以及山、林的信仰也是原始信仰的重要部分。我国古代有大地之神，《史记》上叫“地一”神，由天子祭祀，又叫“地祇”。汉代对地神普遍称“地母”“地媪”，是多福的女神。在古希腊神话中也把地神称作“地母”。古人对大地神表示亲近如母，是有根据的。按《礼记·郊特牲》说：“社，所以神地之道也。地载万物，天垂象，取材于地，取法于天，是以尊天而亲地也。”大地母亲给人类以生长万物的实惠，是信仰地神的根源。所以从古以来就有不得任意掘土的禁忌，后来发展成迷信的五行阴阳，不宜动土等风水信仰。人类进入农业社会以来，对大地的信仰更加看重，把丰歉往往归于天和地，为了丰收，播种、收割都要祭大地。在亚洲一些落后晚进民族的部落里，每逢播种前杀人祭地，像菲律宾的土人、孟加拉康德人，都曾有用杀人祈丰收，甚至把血肉烧成灰，遍撒耕地的习俗。我国古代《周礼·大宗伯》也有用血祭社稷的记载，社就是地神。据《尔雅·释天》记载，古代还有把玉埋在土里祭地的，叫作“瘗薶”。

山崇拜也较普遍，我国五岳都是被奉为神山的。古代人们把高山看作天神居住的地方，像我国古代神话中的诸神几乎都是居住在昆仑山上，还有许多神仙居住在幻想中的蓬莱仙山上，古代希腊神话中大大小小的神都住在奥林匹斯山上。可见高山的神灵性格由来也很古久了。从《山海经》《淮南子》和《神异经》中，可以看到对昆仑山的信仰。古代有敬奉“山君”“山鬼”习俗。现代佤族聚居的最大的山叫公明山，佤语称“鹿埃姆”，还有一个沧源班洪部落的大山“鹿埃松有”，都被佤族奉为大神。

敬奉神树，也是古已有之。纳西族最敬栗树。佤族、景颇族、彝族、傣族、壮族、哈尼族的村寨中都有神林。先秦有司木之神，叫作“句芒”，正是古代树神。

对水、火的敬奉更为普遍，各种类型的水神，如海、江、河、湖都有神的形象，受到人的敬仰。我国古代神话中就有海神禺虢和禺京，后世又发展到对龙王的信仰。古代楚地信奉的江神“湘君”“湘夫人”；各地的河伯与河神，湖中的水神、水仙都是对水的原始信仰的继续。佤族以“虹”为水神，每年最先祭它。人类对火的信仰同样是原始信仰的发展，各民族把火种来源都传说是来自天神，就是这种崇拜火的观念。

人类对动植物的崇拜有两种。一种是原始的图腾信仰。图腾一词的语源，包含着动物的某个种类和人类某个氏族之间有亲缘关系的意思。从大量奇异的氏族祖先传说中，人们发现一个民族的许多氏族部落分支，都分别信仰各自的动物神灵。这和不同氏族远古的渔猎生活有密切关系，有的又和采集、农耕、养殖的古代生产形态有密切关系。于是出现了熊、虎、鼠、狗、鱼、蛇、龟、鹿、鹰、雀、羊、蜂等氏族图腾，也出现了竹、荞麦、麻、紫柚木等氏族图腾。

例如傈僳族的“英以查”氏族，就是汉语的蜂氏族。怒族碧江地方有“别阿起”人，“别阿”是蜂，“起”是氏族，也是蜂氏族。在怒江一带流传有蜜蜂变人的图腾传说。据传从前有一群蜜蜂从天上飞来，到了此地就变成了人，一共十六人都成了蜂氏族祖先。“别阿起”祖先传说讲，从前，从天上飞下来一群蜜蜂，到碧江便变化成一个女人，名叫“莫英充”；又一种说法是蜜蜂与蛇配偶成婚，生下了莫英充为蜂氏族女始祖。傈僳族和怒族都有虎氏族，在这些氏族里有“虎不吃虎族人”的信仰。怒族“达霍”人又称“拉起”，“拉”是虎，他们说自己是虎的后代。怒族的一个“纳着华”家族，据说是鸟变的祖先，又称“纳着扒”，意思是“鸟变的人”。为此本氏族不猎取本氏族图腾的动物。以植物为图腾的氏族，古已有之。《后汉书·西南夷传》中记夜郎国的传说，就是以竹为氏族图腾的。故事说：夜郎国的夜郎侯，以竹为姓。因当初有个女子在河水里洗衣，有三节大竹流到她两脚中间。她听到竹中有哭声，剖竹一看，是一个男孩子，便抱回家养大后立为夜郎侯。傈僳族中也有“麻打息”氏，就是竹氏族；此外还有“木必息”氏即荞麦氏族，又称“括扒”；还有“拉哥”氏即紫柚木氏族，“居米”氏即菌子氏族。图腾主义所表现的与动植物有亲缘关系的意识，是动植物信仰与祖先崇拜的结合。

动植物信仰的另一种是动植物精灵崇拜。这便是在狩猎生活中信仰的虎神、熊神、鹿神、貂神，以及后来广泛迷信的狐仙与黄鼬精灵的“黄仙”。民间传说中许多灵禽神兽的奇异故事，正是这种信仰的反映。

人类对大自然的信仰，是一种原始信仰中“万物有灵”观念的表现。人类在古代，由于对一切自然力和自然物都不认识、不理解，往往以为它们和人一样有“灵”。风的怒号、雷的怒吼与人的愤怒被看成同一现象，动物生活看作与人类等同。这种“灵”的观念，都是从人类自身的体验和意识中产生的，这便是信仰的重要核心——灵魂观念。

人类很早就有一种意识，即人死后肉体与灵魂分开，而灵魂是不死的。这种认识把人类自身看成双重构造，甚至认为灵魂在梦中可以自由走来走去，见到许多人（或已死去的）和物，能做许多事；而睡在那里的则被视为仅是肉体，当人们在和大自然发生密切联系时，就以为万物也都和自己一样，都有自身的灵魂，于是便把万物都人格化了，变成了神灵、精灵。万物有灵观念就这样和灵魂观念统一起来了。

人类祖先用这种思考对待自己，就形成了灵魂不死观念，于是在对待自己周围死去的人便有了一系列看法和做法。人们以为人死了，还常常在梦中与活人说话，这是一种灵魂的显现。这种灵魂被人叫作“鬼”。鬼灵观的出现，已经有一个漫长的历史了，它是人类灵魂崇拜较早期的思维活动的产物。最初只以为人死后的鬼灵存在于另一个世界，后来随着宗教的发展，把鬼灵也分成了善灵与恶灵两种。善灵甚至可以化为神与仙，升格为神灵；恶灵则永世不得翻身。这以后才有了天堂和地狱之分。我国古代也是如此，正常死者为善灵，非正常死亡者叫作“横死”，为恶灵。恶灵古代称“厉”。自古对“厉”，另有祭法。另外，又有死者有后人为善灵，无后人为恶灵，加上了封建家族制的延续观念。

鬼灵观念支配人类从古以来便有一整套处理死者的方法。这些做法都紧紧围绕这一个基本观念进行，就是殉葬、陪葬、墓制、祭奠等习俗。古代汉族殉葬有妻妾、奴隶、家畜等；古代北方民族殉葬除妻子外还有兵马。一个可汗死去，有上万人殉葬，马无数。这是为了将亲人或佣人的灵魂，供死者灵魂驱使，以延续死者在另一世界的生活。大量的随葬品都是为了方便死者灵魂的使用和享受而埋入墓中的。从古墓出土物看，不仅有生产工具、兵器，而且有消费生活的物品等。墓室的建造规格，墓穴的排列方法、顺序，也都有像活人一样的家族体系和不同类型。直到现在，那种祭奠灵魂，烧纸钱的做法，也都是这种鬼灵观念的表现。景颇族有的还在死者墓旁种庄稼和蔬菜，以供给死者生活需要。

鬼灵可以轮回转生的观念，是受佛教影响的，在我国各族中都有不同程度的表现。认为鬼灵可以重新投生为人，也可以转生为牛、羊、猪、狗及各种飞禽昆虫。转生为人为兽，一律以生前善恶来定；善恶标准则往往是受社会制度决定的。因而，这种观念是一种麻痹人的迷信观念。

在我国西南各少数民族中，过去鬼灵观念十分深重，它不只是以为死人有鬼灵，同时还认为各种灾异都有鬼灵，这种鬼灵就是“恶精灵”的概念。所以，他们生活中常常会遇到所谓的“鬼”，其种类之多没有准数，特别是把各种疾病也都信为“鬼祟”。

鬼灵观念和祖灵观念是相通的。过去有的学派认为祖灵观念是鬼灵观念的发展，有一定的道理。本氏族老一代死后，经过多少代的祭祀，成为本氏族的祖灵，世代供奉。这种祖灵观念和图腾观念相结合才形成了祖先崇拜。由祭鬼到祭祖，是认为自己祖先将是永远保护本氏族的神秘力量。傈傈族有一种鬼的称呼，叫作“屋豆尼”，又叫“其午尼”。有一种说法说它是虎氏族祖先，所以荞氏族从不祭这个鬼。同样，有个叫作“括扒柯尼”的鬼，虎氏族从不祭它，因为说它是荞氏族的祖先“括木必”。祭时，本氏族要讲述本族从古老的兄妹婚时代到现在的历史。台湾高山族中有许多部族有一种习俗，将死去的老人长者埋在屋内床下，认为这样死者的灵魂便可以暗中保佑家族亲族。这些都是由鬼灵向祖灵上升的证明。

祖先信仰是发展的，是随着氏族的扩大和分化而不断变异的。有的祖先从一个氏族的祖先转化为氏族联合体的共同祖先；有的氏族分化成若干分支后，又产生了各分支的家族祖先。所以有许多祖灵都被供奉为村寨的守护神灵。这便是由祖灵向神灵的转化。祖灵一向被认作善灵，能起保护作用。后世发展的家庙、宗祠，以及村落守护神，大而至于一个民族的始祖神，大都如此。

从“万物有灵”观念发展下来的信仰习俗，至今还保留着原始思维观念的许多成分。这些信仰方面的民俗事象，既与原始宗教有着密切关系，也与后世的人为宗教产生了重重叠叠的千丝万缕的联系。但是，这里从民俗学角度所探讨的信仰，和宗教学所着眼的对象有很大区别。从这些区别中可以看到信仰民俗的特征。

我们这里所说的信仰民俗是：

一、不具有信仰组织，与宗教信仰有教会组织不同；

二、不具有信仰的至高偶像，与宗教有至高崇拜对象不同；

三、不具有支配信仰的权威，与宗教教会有祖师不同；

四、不具有完整的伦理的、哲学的体系，与宗教有完整体系不同；

五、不具有一定的规约，与教会有教义教规的制约不同；

六、不具有专职的神职人员，巫师也多为不脱产者，与佛、道、基督、天主等教有僧侣、道士、神父、牧师及教会执事人员不同；

七、不具有开展信仰活动的固定场所，与宗教活动有寺、庙、庵、观、教堂不同；

八、不具有自觉的信仰意识，与教徒有自觉的宗教意识不同。

正因为有这些特点，信仰民俗才表现出多样性、多重性、神秘性和功利性的民俗性格。那种泛灵信仰与多神信仰往往复合重叠起来，渗透到日常生活的各方面。五花八门的巫术手段，以它的神秘色彩诱使人们相信。那种祈求一切奇异力量都成为“顺己”“助己”力量的功利目的，又反映出信仰民俗的现实依据。民俗学者对信仰民俗的研究，正是要在这些特征中找出它发生、发展和逐渐转化的轨迹，为消除人民群众中的愚昧、落后、迷信的东西而做出努力。

从“塔布”看迷信习俗

——关于信仰民俗之二：禁、咒、兆、占、祭

蒙古族民间故事《猎人海力布》里讲，海力布救了龙女小白蛇，从龙王口中得了宝石。龙女叮嘱说：“有了宝石可以知道世上的一切事，可是，你知道的事不许告诉任何人，如果说了，就有危险。”后来，他听到飞鸟都说这地方要闹洪水之灾，便把这消息事先告诉了乡亲们，让大家逃难，于是海力布变成了石头。

在另一则蒙古族故事《天上人间》中也有类似的情节。一个穷苦善良的牧人阿拉特恳求地神赐福给所有的穷牧人时，地神说：“我只能帮助你一个人，因为你曾经帮助了我，我要把你从死亡里救出来。你记住，等明天太阳神一出来，这里就要变成一片汪洋，你要快点跑到山上去，就可以得救了。但是，这件事不许告诉任何人，不然，你就会变成石头。”后来，阿拉特把牧人都救了出去，唯独他自己却变成了山石。

这类故事、传说还有很多，有的吃了不许吃的食物，变成了哑巴；有的喝了不许喝的水，丧失了记忆；有的听到呼唤声不许回头，回头就变成了石块；有的不许开口，开口便丧了性命；有的不许接近最美的仙女；有的不许走进神奇的魔宫；有的不许听奇妙的音乐；有的不许看怪异的事物。白娘子传说里，端午节白素贞不准许仙偷看她，结果许仙不守禁忌，看到了白蛇原形，惹了大祸。孟姜女故事中，孟姜女忌男子看到她的肉体，当躲避徭役的万喜良看到她裸露的胳膊时，她只得做了万

喜良的妻子。

但也有的故事说，为了救别人，自己宁可忍受一切苦痛和折磨来遵守禁忌。在另外一些故事中，许许多多禁忌变成了对主人公的考验。蒙古族故事《云青马》里，青年牧人胡德日为了向王爷要回珊丹姑娘，甘愿上冰山采雪莲时，云青马说："主人，请您紧闭双眼，我不停住，您千万不要睁开！"胡德日严守禁忌，飞上了冰山顶。无论违犯禁忌，还是遵守禁忌，都表现了正面主人公的勇敢、善良和富于正义感。

记录在《圣经》的《创世记》中的一则希伯来古代神话说：上帝创造了人类始祖亚当和夏娃后，便把他们放到一个名叫伊甸（Eden）的乐园里，同时叮嘱他们说，园中的果子一般可以吃，只有"知善恶树"上的果子不许吃，一旦吃了，便有了辨识善恶的神一般的本领，就要受到惩罚。但是，亚当和夏娃受了蛇的引诱，吃了禁果，被赶出了伊甸园。于是，上帝派遣天使把守了通往这个乐园所有的路，永远也不许后人再找到它。

这许多违禁受罚的故事、守禁成功的故事，正是人类古老的信仰中的禁忌观念在口头文学中的形象反映。

禁忌，在我国古代文献是早已有之的语词和概念，它的国际通用名词是"Taboo"或"Tabu"，我国又音译成"塔布"。这个语词来源于中太平洋的波利尼西亚群岛。在那里的许多原始部落中，"塔布"这个土语的含义是指禁止同"神圣"事物或"不洁""不祥"事物接近，否则将会受到某种惩罚。这种观念或习俗，不仅在现存的晚进民族中有，在文明国家也有，就是在我国现代生活中也有某些传承、遗留和影响。

"塔布"观念和习俗常常通过口头传说和故事代代相传，有的甚至长达千年之久。特别是禁止同"神圣"事物接近，或对"神圣"事物不敢触犯的观念，最早反映在古代氏族祖先传说中。远古祖先相信自己的远祖都和大自然或自然物有过密切的亲族关系、恩遇关系。因此，这些异类异物都成为氏族部落崇敬的对象。禁忌大致有以下几方面：

一、认为远祖与某一动物有近缘关系，所以严禁捕杀这一动物。如：蛇、蝎、蜘蛛、蜂、鹰、鹤、孔雀、乌鸦、天鹅、雁、犬、狐、豹、虎、羊、兔、牛等，各地各民族都不一。

二、认为远祖与某一植物有近缘关系，所以禁食这一植物果实，或禁毁某种植物。如忌折某种花木，禁吃什么野生植物等。

三、认为大自然所有的自然物或自然力都是神秘的、圣洁的、令人崇敬的，因此不得触犯。如对日、月、星、风、雨、雷、水、火等，以及山、河、石等。

由此而兴起来的行为上的禁忌、语言上的禁忌，是异常多样的。“塔布”所代表的禁忌，是原始社会的一种思维活动，充满了原始宗教色彩。常常有某些禁忌，只有与宗教有关人员或与“神”有“联系”的“巫”才可以不顾忌。除此以外，普通人在他所有的活动中几乎都有禁忌。比如，傈僳族生产中，苞米扬花时如有大风，严禁妇女织麻布和男子砍树伐竹；稻谷开花时，严禁在稻田旁洗衣，剥麻，唯恐惊吓了这些作物的花而导致减产。平时锄头禁止搭在肩上，只有埋死人时才能这样。村中死人忌吃辣椒，谁吃谁是死者的仇人。家中小孩死得多，忌吃羊肉和葱蒜，否则认为冲犯鬼神。

禁忌习俗渗透在生产生活的各个方面，农、林、牧、渔、猎，各有忌讳。如船上有些部位禁坐，有些语词如“帆”“箸”等都禁言，以防不吉。鄂伦春族狩猎时从来忌讳称熊为“牛牛库”（鄂伦春语为熊的意思），要称公熊为“阿哈玛”（舅父）或“雅亚”（祖父），称母熊为“太帖”（祖母）。打死熊以后禁说熊“死”了，要说“阿帕恰”，即睡了的意思。又禁直呼虎为“老玛斯”（即虎），要称“诺彦”（官）“乌塔其”（老爷）或“宝日坎”（神）。各种工匠又有自己的禁忌；衣食住行及各种节日仪礼，也都各有禁忌。如孕妇禁食生姜、兔肉，防生子女六指、兔唇。婚礼忌单日，喜庆日忌摔打器皿。旧式婚俗有禁五、七、九月婚期的迷信。佤族禁忌中不许把姜、芭蕉叶、红毛叶、密花树叶、野茶叶拿进家来，认为这些东西都是“鬼”用的。他们的楼房下层中间柱子禁拴牲畜。佤族还禁卖鸡和鸡蛋，自己也不吃，因为这些都是为祭鬼用的。

禁忌习俗在传袭过程中直接渗透到家族制度的习惯里，主要表现在礼节方面的一些禁规和家讳习惯上，其中有一些已失去了迷信色彩，转化成社会礼俗，可以保留。

禁忌是一种信仰习俗中消极防范性的制裁手段或观念。其中大部分是原始信仰的遗留，少数具有科学性的也有待很好分析研究。

由“塔布”联系到信仰民俗的其他方面，不同类型的还有咒、兆、占、祭、巫等。它们都以自身特点严重影响着人类生活。

在信仰习俗中，与禁忌关系密切的是咒语、符咒。最初咒语不过是原始信仰中一种祝祷的语言，是人类祖先相信自己语言具有魔力的一种反映。在反复的仪式中不断重复使用这些语言，便形成了有“魔法”的口诀。这些神秘的口诀叫咒语，巫师把它写成神秘的文字、图画或符号便是符。佛教梵语称咒为“陀罗尼”，通常译作“真言”。咒语观念反映到社会交往生活中，便转化成祝辞与诅咒了。咒与符都是迷信，而祝辞与诅咒便成为俗信。我国古代有专司禁咒的咒禁师，是术士巫师之流，但在隋唐时这种专职官员归太医署，专门负责驱邪禳灾的事务。咒在迷信手段中是和禁忌的性质相对应的。禁忌是一种防范性的手段，咒语则是攻击性的制裁手段。传说故事中口念咒语后，宝山开了，妖魔现形了，风来了，雨来了，美丽的公主复活了，壮丽的宫殿盖成了，几千里之外转眼到家了等，都是对咒语的信仰形成的奇异表现。浙江余杭县旧婚俗有专职司礼人请神的仪式，叫作“大邀神”，取请神佛前来证婚的意思。请神时，由司礼人高声朗读召全县神灵的咒语。诸神召齐后，再行退神礼，又要念咒语，最后才是新婚夫妇拜天地行婚礼。旧社会迷信鬼神风盛，于是广东、广西一带有一种女巫叫“仙婆”的，用“放阴”惑人，说她可以把人的灵魂放到“阴世间”去查看自己的祸福。“放阴”仪式上，“仙婆”就要念放阴咒辞。这些咒语其实是一些神秘色彩的歌谣，后边加上一个“太上老君急急如律令”。旧社会，巫咒相连，成为专门职业。所行咒术分善意、恶意两种。善意的属于“白巫术”，恶意的属于“黑巫术”。前者用符咒祝福；后者用符咒禁锢仇家灵魂，是一种为害社会的迷信手段。咒在我国现在社会生活中已被淘汰。

和禁咒形成不同类型的信仰习俗还有兆与占。这是两种密切联系的信仰民俗事象。

兆，具有奇异神秘色彩的自然与人之间产生的现象，显示的征候，都是兆。人们对它们有原始的信仰。

兆，大体上分天兆，即日、月、星、云、雷、电、风、雨、雪、雹、霜、冷、暖等现象；地兆，即山、水、石、树、花、草等异象；还有动物兆、人体兆、怪异兆、梦兆等。

人类对兆的信仰已有很久远的历史。远古祖先对大自然的种种现象都解作神灵的活动。对狂风暴雨、洪水猛兽、雷电大火，都以为是神的发怒，是人间遭灾的凶兆。兆，在信仰中一直被认作是事件发生前，对事件结果的一种神秘的预告预报。在我国二十五史中，历代封建王朝政治生活里充满了用兆来测视朝政国情的事例，这些事例都被收录在各朝史书的《五行志》中。大到天体自然万物之兆，小至生活中怪异现象，甚至儿歌、童谣也都列入吉凶之兆，谓之“妖言”。

在三百多年前用满文记录的努尔哈赤与皇太极的政事档案中，对天兆的记录十分引人注意，并富于文艺色彩，反映了满族勃兴时期天命观的信仰传承。例如，1607 年 3 月 2 日努尔哈赤征乌拉部。乌拉兵冻死无数，溃兵一万。这次战役的先兆在满文档案中记着：“出征时，明亮的光线射在我军大纛上”。同年九月，征辉发部，占领辉发城，捕获城主拜音父子。记录的先兆是，有星光出现，向辉发部，先七八夜，后一个月。1616年5月汗王打猎，降蜂蜜雨，为吉兆。同年十月征萨哈连与虎尔哈部，渡江时，未到结冰期突然结冰二里宽，吉兆。渡江得胜后回兵过江，冰又融化。许多类似的记录，真真假假，虚虚实实，都表现了对兆的迷信。兆在日常生活中常常被人们注意到，并直接渗入到社会交往中。比如通常人们最习惯的人体兆，耳鸣、眼跳、心惊、面烧，以及最神奇的梦兆，往往成为影响生活的重要信仰习俗。还有与家庭生活关系密切的动物兆，如猫头鹰叫、狗嚎叫、母鸡啼鸣，都被认为是凶兆，主丧。日常饮食起居事象中也有不少预兆，往往左右着日常生活中的琐事。茶叶茎在茶水中直立，主来客人；灯烛曝光，主喜事。常言说："灯花爆，喜来到"，就是这种兆的信仰。可以说，兆在人们的生活中五花八门，无奇不有。

对兆的信仰，主要反映了人类的吉凶祸福观，展示了人类趋吉避凶的愿望。虽然，大量的对兆的信仰是迷信的，但兆中有一部分是有科学成分的。比如，气象兆，观云测天，观动物异常测雨、测地震等，大多是许多世纪经验取得的结果，是宝贵的科学财富，应当作为俗信，不应认为是迷信。如"缸穿裙，山戴帽，蚂蚁搬家，蛇过道"的雨前兆，和蜻蜓齐飞、青蛙鼓噪一样，是下雨的征候。因此，对于兆的信仰要做科学的区分，要研究它的现实依据。对有科学依据的兆，应看作可信兆。

占，对各种兆所标志的吉凶加以检验的迷信手段就是占，又统称占卜、卜卦。《说文·卜部》解："占，视兆问也。"周代专设官吏名"占人"，"掌占蓍龟之卦兆吉凶"。古代方法是用火烧龟甲，看裂纹之兆定吉凶，用蓍草直立的茎形测吉凶。

占与兆虽然关系密切，但与兆不同的是，占卜是人为的迷信手段，兆是自然发生的现象。因此，占是应当随科学发达的程度加以取缔的东西，兆是加以分析引导正确认识的东西。占卜是迷信中影响人类最深刻的一种手段，它是企图预知事后的结果、解释事前的原因的一种歪曲手段，有极大神秘性，因而对人们的祸福观念有很大诱惑力。古代封建王朝设占人专司这种职业，使这种迷信得到了合法地位，以致占卜构成了自身的体系。

占的手段以占卜对象划分，有占星、占梦、占候三种。占星、占梦早已成为独立门类。占候包罗万象，通常算命、相面等迷信职业都属占候，凡占卜各种征候的都在内。以占卜方式划分，有星占、云占、石占、龟占、贝占、骨占、鸡占、鸟占、豆占、水占、签占、钱占、牌占、字占、手占等多种。占卜职业者往往为了增强其手段的可信性，使用一些奇特别致的方法。如黄鸟叼签，使人感到小鸟有灵；分解字形笔画的测字，使人觉得奇巧，都可以增强迷信效果。

在我国少数民族中流传有本民族的各种占卜方式。傈僳族中有竹年卦，用二十七根竹分三份，实行两根一数的排列组合，累次余数留下，最后解释"神灵"启示。刀卦，用刀一把、麻绳一条，两头系刀两端。问卜人提绳中段祝祷，念"诸鬼"名，刀摇动时念到哪个鬼名，祭之为吉。妇女用衣服上的贝饰占卜。占卜时，将贝壳放在碗中，掷前祝祷贝壳向背的吉凶，掷后测定"神灵"启示。西南少数民族中常有杀鸡做鸡卦的习俗。怒族的手卦、珠卦、酒卦，都各有特异的做法，以取信于人。

占卜、算卦的迷信手段所以受到许多人信仰，既有人们落后思想意识的内在原因，又有古老信仰传承的影响。除此以外，各种迷信手段本身的特点也是很重要的诱因。占卜，往往利用人们的愚昧无知，给人们的某些原始思维制造逻辑上的谬误。比如，甲在乙之前发生，甲为乙之原因，乙为甲的结果，这是一个原始逻辑思维的谬误公式。但对于有原始思维残余的人来说，这是可信可靠的。于是，昨夜的梦便成了今天发生事件的预兆和原因，大纛旗上的光便成了取得胜利的先兆，早晨不敬神的举动被占卜成下午患病的原因，猫头鹰叫被占卜成家丧等。又如，甲接近乙，所以乙是甲的原因，甲是乙的结果，这同样又是一个原始思维的逻辑谬误公式。于是，家里有人患病，被占卜说成附近有患这种病的人死后作祟；新婚夫妇患病，被占卜为迎娶时接近了属相相克的人，如此等等。用占兆维持着的人们愚昧的原始思维残余，当人们在社会生活中处于不安的状况时，便会趁隙而入，这便是唯心主义思想的原始形式不断延续传袭的结果。因此，对占卜职业者取缔和改造是比较容易的，但对大量的愚昧落后的思想实行改造却是艰难的。民俗学正担负着这样一部分的任务。

除了日常生活中“塔布”、咒、兆、占之外，信仰习俗中最占有位置的便是“祭”。民俗学一般说来不涉及宗教学所研究的宗教祭祀，它只注重原始信仰在各民族发展中形成的民间传统祭祀。

祭，是在人类有了较为系统的神灵观念后才产生的原始信仰活动。往往有介乎神与人中间的一种职能产生，通常称作“巫师”执行祭的活动。但在民间，往往由家族中非专司巫术的家长主持祭仪。祭的对象包括所有原始信仰中的自然神灵、氏族神灵、民间神祇等。各民族几乎都有祭天、祭地、祭社稷、祭日月、祭水、祭火，祭各种动物精灵、祭祖先、祭鬼，以及祭山神、土地、门神、灶神甚至厕神的习俗。

满族在17世纪初兴起时，保留着原始信仰萨满教的遗俗。出征前、得胜回师都要举行祭天地礼和祭纛旗礼，在和蒙古各部实行联盟宣誓时，也要举行祭天地礼。按照满族信仰，天为阳，白色属阳，地为阴，黑色属阴，所以祭时用的牺牲是白马黑牛，以血为祭物享天地。祭天是纳西族共有的信仰习俗；仪礼由村寨中各家轮流主持。祭台上插柏树枝于中间，两边各插一枝栗树枝，求人畜平安。

祭日月神是鄂伦春族的古老信仰习俗。他们把日月神视为恩主神，供奉的神像上边都画有日月形象。有是非争议、苦难冤情，或祈求降福时都向太阳明誓祷告。打猎前有祭月仪式，他们认为月神是监视百兽的神。祈求时，晚上在外边放净盆，次日晨盆中出现兽毛，主吉。彝族认为天地神、日月神都是善神，予以崇拜。

祭星，在古代汉族盛行。近代各族也多有祭北斗星神的习俗。鄂伦春祭北斗时烧七炷香，尊北斗七星为指方向的奥仑神，这是与他们的游猎生活有密切关系的祭祀。

祭雷神，拉祜族遇到耕种后雷电劈倒树枝，或发生土地龟裂，便杀小猪、鸡，用酒一瓶，米一碗，水一筒，盐一块，在属马日祭霹雷神“海姆特尼”。纳西族祭“都伯”，是祭风雨雷电之神。布朗族祭雷神用白公鸡一只，米一碗，酒半斤，茶一碗，香纸等，在寨旁树前杀鸡煮粥，吃完鸡、粥，烧纸，并用纸沾鸡血贴树上，祈雷神保佑。祭山神，布朗族祭山神与祭雷神同，只是公鸡要用红色的。傈僳族祭山神由氏族长老主祭，用酒一碗，树叶一片，泼向四方，念祝祷辞：“管岩石的神，管树林的神……我将花花的碗盛着我没有吃过的酒，先给你吃……”祈求山神保护庄稼。鄂伦春族称山神为“白那查”。由于狩猎与山林有密切关系，因此，他们最敬奉山神。逢年过节的家宴，必须先用手指蘸酒，向上弹三次，意为向山神敬酒，然后才可以饮宴。在山中打猎，遇到悬崖陡壁、怪石深洞或参天大树，都要虔敬走过，不得喧哗，认为那些地方是“白那查”的住处。他们认为兽类都是山神的财产，所以打猎时把第一个猎获物作为山神供品。

祭谷魂，是西南少数民族中常有的古俗。布朗族中有的在谷出穗后，用白纸剪成图案拴在地上小竹篓的木棍上，致祭，求保佑不降霜，不下雹。拉祜族收谷时，放一只鸡在地边上叫“谷魂”（拉祜语叫“甲哈夸”），让鸡用爪把秕谷挠入口袋，然后背着口袋，一路撒谷归家，一路祝祷把收谷惊走的“谷魂”召回来。到家杀鸡，卜吉，把一只鸡爪和几粒米谷放入小布袋，悬挂仓库。他们认为这样既可以保证谷粮耐食，又可以使粮食不受损害，来年还能丰收。这种信仰和对谷种来源的神话传说有关，把谷物也看成有灵的神物。

祭灶神、祭门神、祭土地等，在新中国成立前的汉族习俗中十分盛行，尤其是灶神祭祀几乎成为民间大祭。在少数民族中，祭火神、水神也同样普遍，火塘在家中的重要地位，与对火的信仰有直接关系。

祭祀活动的民俗特点十分鲜明，每个民族都有自己独有的神祇精灵，其中特别值得注意的是祭祖先和祭“鬼”。这里所说的“鬼”，各民族各有不同的称呼，也有不同的性格，往往都是人间灾难的代称。祭祀祖先是信仰习俗中社会特点表现最突出的一种祭祀类型。大到氏族祖先神或村寨守护神，小至一家一户的祖先神，都能起到维护本氏族、本村寨亲族邻里或本家族利益的作用。像侗族村寨祭奉“撒堂”先祖母，拉祜族供奉“厄萨巴”守护神，傣族祭祀“丢拉曼”“丢拉勐”等守护神，都是从祖灵上升为村寨、部落、全民族的大神，享用祭礼的。

原始祭祀的对象与万物有灵观念有直接关系，但是也反映出与人类能否掌握自身生活命运有重要关系。凡是经济科学文化发展较先进的地区或民族，原始祭祀的门类少，影响小；相反，落后地区或缓进民族的原始祭祀便十分繁杂多样，影响也深刻。比如，纳西族受古老的东巴教影响，十分信奉人死后灵魂离去变成的鬼灵“池梅夸”。这种精灵又分家内的“库初”，家外的“比初”。对不同死亡原因形成的精灵有不同类别，因此又分出大大小小的许多鬼灵，如吊死鬼“之池”，疯死鬼“牙”，还有专使小孩受惊的精灵叫“吐”“格”，专门致人哑巴的“炸”，专门害人腰疼的“耶”，害人吐血的“打责”，害人得传染病的“透拉”等。根据这些不同的性质，形成不同的祭礼。祭“之池”，用羊毛及猪毛绳子各一条，铜铁锁各一把，用九团饭、九块肉、一杯酒作祭品。祭“比初”，用一碗热水、剩冷饭、炒面和淡茶等作祭品。因为“比初”是家外精灵，所以表示冷淡。这种区别对待的祭祀，正是把人类社会生活的特点转移到对待信仰中的鬼灵的一种形式。

这种原始的多鬼神信仰，在傈僳族中也表现得十分清楚。祭“白加尼”这种院子鬼，要杀牛一头、鸡一只，且牛与鸡要雌雄相对应，用松、杨、竹等祭祀。对“海夸尼”这种家鬼的祭祀用十二块粑粑、一碗酒。这是害小孩心痛、妇女不孕的鬼。还有害人生疮的“奥别尼”、害人做噩梦或遭不幸的“密加尼”、水井鬼“爱杜尼”、慢性病鬼“爱起尼”等将近二十种鬼灵。对这些鬼的祭祀也各有不同，且有十一种祭祀，不能用本族的语言，而要用白族语祭。其他一些民族大致也是这种状况。

从祭鬼神的广泛程度看，凡有疾病，过去一律用巫师祭鬼神医治，十分典型地证实了其根源正在于经济、文化长时期落后，意识处于愚昧的原始思维残余阶段的原因。

从“塔布”谈到咒、兆、占、祭等迷信手段，可以清楚地看到它们的经济、文化等深刻的社会根源。只有社会制度的变革，经济、文化的发展与进步，才能革除迷信习俗。民俗学在这些方面所肩负的破旧俗、立新风的任务，十分重大，不可等闲视之。至于那些由信仰习俗活动已经转化成一些信仰心理状态的地区或民族，将在科学的发展过程中向新习俗过渡。

五彩丝、粽子、龙舟

——关于信仰民俗之三：节日

在《续齐谐记》里记录了一个风俗传说，是讲述传统的农历五月初五端午节为什么要裹粽子，上面为什么还带楝叶和五花彩丝。这段小故事的大意是这样：

> 屈原五月初五投汨罗江之后，每年的这一天，人们就都用竹筒子装上米，然后投入江中祭奠他。据说在东汉建武（光武帝年号）年间，长沙有一个名叫区曲的人，忽然遇到一位读书人，自称是三闾大夫屈原。这人对区曲说："多年来人们祭我的米，都被蛟龙所窃取，你们如果再祭我，应当用楝叶塞在竹筒里，同时再用彩丝缠好。因为楝叶和彩丝这两种东西，蛟龙是害怕的。"区曲听了这话以后就照办了。现在，五月五日裹粽子，还带有楝叶和五色花丝线，正是那时的遗风。

又据《荆楚岁时记》和《武陵竞渡略》记载：五月初五日龙舟竞渡的习俗，"为屈原投汨罗日，伤其死，故命舟楫以拯之"，"竞渡事，本招屈"。在江苏、安徽、湖北、湖南等省有竞渡时向江中投粽子的习俗，有的地方投的粽子是用五彩丝结的。

农历五月初五日的端午节，是我国民间传统的节日。从上边的记述中，我们注意到构成这个节日的主要内容是纪念楚国大诗人屈原。但是，许多关于礼俗的文献典籍中并不这样记载，只说是避兵鬼、止病瘟，是一个驱邪禳灾的节日。因此，这个节日的活动几乎都是围绕着禳毒瘟病灾的。像系五彩丝，采艾叶、菖蒲、蟾酥，涂雄黄，制朱砂酒，采草药及张挂符印或钟馗画像等，大都与纪念屈原的传说极少联系。这样看来，端午节的节日内容并不是单一的，至少是禳灾辟邪与纪念屈原复合型的节日。至于有的地方把这一天作为追念伍子胥的、追念孝女曹娥的节日，又有的说成是起源于越王勾践的节日，那也完全是受地方传说的影响，增加了复合成分。作为全民性的端午节，自古以来就以它独特的民俗形式充分表现了它的复合特点。最值得注意的，正是五彩丝、粽子和龙舟竞渡。

用民俗学的科学知识解析节日习俗，首先要着眼于标志这个节日的活动形式，然后才有可能了解它的真正意义和深刻内容。端午节的采艾、悬艾，是最容易标志解瘟禳毒的意义的，无疑还有些医药保健的科学价值。五彩丝、粽子、龙舟竞渡等节日标志，显然要复杂得多了。

先谈谈五彩丝。这是用红、黄、蓝、白、黑五色丝线合并而成的细索。于五月初五日，人们把它系在臂上或做成五色丝镯，缠绕儿童手足腕上。五彩丝的名称古来有几种叫法：朱索、辟兵缯、长命缕、续命缕，最通俗的叫法是五色丝。

在《续汉书》《后汉书》里，五月五日这天有用朱索五色印作门户装饰的做法，据说是为了抵制恶气的。《事物原始》认为五色印就是桃印，就是后来的五色彩缯，也源于汉制。汉代的桃印长六寸，宽三寸，五色书文，悬于门上。这与后世的悬符辟邪倒颇为近似。五色丝好像还是从汉代朱索而来。五色丝的五色，黄代表中央，其余四色代表四方。用它驱病瘟的古俗，虽然没有具体解释，但从关于屈原的传说中可以看到蛟龙惧怕五色丝，汉代信仰道家五行阴阳之说，五方、五色都具有神秘色彩。像汉代传说的五方神鸟，也都认为有奇异的神秘力量，中央凤凰，代表祥瑞。显然五色丝代表五方，也都似乎有神奇力量。这种驱邪避瘟的做法与采艾、采菖蒲、采百草药、涂雄黄不同，它完全出于满足信仰上的需要。但是值得注意的是，五色丝在节日里还有别种用意和流传形式：

一、儿童多有系脖项、手腕、足颈的，通称长命缕、续命缕或健索、百岁索。

二、系手臂上，辽代称之为合欢结。

三、彩丝垂金锡像钱锁的，又称端午索。

四、彩丝扎做人形簪发髻上，辽代称长命缕。

五、帝王系彩丝，赐臣僚彩丝，都称作长寿缕。

六、用彩丝缠纸帛折菱角方，然后缀于胸前。

七、用彩丝缠粽子，相互馈赠。

八、用彩丝缠粽，龙舟竞渡将近黄昏时，投入江中。

这八种形式中，辽代把系臂彩丝称为合欢结，似乎是个特殊例子。其实，远在晋代葛洪著的《西京杂记》中，就记述了西汉遗闻，说："至七月七日，临百子池，作于阗乐。乐毕，以五色缕相羁，谓为相连爱。"古俗中七夕五色丝的"相连爱"和重五五色丝的"合欢结"，显然是一个东西。只不过北国把它用在五月节里，成了特殊例子。至于彩丝缠折方，正是《荆楚岁时记》所说："襞方缀于胸前，以示妇人计功也"。

这八种形式的前六种，都被称作长命、长寿、续命、百岁、合欢、健等名称，与辟兵鬼、除病瘟的厌胜作用不大贴切，而是从正面祝福祝寿了。这样看来，五色丝较多的信仰成分又转移到节日祝贺方面来了。至于七八两种形式，显然和《续齐谐记》中的屈原传说有关，用五色丝缠粽投江是按照传说发展下来的祭仪，用五色丝缠粽馈赠，同时又有互相祝贺节日的吉意。像幼儿系五色索于颈，有的地方也说是为屈原缚蛟龙的意思。

可见，一个节日的某些民俗形式在世代传承中，总会形成多种内容的复合状态的。民间利用这些形式，各求所需，各表心愿。五彩丝的习俗证明了这一点。越是全民性的节日，往往就越具有这种复合的特点。五月五日五色丝的信仰习俗与民间、宫廷的社会仪礼相结合，成为祝寿祝福的意义，与祭江驱蛟龙的传说相结合，便成为悼念三闾大夫屈原的意义。这便是我国广大农村即使根本不晓得屈原其人其事，也照例系五色丝度过端午节的道理。

再谈谈端午节的粽子。粽子又叫角黍，据《风俗通义》记载，这是五月初五节日食品无疑。古俗，在节日前一天，用菰叶裹黏米和枣栗，用灰汁煮熟。这种节日食品是“取阴阳包裹之象也……所以赞时也”。可是，《续齐谐记》的风俗传说却说是由竹筒贮米发展成为用楝叶塞、用五色丝缠的祭屈原的祭品。这样自然形成了粽子的两重民俗性格。祭屈原用粽子以驱蛟龙的传说，民间易于理解和接受，至于“阴阳包裹之象”和“所以赞时”是什么意思呢？人们很难理解。《齐民要术》引述《风土记》的注说：“用菰叶裹黍米，以淳浓灰汁煮之，令烂熟，于五月五日夏至啖之。黏黍一名粽，一曰角黍，盖取阴阳尚相裹，未分散之时象也。”如果抛开阴阳五行之说看，其实就是一种时令食品。从五月初五正当夏至的节令看，恰是寒气除尽，热气达到饱和，凉气将至未至的仲夏季节，阴阳达到均匀调和的状态。从时令上看，端午又处于最为适中的季节，因此古时把它叫作天中节。这个时令里吃这种用米做的凉食，用菰叶（茭叶）、芦叶、箬叶包裹，用灰汁煮熟后，色、香、味别具特色，构成了这个节令里最有代表性的冷黏食品或馈赠礼品。从应时糕点的民俗角度看，粽子只有节日仪礼的意义，与屈原毫不相干。但是，世世代代的人把自己的心愿和屈原的命运联在一起，才流传了用粽子制服蛟龙、告祭屈原的传说。这样，在粽子的习俗上自然也构成了复合的意义。不论这种饮食习俗是时令需要，还是追祭屈原，都是端午节粽子习俗的不可偏废的意义。节日民俗本身的多重性格，从粽子的例子中可以看得很清楚。

最后谈谈龙舟竞渡的习俗。五月初五比赛龙舟。据《荆楚岁时记》《武陵竞渡略》的考证，竞渡习俗在五月初五举行，是因为这天是屈原投汨罗日，人们“伤其死，故命舟楫以拯之。”“竞渡事，本招屈，实始沅湘之间，今洞庭以北武陵为沅，以南长沙为湘也。故划船之盛甲海内，盖犹有周楚之遗焉。”把竞渡说成是周楚遗俗，是为了表示用船追救屈原的意思，看来这也是端午节日的重要内容。在《隋书·地理志》中也记述说：“屈原五月望日赴汨罗，土人追之洞庭不见，湖大船小，莫得济者。”虽然这里日期不同，以船追救，还是相符的。可见，竞渡遗俗为祭屈原的含意是明显的。

据文献载刘禹锡《竞渡曲》注：“竞渡始于武陵，及今举楫而相和之，其音咸呼云：‘何在’，斯招屈之义。……去古渐远，不闻‘何在’之声，第相呼曰：‘拿桡，拿桡’。”[①] 到天黑散船时，又齐唱：“有也回，无也回，莫待江边冷风吹。”这些都是招屈的龙船歌。

在屈原故里秭归县，千百年来流传着大量关于屈原的感人传说。其中有一个《幺姑鸟》的故事，说屈家幺姑（又有说是屈原姐女须）听说屈原遭到不幸，登上山岩高呼“阿哥回哟!”一直走到悬崖，还在召唤。后来掉入深潭化为小鸟，在归州一带，年年端午开始啼叫“阿哥回哟!”这个传说中的召唤声，在秭归一带同时也是一首名叫《阿哥回》的古龙船歌。

据近年的搜集、调查，湖北秭归一带的竞渡习俗，是五月五日龙船下水游江、祭江，一面高唱招魂龙船曲，一面从各个码头向长江西陵峡汇聚，准备竞渡。竞渡是在五月十三、十四、十五日举行。举行前的祭

---

① 见《全唐诗》卷356《竞渡曲》题注。

江、游江，是鼓乐船在江中奏乐，掌鼓人头披假发，扮作女须，作为招魂龙船歌的领唱者。这种歌曲代代相承，口传心授，保留了古曲羽调带商式的五音阶行腔基调。通常龙舟起桨，先唱《阿哥回》：

（领）阿哥唷回唷，
（和）回唷嗄嗄。
（领）阿哥回唷，
（和）回唷嗄嗄，嘿左嘿左哦，嘿嗄嗄。

特别值得注意的是，这里“嘿左”的协力和桡声，和古人记录为“何在”的齐呼声，从起桨协力的角度看，似乎古人是把“嘿左”附会到“何在”上了。因为这样就增强了节日招屈的意义。

接下去便是唱《招魂龙船歌》和临时相沿套头的即兴歌。《招魂龙船歌》如下：

（领）三闾大夫啊，
（和）嘿嗄嗄！
（领）听我讲啊嗄嗄，
（和）嘿嗄嗄！
（领）你的呀魂魄唷，
（和）嘿嗄嗄！
（领）不可向东方唷唷，
（和）嘿嗄嗄！
（领）东方有哇魔鬼唷嗄，
（和）嘿嗄嗄！
（领）高数丈啊嗄嗄，
（和）嘿嗄嗄！

（领）人到啊那里唷，

（和）嘿嚄嚄！

（领）心受伤哦嚄嚄，

（和）嘿嚄嚄，嘟嘟，嘿左！

第二段歌词不同的是魂魄“不可向西方，西方流沙万里长；流沙万里人遭殃……”衬字唱法一如前段。演唱的衬音呼喊，是龙船歌的特色。古代记述中说“每唱四声，前声毕，余‘耶野’二音；后声毕，余‘阿可’二音”[①]。这里可以听出招魂的内容与集体划桨节奏形式的紧密结合，这种结合是很有意义的，它标志了五月竞渡的信仰习俗和竞技习俗的复合特点。正因为有这种复合特点，所以在吴越之地，才有可能变成竞渡祭伍子胥、祭曹娥的内容。

再有，龙舟不总是在江上漫游招魂的，更重要的是引万人空巷，甚至罢市去江边看龙舟赌赛夺标。划船比赛的意义从四月八日揭篷打船开始，便十分明确。船要“轻利”，犹如“飞凫”，自古而然。杉木为船，燥木作龙骨，使船快进。至于选使船桡手，也显示了这种赌赛的用意。按《武陵竞渡略》介绍，选手都是“狎巨浪如枕席”的“水老鸦”，且用银、米、红布等财物先期招募来的。训练方法更为突出，有“两头忙”的练法：即两桡手共一船，相背而划，以测强弱。有“涡儿漩”的练法：即十多个桡手分左右两翼急划，使船旋转，以观动作的整乱。桡手又分“老水”“新水”。前者久习船事，赌赛时足智多谋，不以力胜。正式赌赛时所表现出的竞技意义，达到“迎鬼船”。也都是信仰习俗和游乐习俗的复合，是沅湘龙舟竞渡的变异。

端午节日习俗中，五彩丝、粽子和龙舟的复合特点，和所有岁时节日一样，具有十分鲜明的多重民俗性格。正是这种多重性，使节日活动

① 见《武陵竞渡略》。

形式呈现出多样性。这个多样性又都以节日本身的岁时特点和其他传统特点，显现出独具的风貌。这样，才使得每一个节日表现出不同于另一个节日的色彩。

清明节与寒食节的复合，既联系了纪念介之推的传说，又联系了祭祖扫墓；既标志了春耕生产的时令，又联系了春季郊游踏青的游乐活动。中秋节，既有玉兔神话、嫦娥奔月神话及吴刚传说，又有阖家团圆的家族社会习俗；既有庆贺丰收的时令，又有玩赏明月，聚食新鲜瓜果的娱乐活动。其他像元旦、上元、七夕、中元、重九、除夕、二月二、三月三、腊八、腊月二十三，立春以下共二十四节气等，各种类型的民俗节日，都以它们各自的复合内容、多重性特点、多样化形式，及独具的风格、色调，得到历代各阶层民众的承认、庆祝和沿袭。

节日民俗，在民俗学中通常归入信仰类，显然是侧重节日所表现的祈禳、祭祀、驱邪、禁忌等方面的内容，基本上排除了节日的社会传承和游艺竞技传承等多重复合的内容。但是，民俗的发展变革，将必然使节日的信仰传承向别的方面逐渐转化，越来越突出节日的社会民俗性格或文娱体育的民俗性格。

以上简析了端午节日的用意所在，它对于调查研究节日习俗多少可以起到一点探索作用。

全国五十五个少数民族，每个民族又都有自己的节日，同样，这些节日所显示的民俗性格也各有不同。信仰习俗的特点也分别在不断转化，展现出更加绚丽迷人的节日色彩来。

下　篇

从喜鹊、喜鹊登梅到七夕鹊桥会

——民俗象征体系话题

“喜鹊（学名：Pica pica）是鸟纲雀形目鸦科鹊属的一种。共有10亚种。喜鹊体形很大，羽毛大部为黑色，肩腹部为白色。喜鹊多生活在人类聚居地区，喜食谷物、昆虫，一般3月筑巢，巢筑好后开始产卵，每窝产卵5－8枚。喜鹊肉可入药。喜鹊叫声婉转，在中国民间将喜鹊作为吉祥的象征，牛郎织女鹊桥相会的传说及画鹊兆喜的风俗在民间都颇为流行。”这是网络“百度百科”词典对这种鸟的解释，它在动物学纲目科属说明后，直接关联了民俗的象征体系。这个词义解释很有人文科学意义。

但是，如果仔细挑剔的话，这个解释的欠妥之处有两点：

一个应该是“喜”和“鹊”并不是结合在一起不可分割的名词，严格说“喜”只是对“鹊”的一种形容或限定。“喜”的存在显然有另外的民俗附会，或趋吉避凶，或迎喜接福。应该说是：“本名鹊，俗名喜鹊，拉丁学名：Pica pica……”据《本草纲目》中说它的名字包括两个含义。一是古代早有“鹊鸣”之说，所以在汉语里定名叫“鹊”；二是说它“灵能报喜，故谓之喜”，这里说的“灵能报喜”本身就是民间信仰习俗的说法，并不是动物学的科学证明。事实上就是广大俗民们相信这种鹊鸟有报喜的灵性，于是才异口同声地、约定俗成地称呼它为喜鹊，成为平民百姓最喜爱的报喜鸟。自古以来据说喜鹊能预报天气的晴雨，古书《禽经》中就有这样地记载："仰鸣则阴，俯鸣则雨，人闻其声则喜。"

另一个就出自这个"人闻其声则喜"上。前文解说中说"喜鹊叫声婉转"，这个解释应该说是很不恰当的。实际上，喜鹊的叫声是"洪亮的喳喳声"而不是"婉转的"声音。在《禽经》里记载了"仰鸣阴、俯鸣雨"却偏偏没有记载怎样鸣才是"晴"，这究竟是一种传说还是一种验证，不得而知。但从"人闻其声则喜"的记载看，就是那种"洪亮的喳喳"声，在民间大众百姓的听觉反馈中，不约而同地感知到是报喜声。只要听到喜鹊的特殊鸣叫声，人们就立刻意识到"喜鹊喳喳叫、必定喜来到"。这仍然是一种民间信俗的偏爱情感，远不是科学验证的结果。依我看，这点正是喜鹊这种报喜鸟在民众人文精神生活中的重要价值，万万不可低估。

在民间社会，常常用"某某不是一个好鸟"褒贬人际关系中的人品德行，显然喜鹊正是标准的好鸟。它的习性在鸟类里是适应能力比较强，在山区、平原都有栖息，无论是荒野、农田、郊区、城市都能看到它们飞翔、鸣叫、出双入对停歇和筑巢的身影。特别突出的一个普遍规律就是人类群居活动多的地方，喜鹊种群的数量往往也多，喜欢把巢筑在民宅旁的大树上，或是村头村尾的树丛中。笔者在 20 世纪 80 年代到 90 年代，沿着北京到沈阳、沈阳到丹东及哈尔滨到大连 3 条铁路干线调查满族、朝鲜族村镇民俗期间，专项踏查了沿铁路线几百个自然村落村头村尾的喜鹊窝。特别是坐北朝南的自然村落，几乎都在村前与村后、村东与村西的树丛中发现了相对应的喜鹊窝。而且，绝大多数都筑在松散杨树林的枝杈上，形成围护村庄的一道醒目的自然和人文融为一体的景观。喜鹊这种在乡村社区居民点附近经久不息活动的习性，使它成为世世代代很有人缘的益鸟。民众随时随地都能听到它的叫声，看到它的身影，感受到它带来的种种喜讯。

古往今来，人们创造了很多的故事、歌谣和吉祥词语，包括历代文人墨客的诗画赞颂喜鹊，广为传播，影响深远。

记得1933年读私塾时，当地满族正白旗文人舒乐知老师在讲授《论语》时，一破常例，给我们这批蒙学顽童讲了一段孔夫子女婿公冶长通鸟语的传说，里面有喜鹊通灵的神奇情节，至今牢记不忘。传说梗概如下：

> 公冶长（前519－前470），孔子门生。复姓公冶氏，名长，字子长、子芝。春秋时齐国人，又一说鲁国人。同时也是孔子的女婿。孔子弟子七十二贤之一，名列第二十。自幼家贫，勤俭好学，广通诗书礼仪，德才兼备，终生治学不仕禄。相传精通鸟语，并因此无辜获罪。
>
> 且说这孤儿寡母，贫寒度日，常常相依相随，进山打柴。有一天母亲生病，不能上山打柴，少年公冶长十分孝顺，心里很难过，于是就瞒着母亲，拿着砍刀和绳子偷偷地上山去了。公冶长自己来到山上，感到很孤单，心里害怕，就哭了起来。哭声越来越大，惊动了山上林中的小鸟，都从四面八方飞来，落到公冶长身边。公冶长看着不知道从哪里飞来的这么多大大小小各色羽毛的鸟，感到很奇怪。这时有一只头尾背翅羽毛乌黑、胸脯纯白的鸟朝着他“喳喳喳、喳喳喳”大声鸣叫。听了几遍，他突然听明白了，原来那鸟在说：“你哭啥？你哭啥？”公冶长很纳闷，心想：我怎么还能听懂鸟儿说话呢？因此就学着鸟儿的叫声回答说：“你是什么鸟？你怎么也能和我通话？”那鸟回答说：“我叫喜鹊，其实你从小就在这山林里长大，从生下来你就能听懂我们鸟儿说话只是你自己不觉得罢了！”公冶长心想：原来自己也能和禽鸟说话了。这时喜鹊又问：“你叫什么名字，为啥在这里哭啼？”公冶长就把自己的名字和母亲生病以及到山上打柴害怕的事用鸟语告诉了喜鹊。喜鹊和所有的鸟听了后，都觉得小公冶长不仅可怜而且孝心可嘉，然后齐声鸣叫

着飞散开去帮助公冶长一齐捡拾起柴草来。公冶长一边拾柴，一边看着这群鸟叼着一根根柴棒朝他身旁堆积，不一会，就堆成一座大柴垛。公冶长用绳子捆好柴火，背起来正待回家，这时那只喜鹊不知从哪里叼来一把药草交给公冶长，叫他带回家给母亲治病养身。公冶长心存感激，背着柴，拿着药草，离开群鸟，返回家中。这时，天已近黄昏，公冶长就把上山的事讲给母亲听，母亲行善，感天动地，叩拜天地万物神灵保佑。从此，公冶长深得灵通鸟语之力，继续和母亲安度岁月。

又过了几年，公冶长已长大成人，他仍然每天上山打柴，同这些鸟沟通话语。一天，突然听到喜鹊前来报信说："公冶长，公冶长，南山顶上有只獐，你吃肉来我吃肠。"公冶长听后跑到了南山，果然看到有只死獐。他把死獐拖回家里剥了，把獐子的肠子埋掉扔了，把獐子肉煮熟吃了，可是他得了喜鹊的好处却把喜鹊说的"我吃肠"的话全忘记了。时隔不久，这天公冶长正在山上打柴，突然喜鹊又来向他报信说："公冶长、公冶长，北山有只大绵羊，你吃肉来我吃肠。"公冶长听后，又赶紧提刀拿绳，高高兴兴往北山跑去。到山上一看，见有一堆人围着看什么东西，他以为那是一只死绵羊，他唯恐被别人抢走，就大喊："诸位不要动手，那是我打死的！"当他走近一看，躺在那里哪有什么死绵羊，原来却是一个死人尸体。围观的人群见他提刀拿绳，口口声声自称是他打死的，于是就把他捆绑起来，送交县衙。到了县衙大堂，县官问他为什么要打死人。公冶长申辩说此人的死与他无关。于是他将事情的经过原原本本向县官讲了一遍，县官听了不信，人怎么能通鸟语，恐怕公冶长是在撒谎。于是转身吩咐衙役偷偷从后衙檐下捉一只雏燕装在笼子里，提到大堂上，这时老燕子飞来飞去，在大堂门面不停地大声鸣叫。县官就问公冶长："外边燕子说什么？"公冶长说："禀告大人，燕子说：我一不枉法，二不害人 ，为何将我儿关在笼中？

特来喊冤!”这时县官才真正相信公冶长懂得鸟语，确定他没有杀人，就把公冶长无罪释放了。

在这里详细完整地记录这则传说，正是为了验证喜鹊在民间社会里不仅仅是一只益鸟，而在精神生活中普遍认为是“灵鸟”，甚至是“神鸟”，从而加以崇拜。这个传说在山东、山西和内蒙古等华北地区广为传播，据讲故事的老夫子说：该传奇解说了公冶长“因通鸟语无辜获罪”之说。并为孔子因对公冶长身陷囹圄而痛惜，曾说：“公冶长虽在缧绁之中，非其罪也。”并将女儿许他为妻这段史实做了旁证。公冶长婚后生了两个儿子，一个叫子犁，一个叫子耕。公冶长一生治学，鲁君多次请他为大夫，但他一概不应，而是继承孔子遗志，教书育人。南朝梁皇侃《论语义疏》引《论释》、明田艺衡《留青日记》等都有公冶长或与喜鹊通鸟语之说。

鹊能报喜的观念，据百姓口传早在两千多年前便已经在民间流行，恐难确证。但是至少在唐朝时，有关的兆验故事就广泛传播了。而且讲者都认定是真人真事。生活在盛唐时期的张鷟，在他编写的《朝野佥载》中，有这样一则逸闻：唐代贞观（627－649）末期，南康郡（今江西省赣州市）有个叫黎景逸的人，平时爱护鸟类。黎家门前的树上有个鹊巢，他常用饭粒喂食巢里的鹊鸟。时间一长，鸟和人有了感情。鹊儿常常飞到窗台上，叽叽喳喳，跺足振翅，给他的孤单生活增添了许多情趣。不久，附近发生了一桩失窃案。被盗人向官府诬报，说黎景逸是案犯。黎景逸被关进南康郡监狱，受到刑讯。但他决不供认，冤案从此拖了下来。如此一月有余，正当黎景逸倍感痛苦时，忽然耳边传来了叽叽喳喳的鸟鸣声。抬眼一看，原来正是那只常受他喂食的鹊儿就停在狱窗外面的树枝上，正对着自己，欢叫不停。好像有了什么好消息似的。黎景逸一边向鹊儿招手示意，一边暗自思忖。接着，他便听见了狱卒们传说，有人遇见一位穿白色交领深青色衣裳的人。据那人讲，朝廷马上就要颁布大赦令了。黎景逸听后，恍然大悟：那鹊儿不就是深青色的羽毛、白色的胸襟吗？三天后，果真有大赦令送达到南康郡。像黎景逸这种没有证据也无供词的“疑犯”，自然在赦免之列。于是他欢喜地走出了监狱。还有一个说法是，就是这只报恩的神鸟喜鹊变幻成白襟青衣的钦差大臣，来到南康郡，向官府下达了大赦令，才解救了恩人的冤案。从此以后喜鹊通灵、传报喜讯的民俗就被大众百姓深信不疑，喜鹊自然被视为报喜的吉祥鸟。

民间最常见到的喜鹊吉祥图案有以下几种：两只喜鹊面对面鸣叫的图案叫作《喜相逢》；双鹊中加一枚方孔古钱，叫“喜在眼前（钱）”；一只獾在树下望天和一只鹊在树上望地，叫作《欢天喜地》，在这里以“獾”谐“欢”音；喜鹊登在桂圆树上，树上画有三颗桂圆，称作“喜报三元”；还有画一只喜鹊仰望太阳的图案，称为《日日见喜》。其中，“喜鹊登梅”“喜上眉（梅）梢”的民间吉祥图案甚至成为自古以来历代国画名家笔下工笔画、写意画的重要题材。喜鹊登梅作为中国传统吉祥图案之一，除了喜鹊象征喜的含义是好运与福气的象征外，梅花是早春的使者和标志。同时，喜鹊登上梅树梢头正是“眉梢”的谐音，象征欢喜的情态。喜鹊作为纹饰出现在古文物玉雕、石雕、铜雕、木雕、竹雕刻件上，还散见在屏风、中堂镜心和各种瓷器上。这种图案始见于瓷器上大致在宋代，但清代之前饰有喜鹊纹饰的瓷器很少见到，到了清代喜鹊纹饰才广为流传，无论是大花瓶、掸瓶、帽筒、酒具、茶具还是鼻烟壶上，都有喜鹊登梅的各种造型出现。从清代早期雍正、乾隆年间的青花釉瓷器文物直到晚清同治、光绪年间的粉彩瓷器文物考察，无论官窑民窑的出品，称得上精品文物的瓷器，以绘制喜鹊登梅吉祥图画的数量最多，这不能不引起民俗文物考古视角的特殊关注。尤其是当人们留心故宫藏品和北京皇城根儿下各个王府、达官贵人、八旗子弟府宅流失的文物时，就会看到在长达两个世纪的历史时期中，北京城满洲贵族对喜鹊这一民俗文化元素或符号情有独钟的奇特现象，很值得研究。这显然不是一般的泛泛的吉祥喜庆的象征符号。在有关传报喜庆吉兆的吉祥图案中，还有一个吉祥动物的象征，那就是“喜蜘蛛”的推崇。但是最有代表性的吉祥图案就是用一个正面八卦形的蜘蛛网和一根垂直蛛丝吊着一个蜘蛛的图画，它被用来象征“喜从天降”这样的吉兆愿景。经过广泛深入的调查探究，有关蜘蛛象征喜庆的图案也仅此一种流传形式，极少见之于各类材质的艺术品表现形态中，更在雕塑、陶瓷等工匠艺人的手工技艺传承中少有。民间对于蜘蛛的崇信程度和对喜鹊的崇敬度有着很大的差距。

如果在民俗文化调查研究中，结合材料查证也允许合理猜想的话，清代民俗文化史上如此崇拜喜鹊这种灵禽神鸟，其原因和满族贵族崛起时期流传的始祖神话有着密切的关系。人们从有清以来的不少史料、史论及笔记小说类文献中，发现过各种版本的“三仙女”天池洗澡、幼女吞朱果感孕而生满洲开国始祖的神话记载。且不论史学界、神话学界对这个故事的情节内容有多少争议，至少故事里叼来朱果的鹊鸟或神鹊，则是众家取得共识的。更进一步探讨，该鹊鸟或神鹊正是与满族始祖有着亲缘关系的鸟图腾信仰对象。这种和上古神话“天生玄鸟，降而生商”、有戎氏之女简狄吞燕卵感孕而生商代祖先，一脉相承的原始民俗，在游猎部落女真人先民社会文化生态记忆中，显然是根深蒂固的。特别是清王朝崛起后尤其重视对“天命”观念的推崇，朝野上下热衷于传播鹊鸟的通灵神格是自然而然、习以为常的事。

究其历史根源，有据可查。在《满文老档》中发现的最早记录三仙女沐浴、神鹊送果、佛库伦吞果感孕生子故事的满文，在天聪九年五月初六日的档子里。这部分档案偏偏不在乾隆年间整理过的《满文老档》中，是在1935年整理内阁大库时才发现的天聪九年档子满文原稿本，后来辗转存往台湾。1975年国内才有了如下从满文逐字逐句直译出的汉文版本（见清初史料丛刊第二种，汉译《满文旧档》辽宁大学历史系1979年2月内部印刷），可以认定这是“三仙女”满族始祖神话的第一手满文记录直译原本。

“天聪九年五月初六，为出征黑龙江方向虎尔哈部的诸大臣，他们降服带来的大人们、良民们谒见汗的礼，杀羊百零八只、牛二头，设宴。出征的大臣们都叩头谒见完毕后带来的二千降服人跪下叩头谒见了。宴会结束后，汗进入宫中。在那次出兵中带来投降的叫穆克什克的人报告说：‘我的父祖世代生活在布库里山边的布尔和里池。我们地方没有档子。古来传说，在那布尔和里池，天的三个女子恩古伦、曾古伦、佛库伦来沐浴，最后的女子获得神鹊送来的果实，含在嘴中，进入咽喉，就受孕了，生下博克里雍顺。他的同族正是满洲国。’那布尔和里池，周围百里，距黑龙江有一百二三十里。我生了两个儿子后，从那布尔和里搬走，住到了名叫黑龙江的纳儿浑地方。”

看来，这则故事的口述记录十分简单，是当时黑龙江投降汗王顺民向清太宗口头禀报中的一小段重要插话，够不上一篇讲述故事的标准文本。它和有清以来所有清代满族贵族始祖神话的装饰渲染并不相同。这里没有感孕生子后续的被奇异地推举成领袖的表述，仅仅有一个交代，此子和后金满洲汗国王朝是同一族系。但是，就这一个缘由对于清王朝就足够了。所有以后对这个神话的“神化”过程，就有了很大的空间。这里的最重要的故事元素就是那个“神鹊送果”的重要情节。至于吞下去的那个果实是“朱果”还是其他什么颜色的果子，像学者们的争论那样，是红枣还是山楂等，原始记录里并没有提到，可见那些也都是政治利用方面的炒作。单从民俗学视角看，就是这个灵动的“喜鹊送果”形象，丰富和拓展了200多年来喜鹊崇拜的文化内涵和外延，密切地和满族敬天祭祖的信仰习俗连接在一起。直至今日在满族萨满文化的遗存中，在欧洲各大博物馆的中国北方萨满跳神装束的神帽藏品中，都有喜鹊的造型，就是最好的见证。

在喜鹊被赋予通灵、通神的象征意义上，最具有广泛影响的莫过于传遍全国的牛郎织女传说和全世界华人的民族民俗节日七夕节了，这个节日在民间又被俗称为“鹊桥会”。

说到七夕节，始终都和牛郎织女的传说紧密相连，这是一个美丽的具有神话色彩的、流传千古的爱情故事，被誉为中国四大民间爱情传说之一 。下面引证一则流传在中原河南南阳地区的该传说类型，可见一斑。

相传古代南阳城西有个牛家庄，庄里有个聪明、忠厚的年轻放牛郎，父母早亡，跟着哥哥嫂子度日。嫂子马氏为人狠毒，经常虐待他，逼他干很多苦活。一年秋天，嫂子逼他去放牛，给他九头牛，却让他等有了十头牛时才能回家，牛郎无奈只好赶着牛出了村，进了山，坐在树下伤心起来，心想哪年哪月哪日才能赶着十头牛回家？这时，有位白发白胡子老人出现在他眼前，问他为何伤心，当得知他的遭遇后对他说：“别难过，在伏牛山里有一头病倒的老牛，你去好好喂养它，等老牛病好以后，你就可以赶着它回家了。”牛郎翻山越岭，走了很远的路，终于找到了那头有病的老牛。他看到老牛病得厉害，就去给老牛打来一捆捆草，一连喂了三天。老牛吃饱了，抬起头来口吐人言告诉他自己本是天上的金牛星君，因触犯天条被贬到人间，摔坏了腿，不能动弹。自己的伤要用百花露水洗一个月才能好。牛郎不辞辛苦，细心照料了老牛一个月，白天为老牛采花接露水治伤，还要采野果野菜充饥，晚上就靠在老牛身边睡觉，等到老牛病好后，牛郎高兴地赶着十头牛回了家。回家后，嫂子照旧加害于他，都被老牛设法相救，嫂子最后把牛郎赶出家门，牛郎只要了那头老牛相随。一天，天上的七仙女一起下凡在牛家庄村外河里洗澡，牛郎在老牛的指点下，把第七个小仙女的仙衣拿走藏了起来，这仙女就不能按时辰飞回天界，和牛郎相见后互生相爱之意，从此就留在人间，做了牛郎的妻子，从此男耕女织，安居乐业。这仙女本是天界的织女星君，还把从天上带来的天蚕分给庄里妇女们，教大家养蚕，抽丝，织绸缎。牛郎织女恩爱情深，生下了一双儿女，生活幸福美满。不料好景不长，这事很快便让天帝知道，王母娘娘亲自下凡来，强行把织女带回天上，恩爱夫妻被拆散。牛郎上天无路，还是老牛告诉牛郎，在它死后，可以用它的皮做成鞋，穿着就可以上天。牛郎按照老牛的话做了，穿上牛皮做的鞋，牵着儿女，一起腾云驾雾上天去寻找织女，眼见就要找到织女所在的地方了，没想到被王母娘娘发觉，立刻拔下头上的金簪一挥手，就划出了一道波涛滚滚的天河，把牛郎和织女隔在两岸，只能相对哭泣流泪。他们夫妻的忠贞爱情感动了天空飞翔的喜鹊，千万只喜鹊飞来，口尾相连，搭成鹊桥，让牛郎织女走上鹊桥相会，王母娘娘也无可奈何，只好允许牛郎织女在每年七月七日在鹊桥上相会。后来，每到农历七月初七、牛郎织女鹊桥相会的日子，天下的青年男女就会来到花前月下，仰望星空，寻找银河两边的牛郎星和织女星。希望能看到他们一年一度的相会，乞求上天让自己能像织女那样心灵手巧，祈祷自己能有称心如意的美满婚姻、亲密恩爱的家庭，由此形成了传统的七夕节。在北方大多数地区相传，每逢七月初七这一天清早，人们会注意到家居周围的喜鹊都不见踪影，那是因为人间的喜鹊都飞上天去，在银河上为牛郎织女搭鹊桥去了。还相传，七月七以后看见的喜鹊，头顶上羽毛都脱掉了，那是天神玉皇大帝惩罚它们搭桥给拔掉的。有的说法不同，认为凡是头顶脱毛的喜鹊，都是被牛郎织女过桥时踩踏过的神圣好鸟。含义都是对喜鹊怀有崇敬感激之情，世世代代传承不忘。“织女”“牵牛”二词最早见诸文字，出现在《诗经·大东》篇。诗中的织女、牵牛只是天上两个星座的名称，它们之间并没有什么关系，更没有爱情婚姻故事。到了东汉时期，无名氏创作的《古诗十九首》中，才出现了一首《迢迢牵牛星》。从这里可以看出，牵牛、织女已是一对恋人，不过诗中还没有认定他们是夫妻。在文字记载中，最早称牛郎、织女为夫妇的，应是南北朝时期梁代的萧统编纂的《文选》，其中在《洛神赋》的注释中说：“牵牛为夫、织女为妇，织女牵牛之星各处河鼓之旁，七月七日乃得一会。”这时“牛郎织女”的故事和七夕相会的情节，已经初具规模了，由天上的两颗星宿，发展成为夫妻。七夕，作为乞巧的节日起源于汉代，东晋葛洪的《西京杂记》有“汉彩女常以七月七日穿七孔针于开襟楼，人俱习之”的记载，这便是我们于古代文献中所见到的最早的关于乞巧的记载。后来的唐宋诗词中，妇女乞巧也被屡屡提及，唐朝王建有诗说“阑珊星斗缀珠光，七夕宫娥乞巧忙”。据《开元天宝遗事》载：唐太宗与妃子每逢七夕在清宫夜宴，宫女们各自乞巧，这一习俗在民间也经久不衰，代代延续。宋元之际，七夕乞巧相当隆重，京城中还设有专卖乞巧物品的市场，世人称为乞巧市。宋罗烨、金盈之辑《醉翁谈录》里说：“七夕，潘楼前买卖乞巧物。自七月初一至七夕前三日，车马不通行，相次壅遏，不复得出，至夜方散。”在这里，从乞巧市购买乞巧物的盛况，就可以推知当时七夕乞巧节的热闹景象。人们从七月初一就开始办置乞巧物品，乞巧市上车水马龙、人流如潮，到了临近七夕的时日、乞巧市上人潮涌动，车马难行，说明乞巧节在当时是古人最为喜欢的丰富多彩的民俗节日之一。但是这些七夕乞巧活动与七夕鹊桥并无任何关联。

鹊桥之说，出自应劭《风俗通》逸文：“织女七夕当渡河，使鹊为桥，相传七日鹊首无故皆髡，因为梁以渡织女也。”涉秋七日，鹊首无故皆髡，相传是日河鼓与织女会于河东，役乌鹊为梁以渡，故毛皆脱去。即七月七日夜，会有飞鹊在银河上架起桥梁，让牛郎和织女得以相见，自古约定称作“鹊桥”，又名乌鹊桥。再以后这一名词便引申为能够联结男女之间良缘的各种事物。甚至气功内丹术也把鹊桥这个术语借用去指导实践。含意指“舌”功，又有上鹊桥和下鹊桥之说。上鹊桥在印堂、鼻窍处，一虚一实；下鹊桥在尾闾、谷道处，亦一虚一实。或谓上鹊桥指舌，下鹊桥指阴蹻穴。河车转运时，要防止鹊桥走漏，引精炁顺利循行等说法，这就已经和七夕的原来用典毫不相干了。

鹊桥这个浪漫词语的文学典故，自古以来多受诗人词人的青睐，每逢七夕佳节到来，便会镶嵌在自己得意的诗词里。像唐代诗人，至少有七位名家以《七夕》为题，赞赏了鹊桥。权德舆有“今日云骈渡鹊桥，应非脉脉与迢迢。”徐凝的同名律诗中也有“一道鹊桥横渺渺，千声玉佩过玲玲。别离还有经年客，怅望不如河鼓星。七夕今宵看碧霄，牛郎织女渡鹊桥；家人竟喜开妆镜，月下穿针拜九霄”。把牛女鹊桥、七夕乞巧抒写得有声有色、浪漫缥缈。曹松也在同名诗作中抒发了“牛女相期七夕秋，相逢俱喜鹊横流”的节日情趣和心境。李贺更在同名五言绝句诗中写有“鹊辞穿线月，花入曝衣楼”的对仗名句。刘威也用《七夕》为题，抒写了“乌鹊桥成上界通，千秋灵会此宵同”的古老民俗解读。李商隐也在不同的两度七夕佳节、两首诗作中巧妙用典，吟诵了美妙的民俗写意：“岂能无意酬乌鹊，惟与蜘蛛乞巧丝”和“鸾扇斜分凤幄开，星桥横过鹊飞回”。李峤在两度七夕诗作中却对牛女鹊桥会的恩爱多少有些伤感，写下了“暂惊河女鹊，终狎野人鸥”“查来人泛海，桥渡鹊填河”之句，描写出民间传说中有为成全牛女相会，搭桥喜鹊成千上万地填尸银河的悲壮情节。到了宋代，以七夕鹊桥为题的词人进一步讴歌了鹊桥相会的浪漫故事。词人秦观特别用了“鹊桥仙”词牌，唱道：“柔情似水，佳期如梦，忍顾鹊桥归路！两情若是久长时，又岂在朝朝暮暮！”显然是从人间的角度解读一度相逢恨久别。李清照也是如此解读了七夕节俗的离情别恨内涵，吟唱出“纵浮槎来，浮槎去，不相逢。星桥鹊驾，经年才见，想离情、别恨难穷。牵牛织女，莫是离中。”

从喜鹊到鹊桥会，从牛郎织女传说到七夕节，古今共享，雅俗共鸣，人类民俗文化源远流长的轨迹，不能不引起现代人的共同关注和认真思考。

1987年七夕初稿、2004年七夕修改定稿

本土文化田野上的红高粱

——有关地方产食民俗文化的话题

进入20世纪80年代以来展开的传统文化大讨论，一直到90年代中期形成了一种持续不断的热力运动，由于各种真知灼见地不断增加，使得这场讨论本身更有意义和更加有生命力了。这很像是一支有鲜明主题旋律的多声部大合唱组曲的精彩演出，越唱越雄壮有力了。但是，在这组曲中却少了民间的山歌野曲，多了些庙堂的清音雅乐。当我们赞颂广大人民的历史主体意识已经觉醒时，却往往对这主体意识觉醒前的沉睡缺乏全面的思索，习惯于对传统的上层精英文化给予较多瞩目，相对说来对民间文化领域却很少眷顾。这也许是人们追求高文化鄙弃“野蛮愚昧”的“下层”文化的积习所致，因为在那种“下层”文化里确实还沉淀着厚厚的原始文化积层。虽然我们无法证明全世界的民间文化都是如此，但是，我们确有足够的证据证明，至少在我国各民族的民间文化确实如此。

然而，中华的振兴和中国现代化发展的需要，并不以学术界对哪些文化感兴趣为转移，它必将促使当代思想文化界对代表56个民族十几亿人民的民间文化做出认真的探索。这期间已经掀起的全国范围的民间文化艺术采风活动，正在源源不断地用大量调查研究的科学成果对民间文化的深层领域进行探索，通过考察实证揭示中华大地上“活化石”和“活古代”的本土文化诸文化相，从而回答了传统文化中许多令人困惑不解的问题。

就在这种社会与文化急剧转型的当口，独具慧眼的本土民俗文化研究者韩雪峰历经田野踏查的艰辛出版了一部《红高粱：辽北习俗》。她抓住了东北农耕民俗文化最鲜明、最鲜活的红高粱产食民俗主题，论证了红高粱的种植历史及其在辽北大地上深厚的物质文化影响和精神文化影响。本书资料之翔实、记述之细微，调查所得之丰富，评论分析之精到，都是突出的。这当然是和作者多年致力于本土民俗文化的研究分不开的。她较早地提出以哺育她成长的辽北红高粱产食文化为出发点，集中精力对本土文化根基做出研究的计划。如今，经过不懈的努力，终于把成果奉献给读者，值得庆贺！至于本书中所涉及的许多文化史的疑点、难点和不解之谜，还有待于学术界展开有益的讨论。我相信这部具有开创、探索意义的著作，一定会对本土文化的多角度研究产生积极的影响。

高粱的生产，影响了东北农家的饮食、服饰、居住等日常生活方式。下面不妨随意罗列一下有关高粱的民俗生活事象。

1. 作为食物的高粱米。早在《奉天通志》中就记载着：“春、夏、秋从事农作，每日三餐。晨、午多食高粱米，通称曰‘秫米’”。《海城县志》记“邑人最普通之食料为‘秫米’，俗称‘高粱米’”。《兴京县志》有“县民普通民食，以秫米为大宗”的记述。《庄河县志》更写道：“农民以高粱米为唯一食品，不少变换。”吉林省的许多县志也有“饮食单俭，以秫米为常食”和“城市以秫米为常食”的记录。可以证明高粱米是东北第一食粮。

2. 民间热饮“糊米茶”。在东北创造了有关高粱米面的多种吃法。秫米炒成的“糊米”熬煮成的“糊米茶”，是农家待客的常备热饮。

3. 用高粱酿制的老烧锅酒类，更是农家御寒、城乡筵席必备的佳品。以至于丰产的红高粱引来遥远的晋商康熙元年在奉天创办了老龙口烧锅酒厂，至今不败。

4. 半熟的秫米糊状浆汁是东北农妇喂养婴儿代乳的“奶哺子”食俗，遍及全东北山乡。

5. 高粱秸秆是东北家家煮饭取暖的烧柴。

6. 高粱秆的皮篾编制的尖顶斗笠是夏季防雨防晒的草帽。

7. 编制的“炕席”既是火炕上必用的铺席，又是修造棚户、婚葬礼棚的多功能用品。据测查会编席的人约占东北全境农民的1/3。

8. 秫秸秆编笆成篱是建房围圈庭院的不可或缺之物。

9. 扫除用的笤帚是用大散穗高粱头脱粒后的散穗扎制而成。

10. 炊事用的刷帚是用紧穗高粱头脱粒后的紧穗扎制而成。

11. 俗称“酱斗子”，叩盖酱缸的“酱帽子”，用高粱秆皮蔑编制的高大尖锥斗笠形盖子。

12. 盛东北名产“关东烟”烟草用的烟笸箩，用俗称“箭秆”的高粱穗和细麻绳缝制而成笸箩。

13. “蒸锅帘子”用细铁丝穿高粱“箭秆”并排制成的，在大铁锅里蒸米饭蒸面食的用具，简称“蒸帘”。

14. 横架在墙上放物件的隔帘，用高粱“箭杆”并排扎成。

15. 冬季贮藏蔬菜的菜窖顶棚，用多捆秫秸秆封盖在原木“窖梁”上，再覆盖厚厚的实土。

16. 囤积粮食的“茓子”，用高粱秆皮蔑编织成宽80厘米、长数十米的长条席子，平时不用时席卷成卷，囤积粮食时，旋转围成圆形粮仓，俗称“茓子”，东北高粱脱粒打场时，最大可围成七八万公斤高粱的大粮囤。

17. 东北农用畜力大轱辘车上运送粪肥的“粪帘子”，多用麻绳绑结高粱秆做成。

18. 农家儿童游戏用的大风车等许多种玩具，无一不是用高粱秸秆、皮蔑或秸秆瓤子制成的。

以上只是高粱产物在东北日常生活中直接使用功能的面面观，至于它在百姓精神生活中的使用价值和民俗文化功能，就更为重要了。以下仅用高粱产物与婚丧仪礼及民间祭祀仪礼若干密切的关系，就足以说明高粱在东北本土文化习俗中的独特意义了。

在东北多少代以来就是用高粱计价支付订娶新妇财礼的；至今中老年妇女大多能说出本人出嫁时是多少“斗”、多少“石（dàn）”高粱的身价。婚礼中用粮豆“打煞”时，主要用的是红高粱。拜天地神案方斗中也盛满了“红粮”。丧葬礼不仅搭灵棚用秫秸，就是穷苦农民死后无棺木也多用秫秸或炕席殓尸。至于用秫秸秆扎制人、牛、房架，糊成纸俑焚祭亡人，更是普遍。在民间祭祀中，高粱籽粒被奉为神物，可作驱邪除祟的法物。汉族祭祖“烧香”仪式或称“跳堂神”，要铺新席，要树立用两根长秫秸制成的“花红神竿”，作为降神所在享祭。农历二月初一“中和节”，初二“龙抬头”，农家都举行“引龙”仪式，将烧过的秫秸灰从室内连撒到庭院，撒成大圆圈，再撒出大门外，直至井堰为止，俗称“撒灰囤”，以祈求雨水调和，粮食满囤。此外还有诸多利用高粱产物做祭祀道具的风俗。

在东北民俗文化史的长河中，农家时时处处人人都离不开多彩多姿的以红高粱为主题的民俗事象。也可以说以红高粱为主题的民俗文化历史时期，可称之为“红粮时代”，这个时代，曾经发展了独具东北特色的辉煌的民俗文化，很值得大书特书。如今，红高粱的文化主题影响正在受到现代化的猛烈冲击。随着饮食的结构性变化，产业的革新和生产力的发展，以红高粱为代表的“红粮时代”迅速经过以玉米为代表的“黄粮时代”向以东北优质大米代表的“白粮时代”过渡。东北人在红高粱文化的逐渐淡化中，目前还眷恋着高粱米的余香和回味质朴的红高粱产物的原生态价值，向现代化走去。红高粱文化遗留下来的“红粮时代”影响正在东北农民难以割舍的关注下，渐渐地退出文化历史舞台。

由此可见，从探索我国东北地区产食活动的视角着眼，研究东北本土地域文化便成为必不可少的重要课题。东北地区的农耕分布区主要在松辽平原及其周边的丘陵和河谷地带。到农耕作物发展较完备的近现代，这里已经有了十分典型的全面的杂粮栽培型农业特点，那就是种植作物种类已经稳定在五大类为主的格局上。其中，除了油料作物的大豆占较大比重外，粮谷作物的比例顺序是高粱、谷子、玉米、水稻，外加小麦、大麦、黍、荞麦等。高粱的种植面积及其产量在东北全境早已遥遥领先于其他作物，成为压倒一切的“主粮”。民间流行的农谚中有“十粱九米、二谷一米”之说，用来证明等量的高粱和谷子，脱壳后的高粱米（俗称秫米）远比小米多出40%。到20世纪50年代中期，高粱的种植面积几乎接近其他粮谷作物种植面积的总和，高粱的产量也高居所有粮食总产的一半。高粱在东北的产食发展史上占据了很长的主粮统治时期，东北的土著农耕民和大量“闯关东”移入的农耕民创造了以红高粱为中心的丰富多彩的本土文化，紧密地伴随着东北各族人民的民俗生活发展到今天，几乎家家户户人人都离不开有关红高粱的本土文化事象，使红高粱成为东北村屯民众生活的鲜明主题。

其实，近现代发展起来的文化人类学的产食传播理论，在探索人类各地各种产食活动方面取得了巨大的人类文化研究成果。比如，文化人类学在严格调查了采集、狩猎、捕捞、畜牧、农耕等多种产食的产业形态及其发展进程后，解析了人类社会变迁及人口分布发展的规律；说明了大河流域的文化摇篮意义；发现了最先繁荣起来的产食文化——新时期文明；论证了越来越精密的农耕文化所创造的包括中国大陆在内的各地区文明（如古印度、古埃及文明）等。人类学对农耕种植等产食活动的研究确证了这些活动是变革人类生活方式及导致民俗文化变迁的基本原因。人类学田野作业的无数证据显示：精耕细作的农业种植和粮谷的丰收形成了复杂多样的民俗文化层，同时促使人口激增发展成了一个个壮观的古文明中心，以致到近现代许多国家和地区依然保持着许多古老的传统文化及生活方式。

文化人类学的成果引导了当代本土文化的探索。美国著名的文化人类学家基辛父子（F·M·基辛和R·M·基辛）在20世纪60年代前出版了三部里程碑式的名著，精辟地论述了文化存在发展的时空特征及文化积累成长的过程。其中，在探究产食传播理论时，明明白白地论析了中国黄河流域兴起的迅速展现的古代文明，而且还指出“中国很可能不只是种植小米的发源地，而且也很可能是种植高粱和麻的最早地区，这些都已经从某些古文化遗址中被发现了”（见R·M·基辛著《Cultural Anthropology - Contemporart Perspective》）。可见，中国作为古代杂粮栽培型的产食基地所创立的壮丽文化是举世公认的。随着辽宁红山文化的被发现，探索中国文化包括中国东北本土红高粱文化的努力就更有了充分的根据。

这样看来，如果把中国传统文化作为一个整体概念来理解，我们就不能仅仅以上层文化为标准进行诠释和论争，因为在民间文化中还存在着许多不同的标准，并通过它们的文化模式和类型显现出来。中国传统文化十分清楚地表明它是一个多民族、多社会结构、多层次的文化整合系统，在这个系统中，民间文化和上层文化的关系常常在许多方面保持着很大的差异，很难用同一的概念和模式加以简单地归纳。因此，对于民间文化的调查与实证研究将以比较直接的形式帮助人们去寻求民间文化在我国传统文化中的位置。对于民间文化的探索，只靠翻阅历代文化典籍和野史笔记去了解，不仅远远不够，而且更重要的是由于历代典籍的编著者对民间文化多有偏见，常常给我们的研究带来困难，造成错觉，甚至引导出谬误的结论。

民间文化的根基在民间，它有自身的活动轨迹和传承路线，它在世世代代的发展和变异中，形成了自己独特的和丰富多彩的文化模式和规范。绝大多数民间文化事象几乎从不见经传，它们只贮存在民众生产生活的底层，展现在本土的田野山乡，深藏在广大民众的农耕文化记忆中。因此，对民间农耕产食文化的探索只能采取调查采录、实证研究的方法，别无他路。当下在全国城乡上百万民间文化工作者对中华民族民间本土文化艺术的采集编纂，正是努力这样做的。我们期望作为民间文化主体的广大民众都能为此激发起兴趣和热情，积极参加到这一项具有历史意义的文化工程中来。在历史的反思中，对中华民族民间传统文化进行认真的挖掘抢救，共同努力探寻出一条中国文化从传统走向现代化未来的辉煌前程。

无论如何，我们要把握好当前我国本土文化调查研究形成热潮的时机，这无疑是对中华本土文化全面纵深研究的一种积极的势头。地区性的民俗史志正在搜集采录、整理编写的进程中，已经或正在取得可喜的成果。但是，统观有关民俗志的辑录采编成果，大多是地方古史志传记文献资源的资料转抄或转述，几乎很少有以各地自然、历史文化生态资源为基础，以传统产业形态为根据，以本土民间文化遗存的总量为对象，分别做出根基性的全面细致的挖掘采录。因此，偏重以历史文献的有限材料求证，很难说清以地缘为特征的本土文化特性。这不能不说是即将进入21世纪我国农耕社会急剧转型时期本土民俗文化调查研究的薄弱环节。

1995年中秋

隐语、黑话和口语说话习俗

——民俗语言和语言民俗

在日常生活中，人们在特定的语言环境下常常把想要说的话语用另外的语词替代传达出来，这种回避使用原本语词的话语习惯正是一种语言民俗的常见形态。比如，本人的亲人逝世了，要向周边亲友口头通报时，忌讳使用“死”字，常常说：我的什么人在什么时间“走了”、“没了”或“病故了”；僧侣去世说“圆寂了”；道长去世说“仙逝了”。过年习俗中办年货买供神纸祃时，要说“请灶神祃”“请财神祃”，忌讳说“买”字。船家行船，忌讳说“帆”，因为“帆”“翻”谐音不吉有灾，于是按照民俗用“篷”字替代。另外还有“子不言父名”等敬语规避习俗。凡此种种话语交流中的趋吉避凶、从善祛恶的语言习惯，都应当毫不例外地属于民俗学避讳语俗、禁忌语俗的“隐语”习俗研究范围。

推而广之，在语言交流的风俗习惯中，更有大范围的“隐语”形态，或被俗称为“黑话”的“民间秘密语”习俗，尤其应该引起民俗学人的关注。

例如，1936 年在晋绥一带民间社会流行着一种隐语“黑话”，甚至传播到当地中小学生当中也广为使用。其中有一段方言土语用汉字记音流传下来如下：

> 经吉仍日灵良成城，能尼嗯额登弟兴兄庆七仍人，生刹行血精结英义翁为蒙盟，登对腾天坑磕腾头蒙明升誓：经今升生经今升世，应有风福腾同行享，应有能难腾同挡当，僧虽崩不能能腾同宁年腾同迎月腾同仍日腾同升时升生，登但应愿等得腾同宁年腾同迎月腾同仍日腾同升时僧死……

这番话语在特定的民俗语境中，讲起来语速很快，语音流畅成串，有着明显浓重的当地土语方音 eng 的鼻音。

其实，这只是当地民间社会结义结拜习俗中的一段秘密隐语誓词，转译后的话语如下文：

> 吉日良辰，你我弟兄七人，歃血结义为盟，对天磕头明誓：今生今世，有福同享，有难同当，虽不能同年同月同日同时生，但愿得同年同月同日同时死……

这种原底层社会结拜、结义、结盟与结社习俗中的所谓隐语“黑话”，在民俗学的研究领域中，并不是语言民俗研究的一个不起眼的个案。这种民俗事例在很长的历史时期里在民间社会中十分普遍，它在我国广大的汉语地区构成了多种多样、形形色色的语言民俗形态，发挥着汉语口语别具特色的民俗文化功能。特定的社会群体民俗或特定的行帮民俗，自古以来就拥有的特定语言的口头话语民俗，很值得民俗学的视野给予关注。

说来话长，在科学史上有两门最古老也最先进的学科，那就是数学和语言学。语言学在近一个多世纪里，发展了许多分支学科和边缘学科，并取得了十分辉煌的成就。这成就中对推动世界文明迅速走向现代化做出惊人贡献的就是数学和语言学结合而成的数理语言学。它以数理逻辑、集合论、统计数学为手段和方法，研究语言结构，为当代最先进的通信技术设备和翻译机器提供了最精确的语言资料。这两门学科的结合，正像民俗学中两个不同的古老家族成员进行婚配结合一样，以两个家庭能量的总和优生了一代最富有健康活力的新生儿。

但是，语言学应用于技术科学只是一个方面，它作为一门社会人文科学，同哲学、心理学、社会学、民族学、人类学、文学等学科都有密切的近缘关系。语言作为人类最本质的文化特征，天然地使语言学与各民族文化史或文化现象的研究保持了最紧密的联系。1846 年前后在英国创立的一门独立的人文学科，后来又被学界视为边缘学科的民俗学和古已有之的语言学的这种联系自然也毫不例外。

民俗学是以人类社会自古以来世代传承的风俗习惯为研究对象的。民俗事象除了表现在人类行为上和心理上以外，有很大一部分表现在口头上，也就是言语上。凡有人烟处，都有民俗，也都使用语言，并且频繁地运用语言传播和交流民俗，进而在民俗文化生态环境中逐渐形成了语言本身的民俗和习惯，即成为民俗的重要组成部分——语言民俗。

语言作为一种特殊的社会现象，随着人类社会的产生、发展，为全人类所使用。民俗作为一种独特的社会现象，也随着人类社会的产生和发展，在全人类的社会生活中广泛沿袭。民俗与语言在人类文化史的进程中，从来就是难舍难离的旅伴和近亲。但是，已往却只有不成系统的民俗与语言的边缘性研究，还没有把这两门学科结合起来形成一门独立分支学科的先例。

我国民俗学从“五四”时期到 20 世纪 40 年代初，曾经有一段兴旺的历程。以后，由于战争的原因和政治大变动的种种复杂原因，这门新兴学科进入了休眠期。1978 年开始的我国改革开放的新时期，带来了百业俱兴的生机，民俗学也应运崛起重建，开创了复兴的繁荣局面。经过几年的发展，无论民俗学基本理论还是民俗学与其他学科横向交叉的理论研究，都有了可喜的进步。就在这种学术繁荣的新形势下，致力于民俗学和语言学双重学科研究的领域，经过刻苦的钻研、探索，也提出了建立和发展“民俗语言学”的科学设想和初步结论。这当然已经是可喜的成果，但是，距离语言民俗学的系统学科研究，还有较远的一段路程。

当代，世界上有一些语言学派认为语言与文化（包括与风俗、习惯、心理等社会集团现象）是毫不相干的，是独立的形式。他们认为语言并不是实体，因此也就否认语言意义和内容的研究，自然也不承认语言生成习惯的习俗属性。但是，也有更多的学派从各自角度把语言学和社会学的、心理学的研究结合起来进行研究。就连美国描写语言学派代表人物爱德华·萨丕尔（Edward Sapir 1884 – 1939）也很注重研究语言和文化的关系。他在著名的《语言论——言语研究导论》的引论中就十分强调言语是一个集体的历史遗产，是长期相沿的社会习惯的产物。言语是一种非本能性的获得文化的功能。他在论述中还强调过“语言的内容，不用说，是和文化有密切关系的”。他指出“语言的词汇多多少少忠实地反映出它所服务的文化，从这种意义上说，语言史和文化史沿着平行的路线前进，是完全正确的”。尽管他一再证明这对于语言学家毫无意义，一再让人们把语言沿流和文化沿流“当作”两个不能比较没有关系的过程。但是，我认为语言和文化现象中的风俗习惯，特别是语言习惯的民俗本身，都受着相同的一些规律所支配，是任何人也难以否定的。在民俗或语言的调查中，不难发现任何一个小小的语言共同体或民俗共同体，无论是一个族群的或是一个地区的，都非常恪守它们的民族传统或乡土传统，这几乎是在世代相传过程中早就形成的自然而然的习惯。这种习惯很顽强，于是造成民族语言或民俗、地方语言或民俗都存在着那么多的差异性。但同时，我们还发现任何一个顽强的语言共同体或民俗共同体，从来都和另外许多共同体发生着千丝万缕的交往、交际、交流和沟通。这又是和恪守乡土传统或民族传统相反的一种习惯。这种习惯又常常强有力地促使语言或民俗的差异性得到不同程度的借入、代替、融合与统一。这种共同的规律，对于语言学家或民俗学家当然都是十分有意义的。据我在多个民族地区和汉族南北方许多地区考察，虽然在这个规律支配下，语言现象的传播与民俗事象的传播并不是以等同的轨迹显示的，但是，它们之间所产生的密切联系却是经常的、大量的、自古而然的和约定俗成的。因此，不妨说：语言和民俗之间所发生的所有密切关系，特别是带有规律性的关系，正是研究民俗语言和研究语言民俗的重点对象。

我对于语言学没有进行过深入研究，很难从语言学的角度评议这方面的新领域。但是，多年来，我对阿尔泰语系及其各个语族、语支的民俗研究调查很感兴趣。仅就我接触到的我国各民族的民俗语言现象或事实而言，无论从数量上还是从特征或类型上，都需要有这样一门民俗学分支学科专门探讨和分析。其中，甚至有一些深而隐的事象，不仅琐细而且神秘，也亟待这样一门学科进行微观研究予以透视和解析。民俗语言学和另一门语言民俗学的独立存在和发展显然是十分必要的，它一定会充分发挥自己的科学职能作用。

早在 1983 年，我向几位青年学者介绍日本全国性民俗语汇辞典和事典的漫谈过程中，曾经议论了建立民俗语言学或语言民俗学这门学科的构想。但是，当时还没有讨论出比较成熟的构架。我对于年轻学者在这方面积极主动的探索精神和学术见地，以及勇于开拓这门学科新领地的尝试是举双手赞成的。

毫无疑问，这门民俗语言或语言民俗的分支学科的建构，必须有言在先地勾画出简明扼要的引论（或导论、绪论、前言、概说）之类的重要说明。它不仅仅需要着重阐述民俗学和语言学关系密切之所在，它至少还必须从两个角度论证和说明“民俗语言学”的研究对象、范围、性质、任务及其基本内容或“语言民俗学”的研究对象、范围、性质、任务及其基本内容。这对于开拓一门新的分支学科的新理论无疑是十分重要的。因为，这里存在着一个不容忽视的前提，那就是如果没有充分深入的民俗语言或语言民俗田野调查的实践，就主观生硬地把两门并不相干的独立学科嫁接起来，其结果这门凑合起来的知识积累不仅没有任何存活发展的可能，更不会诞生出科学的、实用的、有效指导实践的新理论。

从民俗学的角度入手探索语言，直接交流的口头语的民俗事物和现象，特别是语音、语义所产生的民俗现象才是第一义的，而表述、概括或描写民俗的习惯语、俗语、谣谚或其他熟语则是第二义的，至于广义的文字语言与民俗关系的研究则是它的延伸，并不是民俗学本体本格的任务。但是，如果从语言学的角度入手探索民俗，那就会和上述做法恰恰相反，就会首先着眼于表述、概括或描写民俗的习惯语、俗语、谣谚或其他熟语，甚至对书面语言文字包括古汉语的民俗表述加以关注。这正是对语言做民俗学的研究和对民俗做语言学研究的相对分野。这也正是本文前面反复提到的两个不同的词组“语言民俗”和“民俗语言”的不同定位。

第一，就民俗的语言学研究而论，针对口头语言的语音、语汇、语义、语法和民俗文化生活的关系做具体分析和论述，是从古到今语言学范围内最基本的研究对象的不可或缺的部分，也是民俗事象得以表述的最基本的要素。这一部分更常见的是那些对方言土语、俗语谚语和民谣民话等口头文学的文化解析研究。从方言、土语、俗语习俗、数字习俗、交际语俗和称谓语俗等诸多专题研究的成果中，都可以看到对当代民俗语言学构建的开拓。

另有一些熟悉古典文献和古汉语文字的学人，更加偏好对于汉文字的民俗研究。毋庸讳言，汉语言文字的民俗研究往往都涉及历代传统民俗语言现象中十分醒目的课题，很有代表性。这些关于汉文字的民俗研究显然都是民俗语言学中不可忽视的组成部分，特别是对于有文字民族的民俗语言学来说更为重要。研究者通过对文字的分析和解剖，反过来获得语言传播出来的不同历史、不同民俗语境的文化信息，这当然也是民俗语言学有关民俗文化史学方面不可缺少的任务。尤其是我国汉字所显示出的民俗特征，在现存各种文字中尤其突出。有的研究者在所取得的研究成果中搜索到大量的古老民俗语文现象做了微观研究，取得了从文字追溯到口语传承方面的民俗学结论。

调查实践证明，在汉语系统中，对言语的崇拜习俗与相对应的文字的崇拜或类文字符号、图记的迷信是同属于一个信仰民俗范畴的。一些研究成果证实了这种鲜明的民俗特征。其中对语音的崇拜与禁忌习俗，对语汇中的民俗事象及语义演变和习俗的关系等，都做了精密的论证。与此同时，在修辞的民俗研究方面，对修辞意识的民俗心理因素做了较深层的探索。因为修辞这种语言现象，从来就是社会习俗中必不可缺的交际手段显示出的重要现象，所以它也必然地要在社会习俗支配下形成多种修辞方式，优选特定的修辞语汇，产生合乎风俗习惯的修辞效果，达到不同的修辞目的。在这里，民俗背景和修辞语境几乎是难解难分的两种现象，为此研究成果提出了“民俗修辞语境”的概念，很值得肯定。在这里有客观与主观两种情况值得注意：一个是来自客观的民俗制约而形成的修辞语境；另一个是人们的主观修辞活动对民俗语境的充分运用。前一种情况往往是在民俗压力下形成的被动修辞语境；而后一种情况却是利用最恰当的民俗语境开展积极主动的修辞活动。这两种情况在民俗语言现象中是广泛存在的。在礼仪习俗或信仰习俗的修辞语境中，前一种情况居多；在喜庆节日、娱乐游艺及日常交往习俗的修辞语境中，后一种情况居多。

与此同时，民俗语言研究领域还积极关注了伴随语言的非言语交流习俗的表现形态，对那些由言语活动的生理基础、心理反应所形成的一系列神态、表情、手势等交际行为加以研讨，并把这些作为一种对民俗行为表达丰富的潜在语言（或深层语言）的形式予以探索，从而解析由它们传达出的种种民俗信息。于是，民俗语言学就从口耳之间的民俗语言现象展开视野，扩大到手眼之间的民俗语言现象的研究领域。因为，实践证明，那些非言语交际行为除了辅助言语、伴随言语外，还有包含可理解语在内的特点，这一方面往往是用单纯的言语方式无法取代的。研究成果从身势情态语、标志语和特殊音响的非言语交际等几方面论证了这些专题。尽管这样做是一种民俗语言研究的延伸，但是从广义的领域审视，这对民俗语言学深层领域的探索应当说有一定的理论上和实践上的意义。

在这里需要着重谈到的是数字民俗。数和数词的民俗是全人类最古老的民俗语言现象之一。数的概念是从原始社会人类的生产生活中的计算习惯中艰难地诞生的。人类远祖从“一”的概念能构思到代表多数的“三”，已经是文化上很了不起的发展了。以后用结绳计数，用竹码加减，以补助手指计算的不足，以后又出现符号记数，才有了高级的数的概念，出现了各种数字和算法，人类终于掌握了异常复杂抽象的数学。作为民俗语言的数字，除了日常生活、生产活动习惯中的计数以外，还有大量的数字与信仰民俗、礼仪习俗密切相关。像我国北方各民族古老的萨满教信仰中，三、五、七、九等数，都是受到崇拜的神秘数字。他们最崇拜的天和地，都分别有多层的说法，这天地层的数，都有信仰上的解释。作者抓住了许多数字民俗现象做了论述，探索了数与民俗之间的多种关系，揭示了数字在语文中的民俗特征。

此外，称谓语俗是家族、亲族习俗及乡里社会习俗的重要语俗，尤其在我国汉族传统的“九族制”或“五服制”家族系统中，称谓语俗是十分严肃、严格、严密的族制标志语，对它的探究，有助于解开封建大家族亲属网络的血缘和姻缘世系之谜。至于语讳学是原始禁忌在言语现象中的遗留与发展，在我国民俗语言中，这种由信仰语言到社会常用语言的转化是很多的，对它的解析，大大有助于对社会民俗的深刻理解。

总之，民俗语言学研究，为语言学或民俗学展开了一个既熟悉而又新鲜的学术领域，显示了民俗学、语言学两学科的能量结合而成的民俗语言学的新生命力。当然，民俗语言学的建立是一项巨大的工程，在我国还需进行十分艰苦的大规模的多民族的民俗语言调查，还要在调查的基础上概括出更加深刻全面的基本理论来。

第二，就语言的民俗学研究而论，正如前文所述：从民俗学的角度入手探索语言，直接交流的口头语言本身的民俗事物和现象，特别是语音、语义所产生的民俗现象才是第一义的；而表述、概括或描写民俗的习惯语、俗语、谣谚或其他熟语则是第二义的；至于广义的文字语言与民俗关系的研究则是它的延伸，并不是民俗学本体本格的任务。显然，在这一条线路上的开拓与发展，尚有相当遥远的路程。

从本文开头引用的实例不难看出，不仅隐语拥有独特的民俗属性，与隐语的特质相关的避讳语、禁忌语也具有相应的语言民俗属性。同时从这个实例还可以引申出多种多样的口头传统语体的民俗属性。除了这一实例的“起誓发愿”的誓词体“语俗”外，还有民间信仰仪式上祭司的祭词体、祷词体；各路巫师（包括萨满、博额、雅德干、巴尔西、毕摩、释比等）的请神送神语体、巫歌体、咒语体的语言民俗。与此同时，民间人生礼仪中的成年礼、祝寿礼的祝颂体、婚礼赞礼人唱诵体和洞房撒帐口诀体；葬礼仪式的哭丧体、跳丧歌体等等语体的语言民俗习惯、风格特色，都在民俗研究的范围之中。

在这里不能不明确地指出，在我国民俗研究的近现代历史进程中，对于语言的民俗特质研究是极其薄弱的。尽管民俗学对民间口头文学的研究异常重视，成效显著，但是几乎百分之百的成就是隶属于文本的、文学的平面静态的研究。对故事演讲者、山歌演唱者驱遣语词、声腔语调及其选用的叙事方式或谣俗格式多有忽略，甚至不屑一顾，直奔文本主题，恰恰失去了对口头语言传统民俗特质的捕捉或把握。

丙寅立夏于沈阳

中国北方民族萨满祭祀及其歌舞乐

——民俗文化形态研究的话题

20 世纪 80 年代末，准确说是在 1988 年 11 月，由王国兴现场跟踪搜集采录、陈俊清等老人传承演唱的辽北民间清代汉军八旗祭祖的萨满教仪式歌舞乐专辑以民间文学集成资料本、录影带的形式问世了。这无疑是对民间文学集成工作和民族民间文化遗产抢救的一项很有价值的科学贡献。应该说，被禁锢多年的民间文化原生形态遗产得到公开的抢救挖掘，确实是一种精神文化的大解放。

民族民间文化遗产中的祭祀仪式及其歌舞乐形态，是与劳动歌几乎同时产生的远古原始行为艺术和口头表演艺术形式。它最初作为一种祭祀仪式的重要部分流传在原始宗教活动中，在历史发展的长河中沉积到民间，根植于底层，渗透到生活的各个方面，成为民间文化的宝贵遗产。尤其在我国的东北地区，原始的萨满教信仰源远流长，在满—通古斯语族的满族、锡伯族、赫哲族、鄂温克族、鄂伦春族及蒙古语族的蒙古族、达斡尔族中发展了几千年。特别是从 9世纪到 19 世纪，辽、金、元、清几代的北方民族崛起的一千多年间，萨满教经历了自身的繁荣鼎盛时期，在崇拜大自然的多神灵和崇拜祖先神灵等祭祀活动方面趋于完备，形成了丰富多彩的跳神仪式歌舞，紧密伴随军事、政治、文化及日常生活，成为民间不可缺少的信仰的和艺术的内容与形式。16 世纪以后，建洲满族贵族努尔哈赤创建的八旗制，沿袭了金代女真人的信仰习俗，把萨满仪式直接应用到八旗制下的军民生活中，使萨满跳神祭天地鬼神、祭祖先成为必需的生活内容，于是，流传至今，成为民间文艺中古仪式歌最有代表性的一种绝唱。这部专辑所记录的汉军八旗镶黄旗的跳神祭祖仪式长歌，就是很好的例证。

这部萨满跳神仪式歌大约四千行，这里经过整理，删除演唱过程中必不可少的复唱部分，刊印了三千多行，较完整地再现了原祭祀仪式的全过程。全部仪式由十三节六十折连缀而成，从请神、安神、祭奠、焚香直到送神、收坛，起伏跌宕，多彩多姿。从内容上检视，歌中包罗万象，展现了几千年间的萨满教大千世界。它既唱出了对龙神、虎神、猪神、猫神等动物崇拜的原始信仰，又唱出了对祖灵、鬼灵的崇拜；既唱出了对灶神、门神、五道神等民间杂神的崇信，也唱出了晚期渗入萨满教的对道教神太上老君、二郎神等及佛教观音、释迦牟尼等的神佛崇拜。甚至还糅合了对儒教孔子的崇拜。使民间万花筒式的信仰生活以令人眼花缭乱、目不暇接的形态展现出来，把民间文化最质朴的原形裸露无余。

读了这三千行神歌，宛如在许多世纪的东北民间巡游了一遍，以简洁的体验，掠过了漫长的人民生活史。这部萨满仪式歌的文化史价值正在于此。仪式歌把听众和读者领进了一个神秘的萨满世界，诱使人们在苍茫冥冥的幻想空间寻求生活的安乐和心理的安宁或者叫作灵魂的寄托。这里所产生的对俗民的吸引力和诱惑力，是和这些歌谣特有的民俗控制力和艺术魅力分不开的。作为民俗文化的遗产，不应当只看重这种仪式歌被冠之以“麻醉”人民的俗信特征而单纯不屑一顾地摒弃它们。而应当审视这种仪式歌养育了多少代人，并使他们获得丰富的传统民间文化知识的特殊功能的所在。也只有如此，才能有益地继承这些遗产，创新当今的民间文化。这个道理远没有引起民间文化工作者和全社会的注意。现在，王国兴把这部有价值的仪式歌公之于世，我想一定会引起广大民间文化工作者的兴趣和注视。

这部仪式歌中还包容了近千行的抒情性、叙述性、游戏性的民歌、小调，如《破花名》《绣荷包》《倒卷珠帘》《续麻歌》等，更显示了仪式歌在表演程序中的多功能性。跳神祭祖是一种大型公开化的群众祭祀活动，它包含有群众娱乐的活动性质。萨满的歌舞艺术宝库中，从来就积累有丰富的散曲杂歌，在娱神的漫长仪式中，穿插娱人的节目，使萨满博得群众更多的好评和爱戴。民俗学者或民间文学工作者从充满俗信成分的仪式歌舞乐的动感中抢救充满生活气息的很有生命力的各类民歌、小调，同样是很有意义的。

最后，在这里不能不就民间文学集成工作与文艺作家的关系谈点感想。众所周知，采录者王国兴是一位散文家，但他在主持铁岭市文联工作中，始终坚持把抢救民间文化遗产的工作和散文创作活动结合起来，协调起来，这是难能可贵的。当今，轻视、鄙弃民俗文化的作家太多了，关注自己民族泥土味浓的民间文艺的人太少了。王国兴深入到法库县山村采访萨满仪式歌舞乐传人陈俊清、房恩忠等老人，忠实采录了整部汉军旗跳神仪式歌舞乐，为民间文化遗产的保护工作完成了一件特殊的抢救任务。表面看来，这似乎超越了一位散文作家的创作范围，但是，依我看，这正是一位深入民间生活，有素养、有良知、有责任感的作家的突出表现。任何人只要看到王国兴对搜集这部仪式歌那股火辣辣的热情和完成整理稿那种朴实的欢乐情态，都会感到作为当代文艺工作者值得向王国兴认真学习他的那种可贵品质。

我为此盼望这部仪式歌的刊印能引出更多部仪式歌的“出土”，使这种古老的民间文化遗产不致因种种莫须有的干扰原因而伴随老一代仪式歌传人埋入九泉而灭绝。我们这一代民间文学工作者有责任为奋力抢救濒临灭绝的民族民间文化遗产做出贡献。

此前，20 世纪 80 年代中期，随着国际学术交流的频繁进展，东西方研究人类学、民族学、民俗学各领域的学者掀起了一股前所未有的世界性萨满教研究热潮。在以后的几年里，这种研究集中对北亚、东北亚遗存的萨满文化类型做了大量的实证调查，并出版了一批崭新的科学论著。记得1989年6月，我在匈牙利首都布达佩斯出席国际民间叙事创作研究协会第9次代表大会时，会上就有许多同行学者提交并宣读了有关萨满教的论文。我在会上宣读了论文《中国北方民族史诗与萨满教》，引起了与会者的极大兴趣。那时，我的专著《神秘的萨满世界》刚刚出版，欧洲学人还没有见到这本书。在会下交流时，国际萨满教研究协会主席米哈里·霍帕尔博士获悉这本书出版的消息后，约我节译本书的部分章节交给他在美国发表。当时，他正主编一部上下卷大型论文集《萨满教的过去和现在》，作为20世纪80年代国际萨满教研究的集成，我节译的专著章节就收在这部论集中。这部论文集的出版和接连在韩国汉城（现称首尔①）、匈牙利布达佩斯召开的国际萨满教年会，标志了世界性的萨满教实证研究达到了新的高峰。

与此同时，还有为数不少的学者在萨满教史料（包括上几个世纪的萨满教文献刻本、抄本资料）的挖掘、整理、译注方面也做出了惊人的贡献。这支大军正向萨满文化史的科学研究纵深开拓。进入20世纪90年代以来，我国学者在这个领域显示了强大的科学实力。在这以后，出席1993年布达佩斯国际萨满教学术年会的我国萨满文化史学者姜相顺就很有代表性。经过多年的潜心研究，他掌握了丰富而珍贵的清宫萨满祭祀史料，写成了《神秘的清宫萨满祭祀》这部填补萨满文化史空白的专著。在国际萨满文化史研究领域中，有一个重点课题历来被看作难点，使许多学者不敢问津。那就是，中国北方诸民族曾有过建立封建帝国王朝的全盛历史，这些民族的古老的氏族萨满祭祀究竟是如何被沿袭、发展而上升到皇朝宫廷的？而发展演变了的宫廷萨满信仰，又是以什么样的形态在皇权制度中发挥它的准“政教合一”的作用的？这几乎是萨满文化史上的难解之谜。从古代契丹族的辽帝国、古女真人的金

---

① 编者注。

王朝到古蒙古人的元帝国，直至满族崛起后的后金与清王朝，萨满教进入宫廷前后共约有740多年的历史。这样漫长的帝国皇朝官方的萨满教发展史，在史书典籍中的记述却十分有限。因此，历代宫廷萨满活动便被蒙上了一层神秘的纱幕，令人难识其本来面貌。记得我在1988年撰写《神秘的萨满世界》一书的《萨满的余生：政治上的得失》一节时，曾经计划从历史文献中理出北方民族诸王朝全盛时期宫廷萨满教活动的脉络，但是，当我审阅了有限的史料后，我深感我在历史研究探微方面的学术功力不足，难以攻关，所以也只对13世纪蒙古帝国宫廷萨满的动向及清宫祭祀的仪礼，做了轻描淡写。带着这种遗憾，我一直期待这方面的系统论著早日出现。我在继续提倡萨满文化的实证研究的同时，也多方面地呼吁和提倡萨满文化史的科学研究。

就在这时，我读到了姜相顺著的《神秘的清宫萨满祭祀》书稿。书中对于清宫萨满祭祀的全过程，祭祀场所的全方位，清宫萨满在历朝发展中的全部线路，祭仪的全部、局部和细部，都做了民俗文化形态学的详尽记述和论析。从中可以看出，满族贵族是怎样把建州女真原始的氏族部落萨满教活动，几乎没有经过部落联盟时期的加工改造，便直接引入了鼎盛的封建王朝，进入了宫廷生活。这部书作为萨满文化史的重要科学研究成果，不仅论据翔实、论证清晰，而且体系完整、科学性强，堪称近年来不多见的优秀论著。它对于研究清代文化史，对于研究国际萨满文化史及满族文化史，都有重要价值。

可以预见，由于这部论著的出版，必将推动我国萨满文化的研究事业，在萨满文化的实证调查研究和文化史的研究方面，出现新的热潮，为国际性的萨满文化研究写出更多的独具本土文化特色的著作来。

无独有偶，又过了几年，刘桂腾著《满族萨满乐器研究》即将出版的新书样稿以特快专递寄来时，我正赶写一篇《中国东北朝鲜族民间信仰》的调查报告，其中正好涉及了朝鲜族巫俗的传承。当时，我被这部精致新书样稿所吸引，便暂停了手头的写作，立刻专心阅读了这部书稿。读后，我情不自禁地为我国萨满文化形态学研究和民族音乐学古乐文化层探索出现如此清新的佳作兴奋不已。桂腾研究满族萨满音乐最早是在20世纪80年代初从丹东满族单鼓调查研究入手的，那时，他刚过25岁。后来，他在民族音乐学的先进理论修养和满族萨满音乐田野调查两个方面执着地下了苦功，接连撰写了功底厚、水平高的学术论著，在学术界脱颖而出。在国内、国际多次高层学术会议上，他的演说和发表的论文受到了极大的关注，博得好评。如今，即将出版的这部《满族萨满乐器研究》，正是他近15年来潜心研究的结晶。这部专著在探索萨满文化遗存的文化形态时，尤其看重这种古老神秘文化中萨满祭祀规范与歌舞乐形态体系的整体关系。特别关注了对不同类型乐器表演过程中行萨满巫术的功能分析，进而对膜鸣乐器、体鸣乐器和弦鸣乐器的形制及其象征体系做了细致的表述。学界公开肯定地评价了这种对群众性萨满祭祀场景歌舞乐的配置给予民俗形态学比较规范的研讨，显然是很有科学价值的。因为，在中国，北方各民族萨满文化的传承，已经从20世纪五六十年代的衰落期急速向“文化大革命”后的濒危期下滑，随着现代化或全球化的大潮到来，萨满文化已经进入难以抢救的绝境，不能挽回。在农耕文化被迫进入终结期的当下，对萨满文化调查研究的最佳方法也只有对这种文化形态的深入调查，进行细致入微的具象解析和物化形式的考究，才有可能为这一宗千百年来传习不断、具有全人类意义的文化元素做出科学的论断，构成持久的历史文化记忆。

此刻，本书作者刚刚度过了40来岁的好年华。我和他相识至今还不到10年，但是，我们都是因为探究东北萨满文化的深层次问题而结下了牢固的近缘。1985年我在日本东京讲学的半年中，多次讲授了关于我国东北各民族萨满文化的学术专题，当时就萨满神歌及神鼓、神铃等法器的古乐文化传承课题与日本著名民族音乐学家小岛美子教授探讨过。小岛女士是我的同龄好友，曾推心置腹地指点我在研究萨满文化中如何引入民族音乐学的音乐形态研究，进而探索古文化源流的研究方法。她赠送我的《日本音乐的古层》这部代表作中，就有专章论述了日本古乐器与日本古代萨满教道具的密切而深厚的渊源关系。讲学结束返国后，我便迫不及待地寻访我国民族音乐学界致力于萨满音乐研究的专家学者，以便使我国的萨满文化研究尽快进入多学科、多角度的科学攻关阶段，早日与国际萨满教学术研究接轨并迅速步入先进行列。就在这时，我惊喜地读到了桂腾在贵州全国民族音乐学年会上发表的有关满族萨满跳神与单鼓音乐形成的论文。我当即认为这是我国从萨满文化根基出发研究民族音乐源流的具有开创性意义的可喜成果。从此，我们一见如故，由相识步入相知，直至忘年。后来，这些年，我先后在欧洲和东亚多国巡回进行中国北方民族萨满文化的学术讲座，桂腾也先后出席在欧洲及东亚地区举办的国际萨满学术研讨会，发表了具有国际水平的论文。彼此在国际学术交流方面来往穿梭，为弘扬民族文化而乐此不疲，以致相聚的机会反而极少极少！

如今，细读桂腾的新著，从更加丰富的有关萨满文化创造的膜鸣、体鸣、弦鸣乐器的微观研究成果中，品尝到颇为浓重的解析古文化底蕴的味道。同时，从作者展示的国际萨满文化的宏观背景中，也令人开阔视野，窥见萨满文化形态学的世界性研究价值。为此，应当抛开感情方面的称赞，平心而论这是一部填补了萨满文化形态学领域空白的杰作，在我国当代萨满教研究的历史阶段，无可置疑的具有新里程碑意义。桂腾今天的学术经历和他的年龄一样正当青壮之年，前程似锦，来日方长，可以预见沿着这条成功之路继续攀登顶峰将是他跨世纪的新征程。他将会为我国萨满文化的学术发展和民族音乐学的开拓做出更大的贡献。

我虽然年近古稀，也依然对此翘首期盼。

1996.12.12 写于出席全国第6次文学艺术家代表大会前夜

面向洪水、旱魃、山崩地裂的灾难

——灾害民俗学的新课题

只要进入民俗学或民间文学的研究门槛，就不能不涉及全世界远古时代大洪水自然灾害神话与传说的丰富知识。同时也会注意到下面令人关注的话题。英国的人类学家弗雷泽在《旧约中的民俗》第4章中曾经指出：在北美洲、中美洲、南美洲的130多个印第安种族中，没有一个种族没有以大洪水为主题的神话。其实，拥有大洪水神话记忆的并不限于美洲的印第安人，在世界各大陆上生活的民族中几乎都有关于大洪水的记载。

当然，中国汉民族的古典文献记载中同样有大量关于上古大洪水的记载。比如：《淮南子·览冥训》曰："往古之时，四极废，九州裂，天不兼覆，地不周载，火爁焱而不灭，水浩洋而不息。于是女娲炼五色石以补苍天，断鳌足以立四极，杀黑龙以济冀州，积芦灰以止淫水。"洪兴注曰："凡洪水渊薮自三百仞以上。"《尚书·尧典》记载说："汤汤洪水方割，荡荡怀山襄陵，浩浩滔天。"《山海经·海内经》记载说："洪水滔天""鲧窃帝之息壤以湮洪水。"《孟子·滕文公》记载说："当尧之时，天下犹未平，洪水横流，泛滥于天下。""当尧之时，水逆行，泛滥于中国。蛇龙居之，民无所定，下者为巢，上者为营穴。"在许多文献史书里还记录了大洪水灾难来时鲧禹父子相继治水的传说。

在西方文献典籍中的大洪水记载，其内容和中国大致相似，但那些记载更加具体而生动。在古代巴比伦的史诗《吉尔伽美什》中记载“洪水伴随着风暴，几乎在一夜之间淹没了大陆上所有的高山，只有居住在山上和逃到山上的人才得以生存”。在《圣经·创世纪》（第六章至第九章）中有如下记载：“此事发生在2月17日。这一天，巨大的深渊之源全部冲决，天窗大开，大雨40天40夜浇注到大地上。”诺亚和他的妻子乘坐方舟，在大洪水中漂流了40天以后，搁浅在高山上。为了探知大洪水是否退去，诺亚连续放了三次鸽子，等第三次鸽子衔回橄榄枝后，说明洪水已经退去。在出土的公元前3500年前的苏美尔泥版文书中，也有对大洪水的如下记载：“早晨，雨越下越大。我亲眼看见，夜里大粒的雨点就密集起来。我抬头凝视天空，其恐怖程度简直无法形容……第一天南风以可怕的速度刮着。人们都以为战争开始了，争先恐后地逃到山里，什么人都不顾，拼命逃跑。”还有在保留到今天的一种古代墨西哥文书《奇马尔波波卡绘图文字书》中也记载着：“天接近了地，一天之内，所有的人都灭绝了，山也隐没在了洪水之中……”在古老的玛雅印第安人部落有一部他们视为部族之宝的神圣典籍《波波武经》，其中也有关于这场天神发怒惩罚人类的洪水记载。书中讲到天神在开天辟地之初创造了人类，然而这是一场并不顺利的实验，天神先用木头雕成人像，并让他们开口说话。这些木头人后来失去了他的欢心，因为他们忘记了造物主的存在。于是天神决定发起一场洪水，以毁灭人类……这部玛雅圣书中也记载说：“这是毁灭性的大破坏……一场大洪灾……人们都淹死在从天而降的黏糊糊的大雨中。”据查现在居住在危地马拉地区的印第安基奇埃族，有一种名叫《波波尔一乌夫》的古文书，在这部文书中也对大洪水灾变做了描写：“发生了大洪水……周围变得一片漆黑，开始下起了黑色的雨。倾盆大雨昼夜不停地下……人们拼命地逃跑……他们爬上了房顶，但房子塌毁了，将他们摔在地上。于是，他们又爬到了树顶，但树又把他们摇落下来。人们在洞穴里找到了避难的地点，但因洞窟塌毁而夺去了人们的生命。人类就这样彻底灭绝了。”

除了上述文字记载的远古大洪水灾害的实录或传说外，通过口耳相传的全球性的大洪水传说和故事更是数不胜数，浩如瀚海了。无论是天上大神开天辟地、创造生灵万物的宇宙开初大洪水故事，还是天神发出大洪水惩罚人类二度创造人类、拯救极少数好人繁衍人类的故事，都离不开洪水灾害这个最重要的因素。

远古的大洪水神话传说总是和更为古老的人类生活历史真实又密切关系，虽不是真实历史的写照，至少也应该是一种历史的文化记忆。这种文化记忆的传承，正是民俗文化的核心内容，敬天祭祖、禳灾避祸的多种多样仪式和巫术，也都离不开对大灾大难毁灭人类族群的回顾。在中国西南各少数民族的始祖神话和史诗中都在流传着躲灾避难或战胜灾难的历史经验。对地球历史的科学考察也已经证明，在大约6000年前，世界各地都曾有过频繁暴发洪水的灾象，可以断言挪亚方舟与大洪水灾难很可能不是全球性的灾害，也只是一场局部地域性洪水。西方科学家也认定仅仅是在两河流域发现了曾经爆发大洪水的痕迹，但也并不能说那就一定是挪亚方舟故事里的那场大洪水。中国的历史考古学者也断定大禹治水的神话传说，也并非说的是只有大禹时代才爆发了大洪水，而是说早在尧舜时代就连年洪灾，甚至认为生活在今天山东河南一带的东夷部族人已经靠使用船只来往。

学者们还认为：在中国可能因为青藏高原的存在，而导致了特殊的气候格局，常年洪水频发，已经不是躲过一次洪灾就能解决的问题了，所以才有了大禹治水的民俗故事。世界历史考古也做出推断认为：中国上古时代部落几乎都生活在地势高的黄土高原和蒙古高原，而不是肥沃平坦的中原地区，而且就在同一时期的上古文明的埃及、波斯、巴比伦以及中国都处于地球的同一个纬度，大概就和更为远古的冰川融化与大洪水频发有关。可见从那个时代以后洪水灾害及人们的受灾、禳灾、治水、防灾和救灾等，已经成为常态化的历史民俗文化生存经历。说罢了大洪水之灾，还不得不转到大旱之灾以及由旱灾引发的多种虫灾，比如蝗虫之灾等。在民俗学的研究对象中，旱魃是与洪水神话相对应的厉鬼神话传说的主角。说到旱灾，民俗学者都会用古代“后羿射日”的神话做例来说明古人与旱灾做斗争的理想。后羿射日神话的表述很具有为民除害救灾的意味。“尧时十日并出，尧使羿射十日，落沃焦，万民皆喜。”古代的文献记载如下：《诗·大雅·云汉》：“旱魃为虐，如惔如焚。”“旱既大甚，蕴隆虫虫。”不仅记载了大旱灾情严重，还记载了大旱后果带来的虫灾。《神异经·南荒经》：“南方有人，长二三尺，袒身，而目在顶上，走行如风，名曰魃，所见之国大旱，赤地千里，一名旱母。”“所之国大旱。一名格子，善行市朝众中，遇之者投著厕中乃死，旱灾消。”《山海经·大荒北经》：“蚩尤请风伯雨师纵大风雨，黄帝乃下天女曰魃，雨止，遂杀应龙，魃不得复上，所居不雨。”《孟子·尽心下》“牺牲既成，粢盛既絜，祭祀以时，然而旱乾水溢，则变置社稷。”汉代王充在《论衡》中论述大旱和久雨时说：“阴阳相混，旱湛相报。”

早在春秋时期就有了祭旱求雨的信仰仪式，《公羊传·桓五年》：“大雩者何？旱祭也。”《左转》里也记载初夏之时求雨之祭称雩，在《春秋·谷梁传》里记载：“人力尽，是月不雨，则无及矣；是年不艾，则无食矣。”“天子雩上帝，诸侯雩上公。”历朝历代多是天子诸侯亲临南郊，躬身自责行祭，令童男女儿人，手持雉羽而舞，吁嗟求雨。在《周礼·地官舞师》中还有关于旱祭求雨舞蹈“舞雩”的记载。早在周代就有在大旱之年各地清除“旱母”的巫术，或在山野林间寻觅挖掘怪兽凶尸，处以极刑，禳灾祈雨。甚至有的诬陷妇女为“旱母”，血腥残害，用作牺牲求雨。史书列传也有记载。如《梁书·安城康王秀传》附记有：南浦侯“出为戎昭将军，吴郡太守。所临必赤地大旱，吴人号‘旱母’焉。”难怪唐代大诗人杜甫在《七月三日》诗中记载：“退藏恨雨师，健步闻旱魃。”

直到今天，山东、山西乃至中国西北、东北各地都还有关于旱魃或消除旱魃的种种民俗文化记忆的传承。

在水旱两大灾难面前，作为农耕文明古国的中国民俗传统，创造并积累了丰富多彩的民俗传统事象。其中，千百年来遍布城乡的龙王庙的建制正是最大的特征。龙王庙会的香火，除了特定地域的洪灾年份祈求制止洪涝灾害的祭祀外，更多的频繁不断的祭祀香火，几乎都是为久旱无雨的大旱灾举办的。多少世纪以来，在古老的官方民俗志丛书里，都有民众求雨传统习俗的记载和描绘，包括“文求雨”（又称“善求雨”）和“武求雨”（又称“恶求雨”）的详细程序和民众靠天吃饭与和天斗争的被逼无奈。一句谐趣自嘲的俗语“大水冲了龙王庙”，道出了众百姓生灵在无情大灾临头时的叹息。以至于由水旱灾害引发的蝗虫灾、瘟疫灾的扩大蔓延形成的民间六月六祭虫王；自南宋以来各地都有当地祭祀“驱蝗神”的大型迎神赛会活动，明清两代在开封一带流行有正月十三祭“驱蝗神”刘猛将军庙的习俗，会期间当日夜晚，民众齐集庙前，鸣锣击鼓，架木柴成井字形，举火点燃，烈焰冲天，名曰“烧蝗”。随后众人持火把呼啸而去，或奔向田亩，显示灭蝗。此外，各地各民族风行的送瘟神、驱疫鬼习俗等等都是民俗学面对的灾害、防灾、减灾、救灾、灾后抚慰灾民心理创伤等重大课题。

从中国自然灾害的历史也可以清楚地证明，水旱大灾在中国的频繁发生已经形成常态化。也可以说中国的几千年农耕文明史同时也是一部灾害苦难的历史。据国内外研究中国历史上自然灾害的权威学者们的一致看法认为：在所有历史时期的自然灾害中，诸如地震、山崩、台风、海啸、火山喷发、洪水以及急性传染病等爆发性的灾害，更容易引起人们的关注，而类似于旱灾这样的渐进性灾害，则往往被人们所忽视。但是纵观中国历史，旱灾给中国人民生命财产带来的苦难，给中华文明造成的破坏，要远比其他灾害严重得多。美籍华裔学者何炳棣在其关于中国人口历史的研究中即曾断言：“旱灾是最厉害的天灾。”距今 3800 多年前（前1809）伊洛河流域的大旱，即所谓“伊洛竭而夏亡”的记载是中国最早的大旱灾记录。这些学者查阅了大量的古文献资料，包括各种史志书上的民间辑录，做出了接近确实的统计数字。据查《邓拓文集》第二卷《中国救荒史》的统计结果：自公元前1766年至公元1937年旱灾共1074次，平均约每3年4个月便有1次；水灾共1058次，平均3年5个月1次。旱灾发生的频率总体上大于水灾，不得不令人深思。同时，就历代各地民俗歌谣考察，对应历史上的统计后果，可以发现，旱灾引发重大饥荒的频次以及由此导致的人口死亡规模，更非其他灾害所可比拟。单就中国历代二十五史官史的资料统计可见：自汉代以来，因各类自然灾害导致求生性的人食人事件经常周期性地发生，而其中至少有百分之五十以上是由旱灾引起的。明清至民国时期，全国共发生死亡万人以上的重大灾害221次，其中水灾65次，飓风53次，瘟疫46次，旱灾22次，地震21次，但各灾型的死亡人数并不与其发生的次数成正比，尤其是旱灾，为数仅居第四，死亡人数却处于诸灾之首，共计30393186人，占全部死亡人数（42737008）的71%。而且从明代，经过清代，直到民国时期更加严重，愈演愈烈。其中1876—1879年的三年华北大旱灾，山西、河南、陕西、直隶等受灾各省共饿死病死人口950万至1300万，最高估计多达两千余万人；1892—1894年晋北大旱，死亡100万人；1942—1943年中原大饥荒，河南1省死亡人口约300万人；1943年广东大饥荒，死亡50万人（一说300万人）。自1949年新中国成立至今，由旱而荒并因之导致大规模人口死亡的事件，仅仅1959—1961年三年困难时期这一次，据国家统计局和民政部《中国灾情报告：1949—1995》公布的数字，即已造成千万人以上的人口损失，可见旱灾危害之巨大。至于特大荒旱惨烈的灾情，在民间谣谚、民间小调、民间小戏、民间大量的口头传说和口述史中、地方志的记载中广泛流传，影响深广。例如，明万历四十三年至四十四年，山东全省连续两年遭遇大旱，饥民“咽糠秕、咽树皮、咽草束、咽豆萁”，大多数人最终都难免一死，“或僵而置之路隅，或委而掷之沟壑，鸱鸟啄之，狼犬饲之，而饥民亦且操刀执筐以随其后，携归烹饫，视为故常”。众多家庭纷纷卖妻鬻女，以求渡过难关，故而各地广泛流传着“添粮不敌减口”，“卖一口，救十口”等民谣在《古谣谚》中多有记载。崇祯后期持续七年之久的全国性大旱，更是我国历史上有文字记载以来最严重的灾难，南北各地普遍出现人吃人的惨剧。许多并非传说的真情实录多被文人收集辑录，像纪晓岚《阅微草堂笔记》等古籍，都有令人触目惊心的记述。这些触及民俗生活底层、触及民俗信仰心灵并触及民众生命极限的大灾大难，却多年来没有引入民俗学的研究视野，这不能不引起民俗学人的思考和关注。

近些年来，在水旱灾害的频发常态中，突然袭击的地震灾害、山体滑坡、平地下陷的大小灾害也频繁出现。继唐山大地震后，汶川大地震的惨烈灾害再现，引发了人文学者的关注激情。民俗学者也不再单纯地探讨各民族古老的“地震鱼”“地震牛”“地震龟”或“地震蛇”等原始神话的源流研究，而是关注了地震灾区的深层民俗生活状态。他们在灾区的调查现场关注到，羌族民俗传人老巫师释比连同他的诵经法器都深埋在废墟下，更有众多的羌族亲人遇难身亡，幸存者守候着逝者的遗体，等待老释比的传人前来诵经作法，安抚亡灵安息走好。民族民俗传承在大灾大难当头的严酷时刻，发挥着怎样的救灾救人、抚慰心灵的独特功能，很值得深思。传统的民俗学需要在书斋案头认真研究女娲补天的上古自然灾害神话的深刻含义，把“天柱折，地维绝，四极废，九州裂，天倾西北，地陷东南，女娲炼五色石补苍天，断鳌足立四极”几乎背得滚瓜烂熟。但是也应该而且有责任走出书斋、奔向山川田野，密切关注眼前面对着的人类不可抗拒的天崩地裂的灾害和苦难。民俗学面对着的不仅是民俗文化在现代化、全球化热潮中的剧烈变迁，而且还有千万年至今不变的摧毁万物生灵的大灾大难这个远古灾害神话的原点。需要直面洪水、旱魃和山崩地裂的真是现实，而不仅仅是古老的天塌地陷的神话传说。

由此可见，民俗学的学科建设似乎不能仅仅拘泥于平面的、静态的、面面俱到的和条理周延的概论体系模式的构建，还应该有以民俗文化实在形态为对象，采取多面多棱的、活态动态的和特质突出的专项论题解读模式建构为特色，将更符合新兴学科发展的时代趋向。二战后，西方以英国学界为代表比较早地提出发展建立战争人类学、灾害人类学的议题，引起国际学术界的关注。大约十几年前，日本民俗学界学人樱井龙彦就日本灾难民俗学建立发表了开创性的学术论著，在防灾救灾民俗调查研究方面取得了可喜的成果。在科学实践上，近年来一些大学民俗专业学生对前不久日本遭遇东北海域特大地震与海啸灾后的灾区灾害民俗调查，也取得了丰硕成果。在中国几千年的古代社会中，占主导地位的“灾害”“灾异”理论和观念，一直是先秦时期生成、两汉时期定型的以阴阳五行学说为基础的“天人合一”的“灾异天谴论”，突出强调天灾和朝政人祸的相依因果关联。传统灾害学十分缺乏从大自然灾变根源上探索灾害成因的解析，也谈不到从几千年来广大民众群体积累的灾害民俗和智慧中探索减灾、防灾和救灾的有效经验。即使是现代科学的防灾减灾救灾，也绝少从民间社会的抗灾历史经验中汲取积极有用的方法和技巧。然而，灾害民俗学的建立，恰恰是力求从民众的有关灾害民俗经历的调查研究中探索防灾、减灾、救灾和抚慰受灾心灵的有效成果，从而减少人类的牺牲，医治不应有的伤痛，降低或减弱灾情，为民众主体尽力趋吉避凶。例如大量接近科学的民间防灾预警性谚语、歌谣，许多有价值的禁忌习俗，对多种动物灾变预警的动态认知，以及防治大瘟疫流行时民间偏方发挥巨大作用的成功经验等，都应该进入灾害民俗科学调查的视野。这是一门实践性、应急性很强的、丰富生动的民俗学分支学科，对它的建设应当以最快的速度进入当务之急的学科议程。因为灾害总是在随时随地地突发中。

2009 年 2 月初稿，2012 年 11 月绵阳定稿

关于零散、断片的中国古典神话

——百年神话研究的反思话题之一

国际上近现代神话学发端于18世纪的欧洲，由于文艺的复兴、科学的昌明、哲学的启蒙，在欧洲展开了原始神话研究的广阔视野。经过了19世纪初的浪漫主义神话学与语言学派的比较神话学拓展，神话学作为一门独立学科已经步入了近代高文明发达文化学科的领域。从19世纪后半叶的人类学派神话学到20世纪的天体神话学派的“泛巴比伦主义”神话的研究成果，使国际上原来着眼于“高文明”的古希腊、罗马神话的研究视野，向其他亚非古文明民族的神话领域开拓。20世纪20年代以后，到中后期经过社会人类学功能学派及结构人类学结构主义神话学的新发展，把神话研究的领域全面展开到“未开化”民族（包括原始部落在内）的神话群中去，从而广泛探索了人类原始思维活动及人类文化发展的轨迹。其中最重要的正是全球性的各类起源神话（即宇宙起源、人类起源、文化起源神话）的大发现，为神话学的发展、进步提供了丰富的研究对象和资料。

在中国，从19世纪末希腊神话被介绍到我国，并于1903年蒋观云发表首篇神话学论文《神话·历史养成之人物》时起，经过了五四运动的科学与民主的启蒙，再传入许多西方神话学的学说，进而带动了我国学人对中国古典神话的研究。历经了百年的探索，中国的神话学终于从漫长的曲折而艰辛的小道上走出来，开始步入较为健康科学的宽阔道路，和国际神话学的发展有了接轨伴行的新希望。我们预计在21世纪中，中国多民族神话系统的研究，必将引起国际神话学和人类学的高度关注。

但是，毋庸讳言，我国神话学在20世纪的发展实践中，从一开始就打下了一个较为贫弱的先天不足的基础，以后又在徘徊不前的摸索中转入误区，渐渐形成了一系列支配作用的似是而非的神话学理论，以致误导了将近半个世纪多的几代神话学者，使他们在非科学的或伪科学的研究中停滞不前，甚至险些将神话学的研究引向歧途。幸亏在神话学举步维艰中，有一支健康的科学的神话学队伍，沿着人类学、民族学、民俗学、神话学的正确道路，运用前所未有的田野作业的科学方法，对存活在各族人民中间的口传神话系统进行了成功的采录与编集，调查与研究，才使得中国神话学摆脱了旧学的束缚，取得了划时代的重大研究成果。值得注意的是，直到我国近10年来神话研究取得辉煌成就的时刻，对于以前长达80多年神话学研究中的严重弊害和痼疾，尚未进行必要的回顾和审视，即使有的学者对中国现代神话学史做了述评式的议论，也并未对神话学史上的许多疑点进行率直的分析。本文正是力图根据近百年中国神话学发展的实际，进行学术反思，对我国神话研究的一些颇有影响的思潮作出某些探讨性评论。

本文所以要进行神话研究历史的反思，其目的在于从正反两面剖析研究我国多民族“本格”神话在民族文化史上的重大意义。不仅使当代对古典神话的研究在上古史（史前史）的史学考证上继续产生其有效作用，也不只是使当代对古典神话的美学鉴赏在文艺学发展中能展现其永久的艺术魅力。更重要的是力求以民族学、人类学的科学方法，对我国各民族远古祖先浪漫、瑰丽的原始思维活动和丰富的神话遗产，做出尽可能的客观评价，从而为中华民族上古原初文化史的形成，提供出更多的接近准确的科学依据，使中华民族的优美神话毫无愧色地立于世界神话的宝库，载入人类优秀遗产的史册。

20 世纪初到 30 年代的中国神话研究是在以下薄弱的基础上奠立的：先是介绍了西方研究的希腊神话体系，然后开始了对中国古典神话中创世大神的搜寻。当时经一些古史学家及古文学家在先秦、两汉的典籍中发现了“盘古开天地”“盘古尸体化生万物”“女娲炼五色石补天”“女娲抟土造人”“羲和浴日”“羿射九日”以及“鲧禹治水”等零散、断片的神话材料，还从《楚辞》的诗句描绘中找到上古南方民族神话线索。他们既对本土的本民族的古典神话给予高度的赞美，又对这些夹杂在浩瀚的古代文史典籍中的散碎材料深表遗憾。他们无论从治史还是从议文角度都一致认为中国古典神话终归不像希腊神话那样丰富并形成了神话系统，作为神话学研究的上古神话这一研究对象竟然如此散碎而贫乏。此后，无论经过他们怎样努力挖掘、搜索、考证，也无法改变这种令文明古国的学者们深感遗憾的局面。直到前不久的 20 世纪 80 年代，我国当代居于权威地位的神话学家袁珂老先生还在重复表述这种现状。他在 1983 年 12 月编辑出版《中国神话传说词典》的自序中谈到为什么中国学者研究神话写不出几篇广博深厚的、具有学术价值的论文来，为什么还停留在一般的阶段，不能有更高的水平的原因时写道：

> 在我看来，这里一个很重要的原因，那就是我们还没有充分掌握住一个内容既丰富而又可靠的研究对象。我认为，我们的神话研究，尚须有坚实的基础，从这个基础上才能去攀登理论的高峰。中国神话材料散碎的特点，这是只要初涉神话领域的人，谁都知道并且谁都承认的。它的散碎的情况，照旧的图书分类法，简直可说是在经、史、子、集四部里都有。而且有些材料，还须求之于书注，或类书征引的佚亡古书，或古书的佚文。而资料的本身，又有文字的脱、误、倒、衍、正文入注、注入正文……需要加以校勘、订正，又

还有文字的含义，旧来注家注释错误或注释含混，需要加以确切的新诂。有了这些复杂情况，就给我们提出一个研究对象的问题。①

他认为连研究对象都没有充分掌握，或者虽然掌握而又认识浅近，不甚了然，那就谈不到什么深刻的分析研究了。一位终生从事中国神话研究的有代表性的神话学家所发出的上述慨叹，可以说概括了自晚清以来到不久以前几代神话研究者的学术心态。

从近200多年国际神话学蓬勃发展进程来审视我国将近一个世纪的近现代神话学史，不能不承认中国古典神话材料的零散、断片而又不十分可靠的状况，确实给中国神话学奠定了一个客观上先天不足的薄弱基础，造成了世纪性的困惑。

事实上，神话学所依据的神话材料，首先是远古祖先关于宇宙开初、开辟天地、创造日月星辰和自然万物以及制造人类等事物缘起的思考，或者被称做创世神话这一神话核心材料。然而，到目前为止，从上述浩瀚的汉文古典章句中查找出来的散碎不详又不确的神话材料中，还难以勾勒出中国神话系统的全貌，因而也难以确立起完整的中国创世神话体系。许多致力于古典神话学的文史学者们仍然在继续为辨证神话事象的真伪和神名神格的对错以及神话和历史的分野而考据不已，争论不休。

在这近一个世纪的神话学史上，国内外研究中国神话的学术圈中流传着以下几种评议：

1. 中国原本就是神话的不毛之国。②

---

① 袁珂. 神话论文集［M］. 上海：上海古籍出版社，1982：46.

② 伊藤清司. 中国神话研究之动向［J］. 史学，1997，66（4）：109.

2. 汉族是与神话无缘的民族。①

3. （中国上古典籍中）没有可以称作神话的专门体裁，也没有一部可以从中发现记叙连贯和完整的神话文学作品。我们只能看到一些偶然提及的片言只语，以及分散在各个时代各种观念中的断简残篇。②

4. 特别应该强调的是（如果把盘古神话除外）中国可能是主要的古代文明社会中唯一没有真正的创世神话的国家。③

5. 中国神话零散片断，散见在许多门类的古书记录中，而某些古书的作期，常难于推断；进而要推断神话的产生时期，更是困难。④

6. 中国的过去，因为种种的关系，在比较古老的一些文献上，仅保存了若干断片的、简略的神话和传说，一些欧洲的和东方的学者，由此便形成了一个共同的见解，认为中国文化史上没有产生过像古代希腊、罗马或北欧等那种比较有体系的或情节完整的神话和传说。⑤

7. 中国古代神话的资料，仅存零星片段，散见群籍，且常矛盾错乱，翻检和整理皆难。⑥

从以上引述的有关中国古典神话零散、片断、贫乏的有代表性的国

---

① 杰克·波德. 中国古代神话［M］//程蔷，译. 民间文艺：第二集. 上海：［s. n.］，273－274.

② 同上，第 299 页。

③ 袁珂. 中国神话史［M］. 上海：上海文艺出版社，1988：18.

④ 钟敬文. 答爱伯哈特博士谈中国神话［J］. 民间月刊，1933，2（7）.

⑤ 袁珂. 中国古代神话：序一、二［M］. 北京：商务印书馆，1950.

⑥ 鲁迅. 中国小说史略［M］//鲁迅. 鲁迅全集. 北京：人民文学出版社，1923，8.

内外论断中不难看出我国神话学从奠基之日起便面对着一个十分严峻而尴尬的现实，即中国神话学的研究对象是极其不充分的这个难题。也可以说，从中国神话学起步之日起，便陷入了严重缺乏本土神话资料的困难中，进而无可奈何地背上了中华几千年文明史上无远古神话系统这个令中国学人遗憾并惭愧的世纪性包袱。

于是，在我国的神话研究中从一开始便产生了一种研究思潮，那就是离开了神话本体的调查研究，在搜寻原始神话材料方面缺乏应有的努力和有成效的方法和途径，相反地却以中国神话的零散、断片为课题，展开了饶有兴趣的探索和论争。许多学者以中国神话资料散碎为共识的定论，进而对其散碎的形成原因做了追究性的学术探讨。

如果说对于“中国神话材料零散、断片”这个所谓的“定论”是20世纪中国神话学值得反思的一个重要方面的话，那么，关于“造成中国神话材料零散、断片的原因”的广泛论争，就应该说是值得反思的另一个更为重要的方面了。严格说来，追究中国神话贫乏的原因这个课题并不是神话学本身的建设，相反地只能更加强化了“中国神话贫乏”“汉族与神话无缘”之类的必然印象，反而阻碍了中国神话研究的科学探索，学者们几乎不再追究“中国的原始神话真的是零散、断片和贫乏的吗”“中国原始神话只能从古代典籍的字里行间寻找吗?”“中国各民族的原始神话难道不蕴藏在广大人民群众的口耳之间吗?”等等神话研究的人类学思考问题了。(当然，大多数古典神话研究家很少或从来没有过从民间口头文艺材料中考察原始神话的科学准备，他们只能关注中国古代典籍遗产。)

在关于中国神话散失或不发达原因的争议中有以下颇具代表性的论证。

首先是鲁迅在1923年的论证。他在论述了中国典籍中神话散例后归纳出两个意见说：“中国神话之所以仅存零星者，说者谓有二故：一者华土之民，先居黄河流域，颇乏天惠，其生也勤，故重实际而黜玄想，不更能集古传以成大文。二者，孔子出，以修身齐家治国平天下等实用为教，不欲言鬼神，太古荒唐之说，俱为儒者所不道，故其后不特无所光大，而又有散亡。”① 即一重现实轻幻想，二儒家不言鬼神荒唐之说。

其次是梁启超在 1926 年的论证。他说：“中国人对于神话有两种态度，一种把神话与历史合在一起，以致历史很不正确，一种因为神话扰乱历史真相，便加以排斥。”② 持神话历史化观点。

其三是胡适在 1928 年的论证。他说：“古代的中国民族是一种朴实而不富于想象力的民族。他们生在温带与寒带之间，天然的供给远没有南方民族的丰厚，他们须要时时对天然奋斗，不能像热带民族那样懒洋洋地睡在棕榈树下白日见鬼，白昼做梦。所以‘三百篇’里竟没有神话的遗迹。”③ 认为中国民族缺乏神话想象力。

其四是茅盾在 1929 年的论证。他首先对胡适的论述质疑指出：南方热带民族许多“也只有极简陋的神话”。其次对鲁迅的论述质疑，他认为北方黄河流域之民“颇乏天惠，其生也勤”“不是神话销歇的原因，已经从北欧神话可得到证明；而孔子的‘实用为教’，在战国也未有绝对的权威，则又已不像是北方神话的致命伤。所以中国北部神话之早就消歇，一定另有其原因。据我个人的意见，原因有二：一为神话的历史化，二为当时社会上没有激动全民族心灵的大事件以诱引‘神代诗人’的产生。神话的历史化固然也保存了相当的神话，但神话的历史化太早，便容易使神话僵死。”“到了春秋战国，社会生活已经是写实主义的，离神话时代太远了，而当时的战乱，又迫人‘重实际而黜玄想’，以此北方诸子争鸣，而皆不言及神话。然而被历史化了的一部分

① 梁启超. 饮冰室专集［M］. 北京：中华书局，1926：99.
② 胡适. 白话文学史：第 6 章［M］. 上海：上海新月书店，1928.
③ 玄珠. 中国神话研究 ABC：序［M］. 上海：世界书局，1929.

神话，到底还保存着。直到西汉儒术大盛以后，民间的口头的神话之和古史有关者，尚被文人采录了去，成为现在我们所见的女娲氏及蚩尤的神话片断了。”①

其五是卫聚贤（历史学家，考古学家）在1934年的论证。他从研究古史角度认为：“中国现有的古代文献，多经不语怪力乱神的孔子及其门徒之手的，故中国古代的神话，宁可谓多归湮灭。”“中国的国民，因有尚功利，而且重常识的倾向，故神话终未得充分的发达。……其中有的混入史实，失了它的原形；有的成为传说，寓言，譬喻，而散见于古书。”②

这种偏重于中国神话历史化的说法到了“古史辨”形成研究热潮时的40年代前后，顾颉刚、杨宽、童书业等从古史中清理出虞、夏、商三代大量的神话断片，从而证实了中国神话所经历的历史化过程。正像杨宽所论述的那样，“古史传说之纷纭缴绕，据吾人之考辨，知其无不出于神话。古史传中之圣帝贤王，一经吾人分析，知其原形无非为上天下土之神物。神物之原形既显，则古代之神话可明，神话明则古史传说之纷纭缴绕，乃得有头绪可理焉。”③ 古史的辨伪求真用实证论定了诸多神话历史化或神话干扰历史而形成的神话散失现象。

在这场热烈的论辩中，值得注意的是外国的神话学权威也投入了论战。如日本第二代神话学的代表人物松村武雄对于神话的意见，就以为“它的贫乏的唯一的原因，不是自始即有阻碍神话发生的理由与事实，而是后来不适于提携神话的态度上；最主要的是儒教实践厚生的观念，看神话是荒唐无稽之谈。既认为无益于修身齐家治国平天下的东西，且

① 卫聚贤. 中国神话考［M］//中史研究：第二集下册. 北京：商务印书馆，1934。

② 马昌仪. 中国神话学论文选萃：上册［C］. 北京：中国广播电视出版社，1994：418.

③ 黄华沛. 论中国的神话［J］. 天地人，1936，1（10）.

将自己看来可有的或必然的保存起来，其他的一概抹杀或加以修改令其合乎伦理的历史的。……它所阐明出来：A. 中国神话伦理化；B. 中国神话历史化。”这里的A，指的是神话在儒家手中被修改成合乎伦理的说教，变成了寓言；B则指儒家把原始神话当作原始历史，并用儒家观点使之适合历史。于是改成历史的神话成了历史，未成为历史的神话由减少而散失。有的中国学者对日本学者的如上见解也持批评态度。认为：第一，神话的伦理化和历史化是神话发展阶段中必然发生的现象，希腊神话，北欧神话都经过了伦理化、历史化阶段，而且它们这个阶段的历史年代和中国神话的伦理化、历史化阶段年代相距也十分近，它们就没有因此而僵化、贫乏、零碎、散失，相反发展成了神话系统。所以，最后论定：“中国神话质与量贫乏的原因，既非始于原始人的厚生实用这方面，也未必全是落于儒教的抑制中，而是殷周以迄春秋战国这时代把神话伦理化和历史化，而竟没有伟大的诗人艺术家提携，发扬光大的原故。”中国神话学史上这场旷日持久的关于造成中国神话材料零散、断片、贫乏原因的艰苦论争，显然从一开始就把注意力依然牢牢盯在了古典文献的神话线索上。其文字记录的断片、贫乏的主要原因则是两个：一个原因扣到了重实际而轻幻想的“华土之民”，或“朴实而不富于想象力的中国民族”，或“尚功利而且重常识的中国国民”头上，似乎古文献记载贫乏就是我民族、我国民神话想象力贫乏的结果。而另一个原因找到了儒家对神话伦理化历史化的责任，这一点应当说是比较确切的原因。正是这种建立上古正史（标有儒家伦理的正史）的需要，才使古代文人大量抑制了所谓荒唐的原始神话，而造成中国古典与系统神话无缘，仅有的贫乏的断片材料也是基于修上古史、建古伦理的需要方才挤压到古文献之中的。

这场论争所留给我们的反思正是：面对中国古典神话的零散、断片而议论中国文献中神话的贫乏，只能在极有限的典籍字里行间原地打转，终究难以走出这个从文献入再从文献出的怪圈或死胡同。也只有跳出古文献的神话断片，向全民族的积层丰厚的口碑神话的浩瀚之海去开发神话资源，才能够最终解开中国神话并不贫乏之谜。近10年来，我国各民族（当然包括汉族）的广大民众终于以丰富优美的原始创世神话群的鲜活和口碑的材料，客观而雄辩地证实了现代神话学史上这场关于中国神话贫乏的论争，到底具有什么意义？它留给跨世纪的神话研究有多少发人深省的东西，难道不是十分显然的吗？

总之，本世纪①我国神话学史上有关“中国神话零散、断片”之说，已成过去，当新世纪②到来之时，丰富而优美的我国各民族创世神话群的公开于世，至少应当修改为“中国神话在古典文献上是零散而断片的；但是，在各族人民的口碑上是丰美的、系统的，所谓的‘中国神话是贫乏的’也应当修正为‘中国神话是丰富多彩的，是有完整体系的’。”同时，有关形成中国神话零散、断片原因的那场大论争，也应当修正为：造成中国古典文献上神话材料的零散、断片的原因是与儒家对神话的伦理化、历史化有直接原因，和儒家“不语怪力乱神”的排斥神话有关。在这点上，这场讨论有一定意义。但是，把民族、国民说成是缺乏神话的想象力，显然是违反人类学常识的错误说法，事实证明，中国各民族的丰美的创世神话群极富于想象力，可以与世界各文明古国原始神话相媲美，可以毫无愧色地立于世界民族神话之林。

① 指20世纪，编者注。

② 指21世纪，编者注。

关于复原上古神话系统的尝试

——百年神话研究的反思话题之二

当20世纪30至40年代神话学界反复论辩中国神话贫乏的原因及神话材料零散、断片的状况时，一些有代表性的学者鉴于西方希腊神话自古具备完善和有序的神话状况，发出了许多感慨。其中，最令人思索的就是对于春秋战国时代把神话伦理化和历史化的同时，竟然没有伟大诗人和艺术家像荷马那样把神话加以“发扬光大”的慨叹。正像神话学的先驱者黄石早在1927年就感叹地说：“神话是一朵灿烂的鲜花，是人类的文化史的第一页，希腊有多量的美丽神话留存至今，正显出其国民性的优美。只可怜我们的中国的神话，却被古代的忽视一笔勾销，那不单是我们的不幸，并且是全人类的一件重大的损失啊！”① 于是有志于中国神话研究并力求将散乱、断片的神话“集大成”的学者，便畅想出把中国神话还原为完整神话系统的倡议来。这种畅想的出发点仍然来自中国神话贫乏这一个最令国人国学遗憾的课题上。

茅盾在他的代表作《中国神话研究ABC》一书的第8章结论中谈到中国神话“集大成”任务时，提出了三个问题：

“一、我们能不能将一部分古代史还原为神话？……我们的古

① 黄石．神话研究［M］．上海：开明书店，1927.

代史，至少在禹以前的，实在都是神话。如欲系统地再建中国神话，必须先使古代史还原。否则，神话的系统便无从建立。”“古代史虽然即是神话的化身，可是已经被屡次修改得完全不像神话。并且古代史自身的系统亦不明了。也已经不是全部神话而只是一小部分神话被历史化了而保存为现在的形式。所以即使将古史还原为神话，也只是不完全的神话。如果一定要求其相当的完整，那么，一些推想和假定是必要的了。用了极缜密的考证和推论，也许可以创造一个不至于十分荒谬武断的中国神话的系统。”① 第二个问题是建议搜辑研究地方传说中存留的一些神话和少数民族口头流传的神话；第三个问题是建议从原始信仰和灾异迷信中谨慎分离和特别处理出一些神话。他以为这是建立中国系统神话的先决条件。他强调“不解决第一个问题，则我们只有碎断的神话故事，没有神话的系统；不解决第二个问题，则地方传说混入了神话里去；不解决第三个问题，则原始形式的神话不能分离而独立。”② 这是最早出现的渴望将散乱、断片的神话材料还原并建立起中国神话系统的神话研究思想，它在当时处于中国神话贫乏境遇中的神话学界产生了极大影响。有的远在异国研究中国神话的学者也在呼吁说：“中国原始神话是贫乏的——无论在质和量的方面，甚至连一个完整的概念也没有。要是我们愿意向这堆古籍中的古代历史的事实和道德的寓言还原为神话，那固然是一件有意义的且必要的工作。……中国原有的原始神话，在今日已到了一个研究和整理的期间。”③

此后，真的就有许多学者进入还原古史传说为神话的角色，从史料中清理出原形神话来。如杨宽在1938年便致力于将三皇、五帝、唐尧、

① 茅盾．神话研究［M］．天津：天津百花文艺出版社，1981．

② 同上。

③ 黄华沛．论中国的神话［J］．天地人，1936，1（10）．

虞舜、夏禹等众神从古史材料中还原成神话。用他的话说："夏以前之古史传说，其原形本出神话，经吾人若是之探讨，可无疑义，然吾人尚须由其原始神话而检讨其历史背景，以恢复其史料上之价值……本书所论，仅将古史传说还原为神话，特初步之研究耳。"①

但是，利用上古神话的零散、断片材料去整理出一部或几部完整的中国系统神话，是不是我国神话学的必须肩负的任务？姑且不论，仅就这种由断片复原成完形的还原工作而言，它的难度也是很大的。茅盾所说的复原时"一些推想和假定是必要的"，"极缜密的考证和推论"是必用的。这里的推想、假定到底能有多少接近原始或原形，显然是缺乏客观标准的。现代神话学者无法与上古时代的荷马们相比拟，很难以原始想象力那种不自觉的艺术方式去构成古老的神话体系。正如人类学家指出的那样，"中国的神话材料，比较贫弱，而且代表一个甚长的时间与广大的地域，要用中国神话的材料来做一套完整的神话研究方法系统的例子，那例子就很难寻找到十分理想的。"② 很难找得到十分理想的神话材料，也就很难复原成完整系统的原始神话，这应当是显而易见的。假如这种复原更多了些推断与假定，那么这种现代复原了的新创作神话，究竟有什么神话学上的意义和价值呢？这确实是中国神话学发展中一个很值得深思深省的科学问题。1950 年 12 月，商务印书馆出版了袁珂著的《中国古代神话》一书。这是我国第一部由神话学撰写的以故事体为主干的中国系统神话的专书，可以被认为是把古典神话断片"集大成"的一部还原性的作品。作者在该书的序言中写道："像这样系统的把中国古代神话写成通俗故事而又略有学术意义的著作，迄今为止，似乎中国也还不曾有过。浅虽浅陋，聊胜于无。"③ 这部系统神话

① 杨宽．中国上古史导论·十八、综论［M］杨宽．古史辨：第七册上．上海：开明书店，1941.

② 张光直．中国创世神话之分析与古史研究［J］．民族学研究所集刊，1959，8.

③ 袁珂．中国古代神话［M］．北京：商务印书馆，1950.

故事的写作显然是有作者一番苦心的。虽然它只是关于中国神话轮廓的大略勾画，但是所涉及古典神话断片已很可观且够相当规模了。

该书共分为五章，第一章概述了神话与中国神话的存在状况，阐明中国神话的散断及其原因，实际是一段概述。第二章，讲了世界开初的神话故事，主要包括女娲神话；第三章是关于黄帝和帝后的神话，第四章是关于羿的神话；第五章是关于鲧、禹治水神话。在这些神话中包含有蚩尤、夸父、刑天、精卫、应龙等几十个人神的故事。所采用的神话材料主要出自《山海经》，其次引自《楚辞》《淮南子》《列子》《搜神记》《拾遗记》《博物志》《述异记》等诸子及笔记类书籍，此外还从《穆天子传》《吕氏春秋》《韩非子》《庄子》《左传》《国语》等典籍中引用了一些断片。共约300则零散、断片神话材料，拼连缀补而成5万字规模的长篇神话。应当说是一项十分艰巨的文化工程。

有关本书的写作，作者本人曾发表过一些说明的文字。他说："拙著《中国古代神话》，做的是整理神话的工作，它是以叙写故事为主的，中间虽然也夹着一些议论，但目的仅仅为了要把一些神话的片断连缀起来。"① "各个故事既是由神话片段写集而成，则片段与片段之间的空隙，如何弥补，也使撰者很费踌躇，只得出以推理的想象，因此或中夜而废寝，或绕室而彷徨，自谓是用了一番苦心，但是否有当，还须待教于高明。"② 在选材上作者还说，"神话、传说、与仙话，错出诸书，区界本难。而标准的神话如'夸父逐日''刑天断首'之类，又所存不多，选取自不能过于严谨。因而后起的传说及略带仙话味的神话，也都斟酌采用，但如真是道家方士的胡说，则一概摒除，以存太古初相。"③ 在作者对于还原神话所做的说明中显然有两点很值得注意：一是片段与片段之间空隙的弥补，只能靠推理想象；另一个是标准神话缺少时放宽

① 袁珂. 神话论文集［C］. 上海：上海古籍出版社，1982：188.
② 袁珂. 中国古代神话［M］. 北京：商务印书馆，1950.
③ 同上书。

选材标准采用了其他传说或神仙故事（尽管说是带仙话味的神话）。这样就出现了作者的主观臆断和偏离神话标准的穿凿附会。所以该书出版后，受到了批评。神话学界（包括日本研究中国神话的同行学界）对于如何整理中国神话系统产生了许多意见，其中普遍对加入推理想象的主观成分和入选神话以外的传说、仙话材料为神话的做法表示异议，从而认为这种形式的神话体系的再创作对于复原中国神话学的研究对象，对于弥补中国神话的贫乏无济于事。

实践证明，由于中国神话的零散、断片而萌发出将其复原成系统神话的构想是不符合神话本身发展演化的思维规律的。这种复原工程显然也不是神话学本身的科学任务。这种人为整理神话系统的念头，其实仍然来源于中国神话研究之初的神话材料不足、散碎、贫乏等等这一现实基础。正像《中国古代神话》作者袁珂在整理系统神话之前所发出的感叹那样，他说："世界上的几个文明古国的中国、印度、希腊、埃及，古代都有着丰富的神话，希腊和印度的神话更相当完整地保存了下来；只有中国的神话，原先虽然不能说不丰富，可惜中间经过散失，只剩下一些零星的片段，东一处西一处的分散在古人著作里，毫无系统条理，不能和希腊各民族的神话媲美，是非常抱憾的。"中国古典神话零星、片段这个先天不足的缺憾长期以来激励着茅盾、袁珂等等几代具有高度民族自尊感的神话学家，力求用还原的手段由学者们去系统地再建中国神话，其结果当然是不可能达到目的的。应当说几十年间这种建立中国神话系统的尝试，显然是不成功的，是无力也无助于把中国神话推向世界神话的高峰的。然而，直到 1979 年袁珂还念念不忘地说："要将极零碎的神话片断缀辑起来，从中清理出个故事的条贯。"这种为建立中国神话系统的顽强性格和执着努力，确实令人学习和感佩。但是，客观地看来这正是中国神话学的又一个值得深刻反思的方面。

中国神话之原初，在于无文字的史前民众（或人群）口传，脱离开民间口传神话之原，而去复文献典籍字里行间的神话断片文字之原，应当说是本末颠倒的行事。在几十年来从古典中寻找神话的学者们，极少向民间口传神话的领域涉足，因而重古文字材料轻口碑传承的学风已成为多有缺欠的积习，过分自信谁掌握的古典神话断片多，谁就有可能具备建立系统的中国神话的条件。他们力求以古文字的考据辨识散乱纷纭的神话资料之谜，从而达到归纳成完整形态的系统神话，为中国神话学的研究对象重新创立一个良好而厚实的基础。这种学术努力虽然对探索个别具体的神话已经发挥了积极而有效的作用，如对《楚辞》神话的研究等已成体系。但是，对于这样一个地域广大，历史文化悠久，古今民族多元化的国家来说，一个叫中国神话的系统怎么能由个别神话学者的努力并以其个人的考据加主观推断和想象就可能完成呢？

近十多年来全国性多民族神话采风和普查的实践证明，中国多民族的完美的原始神话确实贮存在广大民众的口头传承中。那些多神代的系统完整的开天辟地的动人神话，甚至以其最朴素而古老的形态依然活在民众的口耳之间，就连神话中许多细微的原始状态的神话元素都保存得十分完好，确是令神话学者们惊叹不已的。这种口碑神话的完美传承使不少热心于神话复原的学人有所清醒，有所反思。宏大而丰富多彩的多民族神话系统，使他们开始觉察到大半个世纪以来那种陈旧的抱残守缺的神话观念与方法已经和科学的神话学越来越相距遥远了。

在已经采录整理出来的众多的神话史诗中，少数民族，特别是西南少数民族神话占有绝对的分量。同时，从内容的丰富到艺术表现的完美程度看，它们也是较为突出的。这一事实证明：中国神话与希腊神话至少有一点不同，中国神话具有鲜明的多民族性，它们既有各民族独自的神话系统，拥有本民族的创世大神、神代传承，甚至还有一个民族不同支系的不同创世神话谱系的传承。同时也有少数民族与汉族共同传承着一些彼此影响的共生的创世神话系统。这种神话的分布与传承现象，呈现出鲜明的“多元一体”特征，这是和其他国家神话有明显区别的特点。我国神话学界从 20 世纪初以来，几乎半个多世纪的时间内不承认这种多民族特征，一味地坚持汉族单一文化正统观，或公开或隐蔽地否认周边少数民族文化与汉文化的多元一体性，包括对多民族神话的多系统性特征也并不认可。因而排斥少数民族神话与史诗，不认为他们是可以代表中国的文化因素。正因为这样，才出现了本文从一开始就揭示出的所谓“中国神话贫乏”论，“中国神话零散、断片”论，“中国广义神话”论等等，进而把注意力紧紧盯在了汉文典籍中零散、断片神话材料的复原和整理上。既排斥了少数民族的口碑神话与史诗，同时也忽视了汉民族的口碑神话与史诗。直到汉族神话史诗《黑暗传》从神农架民间口头发掘后，以及汉族中原神话群从河南盘古山、夸父山、女娲城等地采录成功公开发表后，神话学界狭隘的汉文古典正统观才得以纠正。也正是由于多民族的多元一体的中国创世神话的大发现，用无可争辩的事实，纠正了运用古典文献散碎资料建立中国古代神话系统的偏向，弥补了中国神话学发展中的重大缺欠，打消了国外一些统治了近一个世纪的学术偏见和文化歧视。

关于中国“广义神话”论的提出

——百年神话研究的反思话题之三

由于中国神话贫乏论在近几十年中成为国内外共识的定论，于是才引出了探索其贫乏原因的长期论争；以后又引出了把神话断片复原成系统神话的种种尝试。当上述各种努力都无法解释和弥补中国神话材料确属散碎的事实时，神话学界又产生了关于中国神话界限的新的议论，那便是：中国的神话是“广义神话”，它包括的范围很广，既包括了反映原始观念的上古神话，也包括了以后的大量传说，当然也包括有关成神成仙的传说和有关祟鬼的故事，我把这种“广义神话”的宽泛说法归结为神话、仙话、鬼话三位一体说。这种议论从20世纪80年代以来，在神话学界确实是十分热闹了较长时间，甚至把这种说法称之为“具有中国特色的中国神话”，是和其他国家民族的神话不同的。

把神话界定为狭义和广义，并且确定中国的神话是广义神话的立论，最初于1980年出现在《中国神话传说词典》的序言中，引起了神话学界的广泛注意，一时赞成者、反对者纷纷参与了议论。此后“广义神话”说的倡导者袁珂再一次于1984年发表了《再论广义神话》，将这一神话界说发挥得更加清楚明白。以后1985年又发表了《前万物有灵论时期的神话》，1986年为《中国神话史》写了自序、前言，都在继续不断地宣讲中国广义神话论。同时，袁珂主编的上述那部词典，以及1988年出版的《中国神话史》，也正是为具体实践广义神话之说而编著的。其中入选了历代传说、仙说、狐鬼故事、甚至《封神演义》《西游记》以及历代笔记小说的奇闻怪谈等。凡是幻想色彩的传说材料都进入了神话。于是中国现代神话学出现了前所未有的复杂局面。

然而，由于半个多世纪以来，在所谓中国神话贫乏这个令中国神话学者感到十分沉重的包袱重压下，神话研究举步维艰的关键时刻，广义神话的概念一经提出，立刻受到一部分反传统神话概念的学者响应、赞成，立刻把研究神话的视点集中到大量与神话并无近缘关系的传奇、神怪、逸闻、狐鬼等故事材料中，并极力证明这些都属于神话之列。并突出强调这种广义神话概念符合中国特色的实际。

下面，回顾一下广义神话说提出的前前后后，很有必要。1983 年 12 月，袁珂谈到他编写原《神话词典》的构想时写道：

> 起初，我目前所及，大都偏于古代神话。以后，经过几次对词目的修订增补，才逐渐认识到，中国历史既然是这么悠久，在悠久的历史发展演变过程中，必然会有许多新的神话、新的富于神话意味的民间传说繁衍滋生。事实确也正是这样。难道“沉香救母”的“沉香”，“白娘子水漫金山”中的“白娘子”，以及有关它们的一些词目，如“法海”，“华岳神女”等，不应该作为《神话词典》的词目而列于其中？难道仅仅因为它们产生的时代比较晚近就应当遭到摒弃？要是真像那样，那么《神话词典》就太狭隘、也太不完备了。在编写中，我对神话的认识起了变化，逐渐从狭义领域走向广义领域。自然，词目编写的视野和范围就随之而扩大了。①

从这里开始作者把神话中的主人公角色就从神和神性英雄的严格范围推展开去，把历史或传说人物，仙人和精灵鬼怪和奇异国族（如穿胸

① 袁珂．从狭义的神话到广义的神话［J］．社会科学战线，1982（4）．

国人、反舌国人及无肠国人等多国族人）都收入到广义神话之中。把神话中的神物扩大到怪异动植物、矿物、武器、乐器等中去。还把传说中各地方的某山某川及城池庙观等也和天界地界，日月星辰、风雨雷电的神话混为一谈。以至于把“八仙过海”等成仙得道，法力无边的道教传说也都列入神话范围。但是，这时关于广义神话的论证并不充分，并没有引起学术界较大的震动。

1984年下半年，广义神话的首创人袁珂又发表了较长篇的专论，把广义神话的说法发挥得淋漓尽致。归纳起来有以下几点：

1. 他认为群众的认识早已把神话和传说“混称”为神话，而且把传说看作是神话主流，神话从狭义走向广义，乃是必然趋势。他对茅盾的说法：“传说（Legend）也常被混称为神话。实则神话自神话，传说自传说，二者绝非一物”① 表示了不同意见。他认为被群众混称为神话“这就是神话领域初步的扩大，也就是神话从狭义走向广义的开始。”“管它是否系传说的‘混称’，在群众的心目中，这才是神话的主流，是兴趣的中心。神话之从狭义走向广义，乃是必然的趋势，不是学者的学术研究所规范和制约的。”②

2. 把成仙得道的神仙怪异之说——仙话列入了神话，证明神话必然从狭义发展到广义。这是广义神话说的重要理论，并把这称之为“中国特色”的神话。作者写道：“在中国，又还有一个独特的现象，就是早在战国初年，仙话便已经局部侵入了神话的范围，与神话合为一体，成为神话有机的组成部分。最明显突出的例子，就是神话中，又加入了嫦娥窃药奔月的神话。”③ 作者还列举了《山海经》中记载的不死民、不死国、不死山、不死树以及诸巫操用的起死回生的不死药，还有所记奇异生物长寿不死之言等方士神仙故事证明说：“看得出来，这些都是

---

① 茅盾. 神话研究［M］. 天津：天津百花文艺出版社，1981：3.

② 袁珂. 再论广义神话［J］. 民间文学论坛，1984（3）.

③ 袁珂. 再论广义神话［J］. 民间文学论坛，1984（3）.

仙话侵入神话范围，对神话所起的影响。难道能够说都是道家方士的谰言，没有一点民间传说的凭依，可以把它们都排斥在神话的视野以外么?”他认为如果神话排除了仙话，那神话色彩就“至少会要黯淡三分之一”。“神话仙话同属幻想的虚构，如果说仙话都是编造的而神话者是流传自民间的，这种说法恐怕会失之偏颇和武断，是站不住脚的。”所以他认为“‘约定俗成’，神话的发展趋势和研究神话的途径自然都非得逐渐从狭义走向广义不可。”

3. 产生于原始社会的神话当然是神话，在阶级社会，特别是我国长期封建社会中又产生了许多新的神话，总归还是神话。但他所说后世产生的新神话指的是以下两种：“一种是无主名的，如像‘白蛇传’‘沉香救母’‘白螺天女’‘望娘滩’等，从内容到形式，都和古代的神话无大差别。……另一种是有主名的。”随之他列举了李朝威著的《柳毅》所写的洞庭湖龙女与柳毅的婚恋故事，吴承恩著《西游记》中写的孙悟空大闹天宫故事，蒲松龄著《聊斋志异》中所写的狐鬼变人故事等等都是后世产生的神话。他认为“过去研究神话，多把神话限制在‘上古’‘古代’这样一个比较狭小的时间圈子里，这也是不够的，还须从这个圈子里跳出来，看到后世也有神话，直到今天，还未继绝。”“神话实际上也就并未消亡，而且不久之前我们在 1980 年第 8 期《民间文学》上还看见黄鹤逸搜集整理的《八仙星》，又看见叶慰林在《红军泉》里记叙的‘姐妹鸟’，在当代的民间传说中，连共产党人和革命烈士也都化作了星变成了鸟，你说今天神话还是会处于‘消失’或‘消亡’状态吗?”① 他把古今传说或古今神怪小说也都列入了广义神话。

4. 神话的下限被认为是难以确定的，与科学的神话概念所说随着上古时代的结束，神话虽流传，但不会再生产这种原始先民特殊的产物的说法相反，他认为：“或者将来有一天，全世界都进入了共产主义社

① 袁珂. 再论广义神话 [J]. 民间文学论坛，1984 (3).

会，连宗教都不存在了，到那个时候，神话可能就会全部消亡了吧？我看那也未必。……即使将来到了共产主义社会，生产力已经高度发展了，恐怕也还有事物没被认识，还有自然力没被支配，那就还会给神话提供产生的条件。当然，未来神话的内容和表现形式将是怎样，谁也无法预知。推想起来，或者将走向社会幻想小说那样的途径。”① 他还列举了《列子·汤问篇》中记载的工匠偃师制造一个能歌善舞的机器人向周穆王献技的故事；神医扁鹊行换心手术的故事；郭璞《玄中记》中奇肱国人造飞车从风远行的传说；段成式《酉阳杂俎》所记鲁班做木鸢由其父乘鸟自敦煌飞往江南的传说等都是古代的科幻小说。他还说“甚至连前面一再提到的‘嫦娥奔月’。都可以说是科幻小说的微型。然而这些都是民间传说，并无主名，我们一般把它们当作神话看待。”②

从以上四个广义神话概念的具体阐述中使我们看到他把神话的范围已经扩大无边了。正像他本人所总结的那样。“读者禁不住要问：你说的‘广义神话’的‘广义’之‘广’，究竟要‘广’到什么程度？是的，这是一个重要的问题，连我自己也正在慢慢地探索中。”③ 作者对于广义神话的设想还用开玩笑的口吻解说广义神话可以用“无底洞”和“没遮拦”来形容它至今也没有下限。

这种把后世的传说，成仙得道的神仙故事、奇异怪谈及狐鬼故事甚至科学幻想故事等都没遮拦地归入神话范围的主张，经此一论，在我国20世纪80年代中期的神话学界及民间文学界立刻掀起了一场争论的波澜。由于这种主张出自我国神话学会会长的权威之口，因而在相当一部分学人中产生了响应。一些学者积极展开了对仙话的研究，并强调中国仙话才是具有中国特色的神话；另一些学者提出了由于中国自古以来就人神鬼不分，所以鬼成为人神的中介，“中国神话形成的中介，就是鬼

① 袁珂. 再论广义神话［J］. 民间文学论坛，1984（3）.

② 徐华龙. 中国鬼文化［M］. 上海：上海文艺出版社，1991.

③ 伊藤清司. 中国神话研究的动向［J］. 史学，1997，66（4）：113.

话，离开这个中介，就没有了神话这较高一级的艺术形态。因为人死后，第一阶段是变成鬼，然后再从鬼中变化成善鬼（即神）和恶鬼。”“出现鬼之后，随之亦出现有关鬼的种种传闻，即可称为鬼话，是形成中国神话的重要阶梯。”① 在当时举行的一次全国性神话学研讨会上，另有学者竟公开发表了“科幻故事”也是当代新神话的有关论文，受到关注。这时期，外国一些神话学者却评述这一现象是“广义神话论”引起的对以往严格的狭义神话概念说的一种挑战，是强调并突出中国神话自有中国特色这一“中国学”立场出发的定义，缺乏神话的国际的比较研究的结果。虽然他们认为这种种关于神话的探讨对于活跃中国改革开放以来的学术研究是有益的，但是，无论如何也不应当仅仅看作是“中国学”中的神话研究，而应当看到是国际神话学领域中的中国部分才好。他们提醒中国神话学研究是否应当不因神话欠缺而去用‘广义神话’证明中国神话大量存在，而是去做大量采集仍然存活着的神话的努力为好。这个时期，多数持不同意“广义神话”说的学者面对热烈的神话学讨论局面，并没有发表批评与商榷的意见，而把值得反思的问题留到现在。尽管在我国当代有关神话的专业教科书中依然保持着马克思、恩格斯所论断的神话概念：“任何神话都是用想象和借助想象以征服自然力，支配自然力，把自然力加以形象化”，强调只有人类童年期产生的这种幻想艺术形式所具有的原始性这一阐述，但是，对于“广义神话”无限扩大内容范围及产生神话时限的学术观点，却没有一个相应的解析和回答。于是才形成了 20 世纪 80 年代中期把仙话、鬼话都侵入神话混同研究的一股不小的思潮。

这里有一个值得认真追究的问题是：为什么首创广义神话的袁珂要在他坚持了几十年的“狭义神话”观基础上一反过去，而在 80 年代初

① 袁珂．中国神话史［M］．上海：上海文艺出版社，1988．

突然转向"广义神话"，并坚持把本来不是神话的大量传说、仙话、异说怪谈、孤鬼神妖等都纳入到神话范围呢？这究竟是理论上的突破，还是另有动因呢？为此，笔者在阅读袁珂的另一部代表作《中国神话史》时，找到了广义神话论产生的原因。

《中国神话史》正是在"广义神话"论的思想支配下完成的一部宏文巨著。作者首先在该书《前言》中阐明了一个观点："中国神话本来很是丰富，但是因为如下几种原因，给人以错觉，误以为是贫乏无可记述的。"（这显然和作者前些年认为中国神话零散、断片有极大的不同。）然后，作者详细地论述了造成人们错觉的五个原因。他写道：

> 一、中国神话零星片断地记录在先秦和汉以后的古书里，没有出现像希腊荷马那样的"神代诗人"，把这些零星片断的神话熔铸成鸿篇巨制。
>
> 二、后世民间流传的神话如像"牛郎织女""董永和七仙女""沉香救母""白蛇传""望娘滩"等，在一般学人的心目中，不过是以普通民间故事视之，并未当作神话。
>
> 三、道教是中国本土产生的宗教，已有了一千七八百年的历史，道教的仙话，更是源远流长，在春秋战国时期就已经有了。仙话中也有比较积极有意义的部分，对中国文化曾产生过好的影响，过去都未当作神话予以考察。
>
> 四、中国历史人物身上，常附有许多神话因素，有些历史人物，同时已是神话人物，如姜太公、李冰、秦始皇等，但关于这些人的神话故事，却未被视作神话。
>
> 五、……中国现有55个少数民族，他们都有从远古流传至今的宏伟壮丽的神话传说，过去一直被忽视，未列入中国神话考察的范围。

他认为过去对二、三、四、五所包括的后世民间传说道教仙话、历史人物故事及少数民族神话等从未看作是神话，自然错以为神话贫乏，只要把这大量的传说故事都视为神话，那么神话就成为“本来很是丰富”的了。在这里，第五点是完全正确的论断，其余二、三、四点都有这样那样的不周之处。他在《前言》中还补充说他这部神话史中除了包括上述五部分内容外，历代神话整理者、研究者的整理研究材料和历史神话影响的文学艺术都是这部神话史依据的内容。所以书中不仅大量罗列了古史、笔记中的史事传说和历史人物传说（如伍子胥、孔子及其门徒、秦始皇及和徐福等的传说），还选入了古小说中的神异怪诞故事及明清小说中《西游记》《封神演义》《聊斋志异》等文学作品及唐诗、元明戏曲等。凡传奇叙事材料一下子都涌入了神话的范围，使原来的“误以为贫乏”的神话一次性“丰富”了起来。这就是广义神话论产生的起点和终点。

从《中国神话史》中断代编年史式的神话内容是那样庞杂堆砌的状况分析，广义神话论的产生，仍然来源于“中国神话贫乏”这个中国神话学开初就面临的大难题。也就是说，当中国上古神话零星、断片、残缺时，只好靠以后历代的传说故事作为无限丰富的神话资源了。广义神话论的代表作《中国神话史》的写成，就是明证。从这部神话史的序文中还可以清楚地看到上述这种学术心态和观念。作者写道：

> 广义神话的中心思想，就是认为不仅最初产生神话的原始社会有神话，就是进入阶级社会以后的各个历史时期也有神话。旧有的神话在发展，在演变，新的神话也随着历史进展在不断产生。直到今天，旧的神话没有消失，新的神话还在产生。有了这种基本的认识，就觉得眼光较以往明亮了，心思也较以往开阔了，许多东西都可以堂而皇之地纳入中国神话的园苑来进行考察了。中国的神话并不是贫乏苍白，而是丰富多彩；并不是残破凋零，而是枝繁叶茂。

> 希腊有丰美的神话，却没有听说有什么神话史……而我们这个在半个多世纪以前还被有些人认为是没有神话或神话贫乏的国家，现在居然有一部神话史了。……它也用了大量的材料和事实来向你说明：中国不但有神话，而且中国神话的丰富、宏伟和美丽，并不亚于世界上其他任何国家和民族。

从这两段作者的自述中清楚地看到“广义神话”论的提出依然基于中国神话学当初面临的最大遗憾，即中国神话贫乏之说。为了打破这一定说，广义神话论找到了极为丰富的传说故事材料纳入神话，使本来不属于神话的材料改变了性质，同时也失去了神话的科学概念和范畴，导致20世纪80年代以后神话研究方面的许多不应有的偏离，同时也使中国的神话研究在很大程度上脱离了国际性的比较神话学的正常轨道。这自然又成为进入20世纪90年代以来不能不反思的重要问题。至于原始社会遗存下来的神话既然是上古神话时代特有的产物，那么它能不能构成从古代到现代的神话史，那将是与神话学理论十分相关的另一个值得研究的课题了。

中国多民族民俗中创世神话的大发现

——百年神话研究的反思话题之四

中国神话学在经历了从面临“中国神话贫乏”到探讨造成“贫乏”的各种原因的早期阶段，又经历了尝试把零星、断片的神话材料复原成古神话系统的努力，再到无限扩大神话范围的“广义神话”论的提出，又过了二十几年，艰难地走了将近一个世纪里程的徘徊之路。其间，也并不是没有学者做除此以外的其他学科探索，应当公正地说，早在20世纪30年代就出现了探究中国神话的科学预见和科学实践，由于它们的努力和把当年目光投入到古典文献上研究神话的学术主流稍有疏离，所以长期以来它们被神话学界摆到了不引人注意的位置。现在看来，这种现象是不甚公正的。实践证明，正是这条科学的神话学发展道路使中国神话调查研究终于取得了空前的成功。

早在1933年4月钟敬文发表了他的著名论文《答爱伯哈特博士谈中国神话》。[①] 这是针对德裔美国民俗学家爱伯哈特在中国工作期间给他的来信中发表了关于中国神话贫乏的言论所写的答辩信。他指出：

“中国的过去，因为种种的关系，在比较古老的一些文献上，

① 发表在《民间月刊》1933年4月第2卷第7号，本文引文引自《钟敬文民间文学论集》(上海文艺出版社1985年版)。

仅保存了若干断片的、简略的神话和传说。一些欧洲和东方的学者，由此便形成了一个共同的见解，认为中国文化史上没有产生过像古代希腊、罗马或北欧等那种比较有体系的或情节完整的神话和传说。这种见解的正确性，我觉得是颇可怀疑的。中国比较古老的文献上所保存的神话和传播，有着过于缺略或破碎之嫌，这是不容否认的事实。但因此断定中华民族的文化史上，必不会产生比较有体系的或情节完整的神话和传说，那先就理论上讲，也不是很通的吧。何况在事实上，更有着足以摇撼这‘见解’的证据呢?”“过去‘浩如烟海’的文献中，固然相当保存着古神话和传说，但现在还泼辣地存活在民间的农夫、樵子、渔妇们的口碑中的神话和传说等，真可说是相当充实的、闪光的宝库!”“有意研究或编辑中国神话和传说的学者，不从这些着眼，而仅仅抱着两三册比较古老的文献，口里高嚷着中国神话和传说的不存在或稀少。这不是很通达的学者所应有的态度。”

钟敬文的批评和意见指出了如何纠正那种认为中国神话贫乏见解的正确方向和方法，即向民间存活着的口碑神话做搜集采录，一定会取得丰硕成果。半个世纪以来，遵循这条科学道路终于在神话学的发展上有了惊人的建树。1992 年秋，钟敬文再次写到他与爱伯哈特当年这场论辩时，充分验证了当年他的科学预见的正确性。他说：

如今，认为中国没有神话，或者十分贫乏的时代早已成为过去。中国神话，特别是近 40 年来搜集的少数民族神话，包括古代典籍和现在民间口碑的，活在民众信仰中的神话是非常丰饶的，这是中外学者都会承认的事实。而当年一部分外国学者对中国神话的误解和偏见，从另一个角度来看，却成了对我们那一代学者的一种鞭策、一种激励，一种促进。①

这里所说的对中国学者的鞭策、激励，实际上经历了不只一代，而是几代，直到今天仍然起着巨大的促进作用。从20世纪30年代钟敬文的《盘瓠神话的考察》到芮逸夫的苗族洪水神话与伏羲女娲神话的人类学调查成果，再到20世纪40年代初闻一多的《伏羲考》这一多民族共生神话的人类学考察集大成的著作发表，已经用科学的实证打破了“中国神话贫乏”的偏见和震动了国内在典籍中寻取神话抱残守缺的人的自卑心理。这个科学的神话学传统，经过了最近20年的继承发扬，终于在全面发掘中国原始神话遗产方面创造出文化史上的奇迹。那就是从20世纪80年代中期到现在的中国多民族的创世神话的大发现。

众所周知，古代神话的核心部分是创世神话，即宇宙起源神话、人类起源神话、文化起源神话等“本格神话”。以往所谓的中国神话贫乏的说法，也主要指的是中国缺少创世神话。仅有的盘古开天辟地神话只见于唐代《艺文类聚》引西汉徐整《三五历纪》中的简单记述。女娲补天神话始见于《淮南子·览冥训》，也只是“二度创世”的断片故事。女娲抟土造人神话始见于《风俗通》的几句零散记载。所以从全国56个民族民众口碑上采录创世神话就成为重中之重的当务之急的科学任务了。

从1978年到1988年10年间，也就是神话学界正在用中国神话的零散、断片材料作复原系统神话的尝试时，同时也正在推出“广义神话”论，用传说、仙话、狐鬼故事充填贫乏的神话时期，一支有组织的民族民间文学采风大军，数十万之众的十套民间文艺集成工作者，用人类学、民俗学、民族学的田野调查方法，深入到山乡村寨，进行了艰苦卓绝的工作，取得了举世瞩目的丰硕成果。这些成果包括两大部分：一

① 马昌仪. 中国神话学文论选萃［M］. 北京：中国广播电视出版社，1994.

是在采录民歌时，发现了大量说唱体神话史诗；二是在采录故事时，发现了大量叙事原始神话。笔者为此分别做了如下归纳和说明。（见下表）

表1　创世神话史诗（均已整理出版）①

史诗族别	史诗名	创世主神	规模
彝族史诗	《梅葛》	天神格兹率子女造天地	4600余行
	《查姆》	涅侬倮佐颇率众神造天地	2100余行
	《洪水泛滥史》	天神策更苴降洪水、又繁衍人类	3000余行
苗族史诗	《古歌》	巨鸟科啼生天地，生巨人神整天地	7000余行
	《史诗》	造天地日月，雷公姜央兄妹制人烟	3600余行
纳西族史诗	《创世纪》	东神色神置万物，生善神生宇宙卵	3000余行
白族史诗	《开天辟地》	盘古盘生变天地	400余行
哈尼族史诗	《奥色密色》	天王杀龙牛造天地	2000余行
拉祜族史诗	《勐呆密呆》	天神厄莎命扎罗造天、娜罗造地	
	《牡帕密帕》	天神厄莎造天地日月	1000余行
德昂族史诗	《达古达楞格莱标》	帕达然神让茶叶化天地日月	1200余行
阿昌族史诗	《遮帕麻与遮米麻》	遮帕麻造天、遮米麻造地	2000余行
土族史诗	《混沌周末》	盘古开天地	
侗族史诗	《嘎茫莽道时嘉》	萨天巴女神命众神造天地日月	
水族史诗	《开天立地》	伢巫女天神开天地造日月	600余行
佤族史诗	《司岗里》	天神里和地神伦造天地和万物	
景颇族史诗	《穆脑斋瓦》	汪拉、能班木占造天地日月	
瑶族史诗	《密洛陀》	密洛陀造天地山河，命神造万物	2000余行
汉族史诗	《黑暗传》	混沌诸神代出世、盘古开天地	3000余行

① 陶阳，钟秀. 中国创世神话［M］. 上海：上海文艺出版社，1989：122－138.

表2　群神创世神话（故事）（均已出版、发表）①

神话族别	主　　神	母　　题
布朗族	顾米亚与12子	用犀牛身体各部造天地万物射8日9月
侗族	颠光、杠谊、赐广、乐尉、报亥、洛兴	造天、造地、修白天黑天、修山谷平原
彝族	①格兹天神与儿女	格兹用金银果变儿造天、变女造地、变动物撑天地
	②阿罗与子女	阿罗生5子造天，生1女造地，女用眼造日、月，化阿罗尸体为万物
	③恩体古兹4天神4铁匠神	另9女神、9男神开天辟地
景颇族	皮能帕、迷能玛与6代神	造天地、光明、黑暗、造人鬼、音乐、运动
毛南族	昆屯、汉王、天皇、共5代神	造天地万物
蒙古族	多伦·敖敦与99天神	清为天、浊为地、天神生万物和人

表3　对偶神创世神话（故事）（均已出版发表）

神话族别	主　　神	母　　题
阿昌族	天公遮帕麻、地母遮米麻	造天、织地、捏日、播星、喷云、开山河
傣族	混散、拉果里	造荷花、化四大洲变两千小鸟
独龙族	卡窝、卡蒲	雪山之神分万物、生男、女鸟兽
仡佬族	布什格、布比密	男神造天、日、月，女神造地、山、川
纳西族	董神、塞神	阴阳二神、创世、化日、月，生男女万物
佤族	达路安、达利吉	造天、造地

① 参见《中国神话故事》（马昌仪编，1996年中国广播电视出版社），《中国各民族宗教与神话大词典》（1990年10月学苑出版社出版）。

白族	劳谷、劳泰	生海水、日、月、星，生万物、金龙吐肉核化二神生多儿女
德昂族	天公、地母	用树叶做人
傈僳族	列喜列刹、沙喜沙刹	兄妹制人烟
怒族	腊普兄、亚妞妹	造人类
高山族	玛斯宛、玛利雅帕	造万物
土家族	张古老、李古老	造天地、造人类
苗族	佑聪、菠慈	造9层天、12层地、天窄地宽

表4　一神创世神话故事

神话族别	主　　神	母　　题
壮 族	①姆六甲	安排天地
	②布洛陀（男）	造天地万物、射日、传火
侗族	萨天巴	天地亲娘、生诸神、用肉痣生人类
拉祜族	厄莎	蛛网天神、做天梁、天椽、天网、做日月
苗族	罗迪	一胎生天地
布依族	①布灵	用二气造12天、地，用岩造日、月，水造银河，生风、电雨、汗毛造人，变山、万物
	②力戛	撑天、眼化日月、齿化天钉、支天柱、变森林
	③英叭	水、烟、气成大神、造天地、生神代
高山族	拉巴拉娥	开天地、造人、传火种
哈尼族	密乌艾西艾玛	金鱼娘扇出天地、生日月、生万物
基诺族	阿嫫腰白	分天地、造万物和人
傈僳族	木布帕	分天造地，造山河、花草、动物
黎族	大力神	分天地、射日月、造山川、森林、巨掌化五指山
珞巴族	斯金地母	天地自生，地母化生万物
毛南族	昆屯	撑天开地，石聚山、泥聚地，水滴聚海

普米族	吉塞米	用狗鹿创天地，鹿尺化生万物
水族	牙巫	手掰天地、造日月、造人
佤族	木依吉	造天地二神、造万物
瑶族	密洛陀（女）	造天地日月及12男神12女神造万物、人类
彝族	①溢萨	造天地万物
	②黑埃波罗赛	生卵化天地、日、月、星，统众神治天下
	③阿底	造四柱顶天地
哈萨克族	迦萨甘	卵石造火，水气升为天，落下为地、生日月星辰
维吾尔族	腾格里（女）	创天地万物
柯尔克孜族	宇宙神	造月神升天、造大地万物
满族	阿布卡赫赫	造天地、造万物
鄂温克族	保鲁恨巴格西	天神用泥造人间万物
鄂伦春族	恩都力	生男女造人
达斡尔族	天神	泥造人

从以上表1所列神话史诗可以看出，我国各族神话用长篇说唱体表述奇异幻想故事的史诗篇章几乎完全与世界神话史诗发生发展的状况相似，并不像国内外学术界某些人妄加评价的那样，似乎中国人不善于用诗的形式进行叙事创作。相反，就其艺术魅力来看，也完全有资格与国际同型史诗相媲美。

同时从表2到表4的介绍中，更可以看到中国各族创世神话的类型远比世界上其他各国各族神话更齐全。正像我国学者指出那样："中国的创世神，大体上可分为四种类型：一是独自开天辟地的创世神；二是一对开天辟地的对偶神（或兄妹神、兄弟神）；三是一大神为主，诸神为辅开辟天地的群体神；四是几代大神先后完成开创天地的世代神。这种形态在世界范围内的创世神信仰中都较为完备、多样而且具有典型意义。”①

与此同时，笔者还发现中国创世神话虽然表现出了多元的特点，但是，由于中国的少数民族与汉族之间有着悠久的文化交流关系，所以神话共生共享的现象是十分醒目的，且不论这些共生神话的传播源流如何，单只这多元一体的神话现象，就足以证明中国神话深厚而又源远流长的历史事实。最有代表性的便是盘古神话的多元一体特征见表5。

表5　盘古创世神话

神话族别	主　　神	母题及其变异
汉族	盘古	开天地、化生日月、山川、草木
壮族	盘古	分天地、化生万物
苗族	①盘古	卵生、分上下为天地、化身为万物
	②盘古、南火	盘古开天、南火开地
	③盘古、晴皓	开天地、化万物
畲族	盘古	造天地万物、化雷霆、化风云、变日月、变五岳、江河、地理、田地、金石、珠玉、化千万人，造帝王、造姓氏
瑶族	盘古	用耙造山川、高原、造天地、育万民
白族	盘古兄、盘生弟	共同开天地、化万物
土族	盘古	混沌生石卵、石卵生盘古，开出了2层天，又加一层黄金天。
傈僳族	盘古	开天地。造人，种南瓜生出兄妹育人烟
毛南族	盘哥、古妹	兄妹繁育人类
侗族	盘古、古老	古老开天地，盘古创万物，二神生天王12兄弟、地王12兄弟，造了万物、造人王9兄弟育人类

① 乌丙安. 中国民间信仰［M］. 上海：上海人民出版社，1995：101.

盘古开天辟地的神话在多民族的传播中得到了丰富，使原来古代典籍中的直白记述复原成有血有肉的活生生故事，传达出原始神话特有的朴素风格。至于其中的变异成分，就更加标明神话传承本身所显示的巨大生命力。

结　论

从以上多民族的神话史诗和神话故事的大量被发现并公开问世，完全展示了中国神话极为丰富的原始资源。中国不仅不是神话的“不毛之国”，反而成了高产神话的沃土，是神话原生态的未开垦的处女地。数千年以来在偏僻的山乡村寨中，口传神话的吟唱和讲述从没有中止，相反却保存得十分美好完整，这在人类学和民俗学的多年考察中也是奇迹。从我国多民族的创世神话的大发现成果中，可以概括出如下几点重要意义。

一、原始的古老神话总是由行吟诗人歌手编成史诗加以传诵，这已被希腊神话与两大史诗所证明。如今，中国多民族的神话和各族传唱的神话史诗再一次证明了这个古代文化史的经验。中国神话史诗的大量出现不仅彻底纠正了多年来关于“中国神话贫乏”的错误“定论”，也最终打破了中国没有史诗，特别是没有神话史诗的传统看法。虽然国际史诗研究界在20世纪80年代初已经承认了我国三大英雄史持（藏族《格萨尔》、柯尔克孜族《玛纳斯》、蒙古族《江格尔》），但是，在神话史诗方面仍认为是一片空白。中国无史诗的论断在国内外流传已久，国际上所认为的“中国人无史诗”，最早出自约150年前黑格尔《美学》中，他写道：“中国人却没有自己的史诗，因为他们的观照方式基本上是散文性的，从有史以来最早的时期就已形成一种以散文形式安排得井井有条的历史实际情况，他们的宗教观点也不适宜于艺术表现，这对史诗的发展也是一大障碍”。这个论断显然是指以汉文化为主体文化的观点，黑格尔时代还无法知道中国的多民族特点，更无从得知今天多民族史诗的被发现。但是，黑格尔的论断在国际上有极大影响，近现代的国际神话学界都坚持这一论断。至于国内学术界也只有近20年间才在发现了多民族创世史诗后逐渐承认了中国有史诗的事实。特别是当我国正式通过国家各大媒体向世界宣布了我国的古巴楚文化交汇处的巫山神农架，发现了汉族神话史诗《黑暗传》的文化信息后，国内外学术界方才全面承认中国原本有史诗的事实。

二、在众多的神话史诗中，少数民族，特别是西南少数民族史诗占有绝对的分量。同时，从内容的丰富到艺术表现的完美程度看，它们也是较为突出的。这一事实证明：中国神话与希腊神话至少有一点不同，中国神话具有鲜明的多民族性，它们既有各民族自身的创世大神、神代传承，甚至还有一个民族不同支系的不同创世神话的传承；同时也有少数民族与汉族共同传承着一些共生的创世神话。这种神话的分布与传承现象，呈现出鲜明的“多元一体”特征，这是和其他国家神话有明显区别的特点。我国神话学界从20世纪初以来，几乎半个多世纪的时间内经常忽视这种多民族特征，长期坚持汉族单一文化正统观，或公开或隐蔽地否认周边少数民族文化与汉文化的多元一体性，因而，不认为少数民族神话与史诗是可以代表中国的文化因素。正因为这样，才出现了所谓“中国神话贫乏”论，“中国神话零散、断片”论等，把注意力紧紧盯在了汉文典籍上，既排斥了少数民族的口碑神话与史诗，也忽视了汉民族的口碑神话与史诗。直到汉族神话史诗《黑暗传》及汉族中原神话群从神群架及河南盘古山、夸父山、女娲城等地采录成功公开发表后，神话学界狭隘的汉文古典正统观才得以纠正。也正是由于多民族的多元一体的中国创世神话的大发现，用无可争辩的事实，纠正了我国神话学的许多错误，弥补了许多缺欠，打消了国外一些统治了近一个世纪的学术偏见和文化歧视。

近年来日本著名的中国神话研究家伊藤清司撰文说，随着各少数民族神话的大量被发掘，随着中国神话研究寄予极大期待的汉族民间神话新资料汉族长篇创世史诗《神农架黑暗传》及河南省《中原神话》被发现。“我们期待着中国神话研究从以往长期闭塞状态推移开去向文化生态的广阔视野展开，将是大有希望的。”① 这应当被看作是国内外共同的对中国神话学的新的期望。

三、中国创世神话的大发现，证实了这些神话群在各民族的现实中仍然发挥着实际效用。它们和某些文明古国的上古神话业已成为文献上的“化石”不同，而是和现实生产交织融合在一起，和民族的现行各种俗制、文化活动、信仰和道德都有着密切关系。它们是当代人类学和民俗学最为关注的“活态神话”。它们所发挥的历史社会的、文化的多种功能对各民族的发展有重要的意义。马克思早在《德意志意识形态》中说过：“思想、观念、意识的产生最初是直接与人们的物质活动，与人们的物质交往，与现实生活的语言交织在一起。”② 中国创世神话正体现了这种特点。正如人类学家、功能学派开创人马林诺夫斯基所说：“神话的继续存在，并不专靠本身故事的叙述所引起的文学兴趣，它乃是一种原始现实的描述，而发生作用于社会的现行制度的活动中。它的功能就在于它能用往事和前例来证明现存社会的合理，并提供给社会以过去道德价值的模式，社会关系的安排，以及巫术的信仰等。”③ 当前，我国各民族正在从传统社会向现代社会转变，所以存活在他们生活中的神话及其表达出的综合意识形态，应当作为重大文化遗产给予高度的重视。

四、中国创世神话的大发现，不仅为神话学本身的发展和繁荣创造

① 伊藤清司. 中国神话研究之动向［J］. 史学，1997，66（4）.

② 马克思，恩格斯. 马克思恩格斯选集［M］. 北京：人民出版社，1972：30.

③ 马林诺夫斯基. 文化论［M］. 费孝通，译. 北京：中国民间文艺出版社，1987：73.

了极为有利的条件，更重要的是还为哲学和其他人文科学的研究打开了一座座丰富的宝库。因此，它们具有广泛的学术价值。这些神话中展现的瑰丽的宇宙观，无疑是哲学研究的最为丰美的原始思维材料。众多的人类起源神话为远古社会史的考古提供了许多可靠的生动依据，因为这些创世神话正是各民族朴素的原始宗教哲学基础。完美的神话幻想形象的大量“出土”，迫切需要美学家、艺术家和文艺家去鉴赏、探究、利用并再创作。应当承认，中国创世神话群的大量发现，必将对于当代人文科学的大发展起到不可估量的作用。拉法格在他的《宗教与资本》一书中说的好：“神话是保存关于过去的回忆的宝库，若非如此，这种回忆便永远付之遗忘。”目前，国内外学术界已经把学术研究的目光瞄向了中国创世神话群，预计跨世纪的人文科学必将从这里创造出辉煌的成果。

性本能与两性关系民俗的神话思维

——两性民俗学的发生论题之一

在这里我们既不想也没有能力从生物学的角度议论有关人的性本能的科学解读，不妨尝试从东西方古典哲学的演绎或解说中探寻一下人的性本能意义。

公元前400多年，在古希腊雅典的一个聚会饮酒的隆重民俗仪礼上，喜剧大诗人阿里斯托芬面对着大哲学家苏格拉底等一班名流，娓娓动听地讲了一个关于赞颂性爱本源的神话故事。柏拉图在他的哲学对话《会饮篇》中，记载了这一则故事。阿里斯托芬说：

> 你们首先要领教的是人的本性以及它所经过的变迁。从前人和现在人不一样。第一，从前人类本来分成三种，不像现在只有两种。在男人和女人之外，从前还有一种人不男不女，亦男亦女，这第三种人现在已经绝迹了，只有名称还保留着，就是所谓‘阴阳人’，他们原来自成一类，在形体上和在名称上都兼阴阳两性的。现在‘阴阳人’这个名称却成了骂人的字眼。其次，从前人的形体是一个圆团，腰和背都是圆的，每人有四只手，四只脚，一个圆颈项上安着一个圆头，头上有两副面孔，朝前后两个方向，可是形状完全一模一样，耳朵有四个，生殖器有一对，其他器官的数目都依比例加倍。他们走起路来，也像我们一样直着身子，但是可以随

意向前向后。可是要跑快的时候，他们就像现在玩杂技人翻筋斗一样，把脚伸直向前翻滚，八只手脚一齐动，所以翻滚得顶快。为什么从前人有三种，身体有这样构造呢？这是因为男人原来是由太阳生出来的，女人原来是由大地生出来的，至于阴阳人则是月亮生出来的，因为月亮自己也同时具备太阳和大地的性格。它们的形体和运动都是圆的，因为都像他们的父母。这种人的体力和精力当然都非常强壮，因此自高自大，乃至于图谋向神们造反。……想飞上天，去和神们打仗。①

“于是宙斯和众神会商应付的办法，他们茫然莫知所措，他们不能灭绝人种……因为灭绝了人类，就灭绝了人类对神的崇拜和牺牲祭祀；可是人类的蛮横无理也是神所不能容忍的。宙斯用尽了头脑，终于想出一个办法。他说：‘我找到了一个办法，一方面让人类还活着，一方面削弱他们的力量，使他们不敢再捣乱。我提议把每个人截成两半，这样他们的力量就削弱了，同时，它们的数目加倍了，这就无异于说侍奉我们的人和献给我们的礼物也就加倍了。截了之后，他们只能用两只脚走路。……’宙斯说到就做到，他把人截成两半，……他吩咐阿波罗把人的面孔和半边颈项扭转到截开的那一面，使人常看见截痕，学乖一点；扭转之后，再把伤口医好。阿波罗于是把他们的面孔扭转过来，把截开的皮从两边拉到中间，拉到现在的肚皮地方，好像用绳子封紧袋口一样，他把缝口在肚皮中央系起，造成现在的肚脐。然后他像皮鞋匠把皮放在鞋模上打平一样，把皱纹弄平，使胸部具有现在的样子，只在肚皮和肚脐附近留了几条皱纹，使人永远不忘过去的惩罚。”

阿里斯托芬陈述了神再造了人体的形象后，直接切中了人的性本能

---

① 柏拉图．柏拉图文艺对话集［M］．朱光潜，译．北京：人民文学出版社，1997：211－292.

的话题。他接着说：

“原来人这样截成两半之后，这一半想念那一半，想再合拢在一起，常互相拥抱不肯放手，饭也不吃，事也不做，直到饿死懒死为止。若使这一半死了，那一半还活着，活着的那一半就到处寻求配偶，一碰到就跳上前去拥抱，不管那是全女人截开的一半（就是我们现在所谓女人），还是全男人截开的一半。这样，人类就逐渐消灭掉了。宙斯起了慈悲心，就想出一个新办法，把人的生殖器移到前面（从前都是在后面，生殖不是借男女交媾，而是把卵下到土里。像蝉一样），使男女可以借交媾来生殖。由于这种安排，如果抱着相合的是男人和女人，就会传下人种；如果抱着相合的是男人和男人，至少也可以平泄情欲，让心里轻松一下，好去从事人生的日常工作。就是像这样，从很古的年代，人与人彼此相爱的情欲就种植在人的心里，它要恢复原始的整一状态，把两个人合成一个，医好从前截开的伤痛。”

“所以我们每人只是人的一半，一种合起来才见全体的符①，每一半像一条鱼剖开的半边，两边还留下可以吻合的缝口。每个人都常在希求自己的另一半，那块可以和他吻合的符。凡是由上文所说的阴阳人截开的男人就成为女人的追求者，男情人大半是这样起来的，至于截开的女人也就成为女情人，男人的追求者。凡是由原始女人截开的女人对于男人就没有多大兴趣，只眷恋和自己同性的女人，于是有女子同性爱者。凡是由原始男人截开的男人在少年时代都还是原始男人的一截面，爱和男人做朋友，睡在一起，乃至于互相拥抱。这就是‘恋童’和‘象姑’们。他们在少年男子中大半是最优秀的，因为具有最强烈的男性。有人骂他们为无耻之徒，其实这是错误的，因为他们的行为并非由于无耻，而是由于强健勇敢，富于男性，急于追求同声同气的人。……

---

① 中国古代以符为信，符可以用竹木和金属材料做成，一整体截成两半，两半相合无缝，才可证明符是真的。古代希腊也有类似的器具。——原译著

对于娶妻生养子女没有自然的愿望，只是随着习俗去做；他们自己倒宁愿不结婚，常和爱人相守。总之，这种人的本性就是只爱同性男子，原因是要‘同声相应，同气相求’。”

“如果这样一个人，无论他是少年男子的恋爱者还是另一种恋爱者，碰巧遇到另一个人恰是他自己的另一半，那就会发生什么样情形呢？他们就会马上互相爱慕，互相亲昵，一刻都不肯分离。他们终生在一起过共同的生活，可是彼此想从对方得到什么好处，却说不出。没有人会相信，只是由于共享爱情的乐趣，就可以使他们这样热烈地相亲相爱，很显然地，两人心中都在愿望着一种隐约感觉到而说不出来的另一种东西。假如正当他们抱着睡在一床的时候，赫淮斯托斯带着他的铁匠工具站到他们的跟前，向他们说：‘你们这两个人，彼此想从对方得到的究竟是什么呢？’假如因为看见他们仓皇不知所答，他就再问他们：‘你们是否想紧紧地结合在一起，日夜都不分离呢？如果你们的愿望是这样，我可以把你们放在炉里融成一片，使你们两个人变成一个人，只要你们在世一天，你们就一天像只是一个人在活着。假如你们死那也就在一道死。走到阴间的就不是两个人而只是一个人。想一想看，你们是否想这样办？这样是否能使你们心满意足？’听到这番话之后，我敢担保，他们之中没有一个人会答一个‘不’字，或是表示愿望其他的东西。他们每个人都会想，这正是他们许久以来所渴望的事，就是和爱人熔成一片，是两个人合成一个人。”

接下来，阿里斯托芬做了简要的结论：

“这一切原因就在人类本来的性格是如我向你们所说的，我们本来是完整的，对于那种完整的希冀和追求就是所谓爱情。”①

在这里笔者所以如此不厌其烦地引述了柏拉图撰写的哲学对话里的故事，目的只有一个，那就是想仔细地探查一下2400年前的古代哲人

---

① 两处引文均出自《会饮篇》中文译本238-242页、264页。

是怎样判定人之初的两性关系的。阿里斯托芬讲的人之初的性故事，在现代人的面前真是够荒诞的了，他用喜剧的诙谐手法给人类的性本源勾画了一幅令人可笑的图像。但是，人们不难看出在谐趣故事的背后隐藏着的深刻的人文思想。尽管柏拉图的情爱理念在《会饮篇》中是经由苏格拉底的颂辞极力推崇的情爱观：认为爱情是想凡是美的善的永远归自己的一种欲望，爱情的目的是在美的对象中传播种子，靠它孕育生殖，达到享有不朽。这种生殖可以是身体的，也可以是心灵的，并把爱情提到哲学极境的高度，甚至把爱情的最高学问看作是一种神秘宗教。在对话中，他还借苏格拉底无比崇拜的女巫之口，指责了阿里斯托芬讲的故事。女巫第俄提玛说："我知道有一种学说，以为凡是恋爱的人们追求自己的另一半。不过依我的看法，爱情的对象既不是什么一半，也不是什么全体，除非这一半或全体是好的，因为人们宁愿砍去手足，如果他们觉得这些部分是坏的。除非他把凡是好的都看作属于自己的，凡是坏的都看作不属于自己的。人只爱好的东西。"①

从爱情的性爱本能来说，毫无疑问是人类男性的爱欲本能地要去寻找与他相吻合的女性；同样，人类女性的爱欲也本能地去寻找与他相吻合的男性。在这一个最基本的人性支点上，阿里斯托芬所讲的男女合体人被神截开两半以后，这一半一定要找到另一半的故事，显然是最形象的也是最准确的哲学答案。因为，这是最符合生物种群中有性繁殖雌雄两性交合的自然法则的，也是为人类的生理过程和世世代代异性爱经验所证明了的标准答案。至于故事中所讲的男男合体人或女女合体人被神截成两半以后，这一半非要找到另一半的说法，也并不是古代哲人的假设，或是不着边际的臆造，相反恰是古代希腊人特别推崇的同性爱风俗实践的真实图解。从现代科学的探索中，也并不难找到一小部分人同性爱的自然本能依据。因此，可以肯定，上述阿里斯托芬的人的性本能解

---

① 《会饮篇》中文译本 238－242 页、264 页。

说，是对于人类性爱或爱欲的高度理性的肯定，传达了古代哲人关于性爱的人文思想。正因为如此，后世的学者常常把阿里斯托芬讲故事的内容，评价为“爱情的起源”之说。

在这里，不能不提起公元前3世纪以前的中国古典哲学，因为有关人类性本源的解说几乎难寻难找。尽管早于柏拉图124年出生的孔子早已认定饮食和男女（即“食”与“色”）是人类的本性，他在一次和鲁哀公的政治对话中早就提出“大婚为大”和“天地不合，万物不生，大婚，万世之嗣也”①的大道理。他在对《诗经·国风·关雎篇》描写那男子追求河洲上采荇菜的美女的古代歌谣做评价时，也曾赞赏它“乐而不淫”。但是，他还没能就人类本性的爱欲做出具体的解说来。特别是有关人的性本能的神话传说，决不会出自儒家之祖的口，因为早有典籍记载：“子不语怪力乱神”。至于比柏拉图晚半个多世纪诞生的孟子、庄子、荀子的各自不同的学说里，也找不到有关人类性本能的议论或直白。除了庄子在他的《庄子·齐物论第二》中讲过：猿猴在猿猴中寻雌，麋鹿和麋鹿交合，鱼和鱼共游，毛嫱和西施，也只有人类才看她们是美女。他也只是说出了顺乎自然的现象。在孟子和荀子的说教里，前一个断定人性本善，后一个判定人性本恶，涉及人固有的情性话题，他们都强调要修身、要教化，谴责人类情性的“禽兽之行”。难怪东方古代圣人们的尊口里，吐不出西方哲人们嘴里说出来的男女合体人的“污言秽语”。

无论古代哲人或圣人怎样看待人类的两性本源，现在看来，似乎已经无关紧要，最多也不过是一种文化史的记忆。因为，现代科学（包括现代人文科学）已经充分肯定了人类两性自然本能的意义及关于性的可贵的人文思想。在这里，回顾古代精英对于人类性本能及两性关系缘起的议论，对于探索性民俗或两性关系民俗显然具有重要价值。

---

① 参见《孔子家语》（卷一·大婚解第四）。

接下来，我们不妨从东西方神话中的两性关系畅想里做一做相应的探查。

不管西方哲人在他们的著作中是如何谈论两性关系的神话故事，也不管东方圣人在他们的语录中是如何排斥“怪力乱神”的神话邪说，都证明了神话对于人类认识自身的性本能和两性关系非常重要。我们中国的古圣先贤之所以“不语怪力乱神”“敬鬼神而远之”，那正显示了神话之类的民俗文化传承切中了人类社会行为的要害。

在东西方远古神话中，直接间接表现了两性关系的母题或情节要素，可以说是数不胜数。它们大多出自宇宙起源神话、人类起源神话、图腾神话和氏族祖先神话，形形色色，千奇百怪，从多方面展现出人类祖先对两性关系的奇思玄想。归纳起来，它们涉及的大致有 8 种类型：

1. 由男神女神相配繁衍神族，以后再由神族造人类。

这种类型在古希腊三神代神话中多有记载，在中国西南少数民族开天辟地神话中也有比较广泛的流传。这些神话故事大概算是它的最原始的形态了。在那些现代人看似荒诞的古老神话中，处处折射出原始族群中的两性关系和远古人类祖先对两性关系的原始观念。

在希腊神话里，开天辟地后首先从大地产生了大地母神该亚（Gaia）和奥林匹斯山最早的诸神。其中就有最古老的爱神厄罗斯（Eros），是她接触了地母该亚后，生下乌拉诺斯（Uranus）这个主宰星光灿烂的天之神。天公乌拉诺斯和地母该亚再相配，生下了泰坦神族6 男6 女12 大天神，分别主宰日月运行的12 个月。6 男神又分别和6 女神相配，长子欧克诺斯（Oceanus）是大洋神，与其姐妹忒堤斯（Tethys）做夫妻，生下了所有海神、河神、泉水神和森林神，忒堤斯因此被称为丰收万物之母。次子希佩里翁（Hyoerion）是太阳神，与其姐妹代表丰满和美丽的女神帖亚（Theia）相配，生下了日月、拂晓诸神。后来，拂晓女神又生下了风神和星神。三子科俄斯（Koios）是代表崇高和前进之神，与其姐妹最早的太阳女神佛贝（Phoebe）相配，生下了女神勒托（Leto），后来勒托作了宙斯的妻子，又生了太阳神阿波罗和他的孪生姐妹月神阿堤密斯（Artemis）。四子克利俄斯（Krios）是代表美声和期望之神，他与其姐妹正义和法则女神特弥斯（Themis）相配（一说是他和异父同母姐妹欧律比亚成婚），生下了时间女神和命运女神。五子亚佩托斯（Japetus）是代表永远茂盛的神，与其姐妹代表记忆和永存的女神摩内姆修内（Mnemosyne）相配（一说是他和大洋神之女克律摩涅（Clymene）成婚，生了普罗米修斯）。以上这5对兄弟和姐妹配偶的神，都繁衍了几代神族儿女。更重要的是幼子克洛诺斯（Cronus），他是推翻了父神乌拉诺斯的统治取得了主宰神权地位的另一代主神。他与其姐妹瑞亚（Rhea）成婚，生下了众多的宙斯神族子女。①

在日本古代神话神世七代中，有一对兄妹神伊邪那岐和伊邪那美相配繁育了多代神族的神话记录。“伊邪那”（いざな）的原词有“邀请”和“引诱”的两重含意，“岐”（き）表明“高大”，是男子的美称；“美”（み）代表“美丽”，是女子的美称。又因为他们都是神，所以在日本语文里都加上了“命”的尊称。在《古事记》中有一节关于伊邪那岐命和伊邪那美命二神婚配的性爱描写，赞美了神婚的交合。二神遵照众天神的诏示，“降到岛上，树起‘天之御柱’，建立起‘八寻殿’。于是，伊邪那岐命问他的妹子伊邪那美命：‘你的身子是怎样长成的?’她回答说：‘我的身体已经完全长成了，只有一处没有合在一起。’伊邪那岐命说道：‘我的身体也都长成了，但有一处多余。我想把我的多余处，塞进你的未合处，生产国土，你看怎样?’伊邪那美命回答说：‘这样做很好。’伊邪那岐命接着说道：‘我和你围绕这个天之御柱走，在相遇的地方结合。’这样约定之后，又说：‘你从右边，我从左边，绕着相遇。’当绕着柱子走时，伊邪那美命先说：‘哎呀！真是个好男子！’伊邪那岐命接着说：‘哎呀！真是个好女子！’互相说完之后，伊

① 冯作民．西洋神话全集［M］．台湾：星光出版社，1980：37－38.

邪那岐命对他的妹子说：‘女人先说不吉利。’虽然在交合之后生了孩子，却是个水蛭子。把这个孩子放进芦苇船里，任其顺水流去。……二神商议道：‘我们这次生的孩子不好，应该禀报天神。’于是便一同去向天神请教。天神让他们占卜神意。占卜之后指示说：‘因为女人先说话了，不好，回去重新说。’二神回来，像先前那样绕着天之御柱走。伊邪那岐命首先说：‘哎呀！真是个好女子！’然后伊邪那美命说：‘哎呀！真是个好男子！’这样说过之后，又实行交合……”① 于是成功地生出了他们的孩子日本国土的14个岛屿，又生了35位各有职司的男女神。众神又繁育了许多代的子孙神族，直到延续了人的祖先。

在中国多民族的口头传承神话中，也有相似的神族谱系。例如：广西瑶族布努支系的神话史诗中就有开天辟地的大女神密洛陀（一说她有夫神布洛西）造了12男神和12女神，再由他们造出孙辈12男人和12女人，分别成为瑶族等许多民族的始祖神。“密”在瑶语中是“母亲”，“洛陀”原意是“创造”。是她造出天地以后，命令12位男神辅助她再造万物：阿亨阿独是造山岭的山神；波防密龙是开江河的水神；洛班炯公是铺路架桥的匠神；雅友雅耶是植树造林的林神；阿坡阿难是敲打神鼓、聚云造雨的雷神；怀波松是巡查万物生长情况的报信神；格防则依是造鸟兽和鱼类的兽神；勒则勒郎是开良田、种庄稼的土地神；约友约多是给天下万物取名记名的书神。桑勒也和桑勒伊二神制造毒箭射落11个太阳和11个月亮，解除了人间的干旱，负责坚守天上的日月，密洛陀没有封他俩为神；最后一位桑勒山是神箭手，一箭射穿了12道天门，一箭射穿了12根金柱，还尊母之命射死了饿虎恶狼和兽妖，被封为猎神。这12位男神都是主管神族外部的造万物的大神。12位女神则分别是主管族内的家务和繁育子女：花也伢主司给众男神出工上路前起

① 安万侶. 古事记［M］. 邹有恒、吕元明，译. 北京：人民文学出版社，1979：3－9.

早做饭，负责采花粉、做蜂蜡，造人缸，孕育人类；花宜伢协助烧火做饭，参与采花粉，做蜂蜡；花三伢负责为大姐二姐准备烧柴，还捏蜂蜡造人雏形；花发练负责帮助三姐拾柴挑柴，在造人活动中，担当接生神；喂伢昂负责给大姐二姐做饭时舀水，同时在造人时负责喂奶；喂伢背负责做饭时挑水，造人时准备小儿的穿着打扮；喂伢轻体弱，负责看护庄稼和鸡羊，还善于擒拿捆绑，成了一位守护神；喂刹东在家负责驯养野猪，与猪同栏，熟悉猪菜，精心料理，被封为猪神；喂偿旧上山采百草制药，给造出的 12 个男孩和 12 个女孩服用冲洗，使儿女健康成长，被封为药神；花炯伢、花依伢、花玉伢三姐妹负责造虫蛇类动物，她们采集了千万种草茎树叶，深埋土里，造出世界上的各种蛇类、蚯蚓、蜈蚣、蛀虫、蚂蚱、苍蝇和马蜂、黄蜂；最小的妹妹花玉伢最后采树叶时，坠崖而死，由男神十一哥和十二哥把小妹用大树叶埋葬在月宫，后来变成各种蜜蜂，为瑶族造福。当地瑶族传说她是蜂氏族祖先。①

2. 神族的内部性爱和与非神族人的混杂性爱。

这类神话故事和人类起源神话的原始类型有很大不同，它们不是关于最初繁衍人类的两性话题，而是表现幻想中神族的性爱关系和情爱生活。这类神话主要出自古希腊神话和罗马神话，在那些神的故事中，男神女神任意追求异性神或人，充满了性爱纠葛和情爱妒忌。从神族的错综复杂的性爱关系中似乎可以描摹出人类祖先远古性生活的图像。

以宙斯为中心的神族性爱关系很有代表性。宙斯（Zeus）作为天帝，首先和他的同胞姐妹天后赫拉（Hera）相配，同时又和另一胞妹农业神德墨忒耳（Demeter）及另一堂妹勒托成婚。原本是宙斯父亲的亲姐妹记忆女神摩内姆修内、正义与法则女神特弥斯、海神河神之母忒堤斯，后来都和宙斯结为夫妻或性爱关系，还生下了命运 3 女神、缪斯 9 女神。宙斯还和美丽与欢乐女神欧丽诺美（Eurynome）建立了性爱关

① 中国各民族宗教与神话大词典［M］. 学苑出版社，1990：651－653.

系，生下了优美3女神。他还化成雄天鹅，拼命追求监督与惩罚女神尼墨希斯（Nemesis），并和她共生了一颗鹅蛋，从蛋中生出美女海伦。宙斯还把普勒阿德斯7姐妹中的3人作为她的情人，其中的迈亚（Maja）和宙斯共生了天使神汉默斯（Hermes）。最值得注意的是，宙斯还和许多人间美女发生性爱关系，生出了大英雄或小神。他追求一位王后阿尔克美妮（Alcmene），生下了大英雄海克利斯。他追求卡德毛斯王之女赛墨丽（Semele），生下的儿子成为酒神。他还把底比斯王的公主安堤娥佩（Antiopa）、艾姬娜（Aegina）姐妹作为情人，也生下了不凡的后代。他还和大英雄之女伊娥（Io）有性爱关系，以后他又追求了伊娥的女儿达诺埃（Danae），甚至后来隔了几代，他又把伊娥的后代腓尼基王公主欧罗巴（Europa）作为情人，生下了3个非凡的人。和宙斯有婚姻或性爱关系的神或人，有不少也都和其他的神或人有婚配或性爱关系。只要把宙斯的神话全面展开，就会绘制出一个复杂而有序的远古神族和人间两性关系网络图谱来。①

3. 只有一男神和一女神相配繁衍人类。

这不是前面所引的一群兄弟神和一群姊妹神之间的神族对偶关系，而是仅有一对夫妻神或兄妹神、姐弟神之间的相配繁衍人类的形态，有明显的一夫一妻专有制痕迹。例如，中国阿昌族对偶神天公遮帕麻、地母遮米麻造天织地、捏日播星喷云吐雾开山河，制人烟；独龙族的雪山之神卡窝与卡蒲相配造万物生儿育女；纳西族的阴阳二神董神、塞神创造世界后生万物，繁育子女；白族的对偶神劳谷、劳泰生海水、生日月星辰、再生多儿多女；傈僳族兄妹神列喜列刹、沙喜沙刹婚配制人烟。苗族的雷公姜央兄妹制人烟。

4. 由神制造的男人女人相配繁衍人类。

举世闻名的希伯来神话中两性关系的由来，最为典型。不论《圣

① 冯作民. 西洋神话全集［M］. 台湾：星光出版社，1980：61－68.

经》的创世记和伊甸园的故事是如何编写的和历代宗教神学是怎样解读的，那叫作亚当的男人和他的女人夏娃之间发生的性爱关系就在从无知到已知的神奇经历中被肯定了。在希伯来神话中，伊甸园的神话故事充满了人文精神，事实上在冷静地表达了上帝简单命令式地创造世界的过程之后，最富有人情味地在伊甸园的动人故事中肯定了性爱的天经地义本质。故事说：耶和华上帝用地上的尘土造人，把生命的气息吹进他的鼻孔，他就有了生命，他的名字叫亚当，“亚当”这个词的原意就是“人”或是“人类”。上帝还在东方的伊甸立了一个园子，把它造的人安置在里面。他使土地生长各种美丽的树木，结出好吃的果子。中间还有一棵生命树，一棵使人辨别善恶的树，有四条河环绕，其中有一条河环绕着生产黄金、香料和宝石的地方。上帝在如此美丽的花园还为那人造出了各种动物任凭那人选择一个伴侣和助手，但是却没有一个适合作那人的伴侣和助手。上帝于是让那人沉睡，上帝从那人身上取出一根肋骨，造了一个女人。上帝把那女人带到那人的面前，那人于是称她为“女人”。于是二人成为一体，夫妻二人，赤身露体并不羞耻。上帝造的最聪明的蛇，引诱了那女人吃了能辨别善恶的果子，女人把果子也给那男人吃了，他们的眼睛顿时亮了，发现了自己原是赤身露体，都立即用无花果树叶遮盖了自己的身体。发生了这件事以后，耶和华上帝惩罚了蛇，让他爬行，永远与那女人的后代相互为敌。上帝还诅咒了那女人，让她增加怀孕和分娩的痛苦，让丈夫管住她，让她爱慕丈夫。上帝还诅咒了那男人，让他终生辛苦才能吃饱，直到死后归于尘土。亚当给妻子取了个名字叫夏娃，“夏娃”的原意就是“生命”，从此她就是人类的母亲。上帝用兽皮给他俩做了衣服。上帝还担心两个人再吃了生命树的果子永生不死，就把他俩赶出伊甸园。一天，亚当和妻子夏娃同房，夏娃怀了孕，生下一个儿子叫该隐，后来作了农夫；以后又生了一个儿子叫亚伯，后来作了牧羊人。从此繁衍了人的子孙。[①] 神话中人的两性关系开初，被描绘成发生在生机盎然的瑰丽天堂中的美好的事，即使是受诱惑偷吃了禁果，受到了神的诅咒和惩罚，也显示了人的天赋本性。

5. 一群兄弟和他们的一群姐妹相配。例如，纳西族创世故事里的利恩六兄弟、利恩六姐妹婚配繁衍后代。

6. 只有兄妹或姐弟二人的相配生育后代。例如，怒族的远古祖先腊普兄、亚妞妹生儿育女繁衍后代；毛南族的盘哥、古妹婚配繁衍人类。

7. 一个女人和雄性异类相配繁衍了一个族群。许多民族的族群部落都流传着本部族远古祖先是女性老祖母，与神灵的异类婚配后，繁衍了该族群，从而传承了相关的动物或植物的图腾神话。

8. 一个女人接触神奇事物后孕生非凡人物。如中国古代有关族群来源的神话“天生玄鸟，降而生商”；就是讲述商代祖先是有戎氏之女简狄吞燕卵后生下的男孩。女真人后金（清）太宗时期传播的始祖神话有，长白山天池三神女沐浴，幼女佛库伦吞鹊衔朱果后孕生爱新觉罗氏始祖的说法。

从上述具象资料的分析介绍中，人们不难看到人类两性文化从原始形态出发迈向远古婚俗文明的蹒跚足迹，同时也折射出由人类性本能的驱动形成的显得杂乱的两性婚配关系，是怎样艰难地从族内婚向族外婚转变，从兄妹姐弟婚、表亲婚、各种形式的对偶婚（一夫多妻、一妻多夫、伙婚、走婚……）、直到一夫一妻制的专偶婚，甚至还发展了其中的特殊形式同性婚，都在证明人类社会两性民俗文化的真实存在是有其深厚的根基的。

---

① 张朝柯．东方民间故事丛书5·希伯来民间故事［M］．沈阳：辽宁大学出版社，1993：4－7．

两性关系与难以控制的婚姻习俗模式

——两性民俗学的发生论题之二

两性关系的民俗发生话题还不得不回到原始婚姻习俗的形成特征上来。

我们总不能说，因为我们是人科（Hominidae）动物，在生物界被列入脊索动物门—脊椎动物亚门—羊膜总纲—哺乳纲—真兽亚纲—灵长目—类人猿亚目—狭鼻猴次目—人猿超科—人科—人亚科—人属—智人种，我们就只能按照动物学的性本能知识解读其真兽性特征。也就是说人科动物最古久的性本能活动，特别是两性交合的本能活动，是不是就等于两性关系的原始婚姻习俗？这种假设的提问是否成立？在以往的民俗学课题中几乎找不到回答。因为，这是属于民俗发生论的难以实证的死题，绝不是用“是”或“不是”的简单答案可以一言以蔽之的。至少从理论上或现存部落社会的调查材料上还不能说它们就是原始婚姻习俗。道理很清楚，性本能活动的属性是自然的，而两性关系婚姻习俗的属性是文化的，即使是最原始的两性婚姻习俗也理应是文化的。问题的关键在于人类祖先最初是如何从人科动物的性本能习性进入人类社会两性关系习俗文化的？这种由本能习性到文化习俗的历程，究竟是自然而然的渐进过程还是人类自觉的文化创造？民俗的发生论似乎都应该做出回答。

要想回答上面提出的问题，首先需要划清动物两性关系习性、人类两性关系习俗和人的两性关系婚姻习俗三者之间的界限。因为，无论它们三者有着多么密切的关联，它们之间的重要区别都是很明显的。人的两性关系习性显然是动物性的本能，人的两性关系习俗则是从人类进化和社会发展中形成的多种两性生活方式，这些生活方式在不同的历史和不同的群体中作为风俗习惯传承着。其中婚姻习俗则是以两性关系为重要纽带形成的人类社会最基本的社会关系习俗。

婚姻这个术语，在社会人类学者的定义中，从来都被看作是一种社会制度的表示。正像芬兰学者韦斯特马克给婚姻所下的定义中所说的那样："婚姻，通常被用作一种表示社会制度的术语。因此可以给它下一个定义：得到习俗或法律承认的一男或数男与一女或数女相结合的关系，并包括它们在婚配期间相互所具有的以及他们对所生子女所具有的一定的权利和义务。这些权利和义务因民族而异，故而不能全部包括在一个通用的定义之中。不过，各个民族又必然有着某些共同的东西。结婚总是意味着性交的权利，社会不仅允许夫妻之间的性交，而且一般说来，甚至认为彼此都有在某种程度上满足对方欲望的义务。但是，性交的权利，并不一定是排他性的。从法律观点上看，很难说婚姻具有排他性，只有与别人通奸被认为是一种足以使婚配一方提出离婚的罪过，而事实并非总是这样。同时，婚姻不仅仅规定了男女之间的性交关系，它还是一种从各方面影响到双方财产权的经济制度。"①

在这个 1926 年发表的颇有权威性的婚姻定义中，包含了以下几层含义。一是婚姻的内涵包括男女相结合的关系，这种关系指的是：一男或数男与一女或数女相结合的关系。如果没有理解错的话，社会学论著中普遍认为它指的是：一男和一女相结合的一夫一妻关系，一男和数女相结合的一夫多妻关系；是否还应该考虑把它延伸到一女和数男相结合

① 韦斯特马克．人类婚姻简史［M］．刘小幸，李彬，译．北京：商务印书馆，1992：1－2.

的一妻多夫关系，以及更为古老的数男和数女相结合的多夫多妻关系。二是婚姻的内涵还包括男女在婚配期间相互的权利和义务，它首先指出婚姻所意味的性交权利和相互满足对方欲望的义务。同时指出丈夫对妻子儿女的支配权利和对妻子儿女的供养义务，相应地包括妻子儿女对财产的继承权利和协助丈夫或父亲做事的义务。在这两层含义中，显示出婚姻的三个属性：一个是自然属性的性本能关系，一个是民俗属性的夫妻关系和夫妻及其子女的亲子关系，另一个则是法律属性的夫妻及其子女的基本权利和义务。具备这三种属性的婚姻概念，在现今社会婚姻行为中是很容易理解的，它们显然是三位一体的和缺一不可的，似乎也是比较全面的。但是，假如我们把婚姻推本溯源到人类童年期，做出尽可能接近事实的猜想，就会发现婚姻的开端其实距离习俗惯制和法律制度很远很远。因为那时的原始部族生活与其他哺乳类灵长目动物的队群生活较为接近，自然形成的群体中那些自然选择的男女两性关系，也许正是在约定俗成中的原始婚姻。换句话说，在婚姻的最初阶段，最基本的两性关系的自然而然的排列组合，就是原初的婚俗。

韦斯特马克十分重视原始婚姻的民俗学认定。他说："说到婚姻制度的起源，我想它很可能是从一种原始习俗发展而成的。我们有理由相信，甚至在远古时代，一个男人与一个女人（或几个女人）生活在一起是一种习尚，他们彼此发生性交关系，共同养育子女，男子是家庭的保护者和抚养者，女子则是他的助手和子女的养育人。这种习尚首先由习俗所认可，既而得到法律的承认，并终于形成一种社会制度。"① 接下来，他用了最大的耐心列举了动物世界中相关的调查资料作证，借以说明我们人类祖先很早就有这种习尚的理由，并从这里出发探明人类婚姻这种习尚的真正起源。他以绝大多数鸟类的雌雄同栖、共育幼雏、一

① 韦斯特马克. 人类婚姻简史［M］. 刘小幸，李彬，译. 北京：商务印书馆，1992：1－2.

旦配对、不再分离的习性和人类婚姻习俗作比对，并引用著名动物行为学家布雷姆的话高度赞扬说："纯真的婚姻，只能在鸟类中找到。"他还引证了猿、猴、黑猩猩、大猩猩等灵长动物的一雄一雌或一雄数雌配偶、共同抚育幼仔习性，和人类婚姻起初的习俗做了比对。使我们大体上探测到人类婚姻最初的习俗和动物配偶的习性，何其相似相近。

但是，所有关于非人科动物两性配偶的调查资料真的和人类"未开化"部落社会的原始婚配习俗很相像吗？回答当然既是肯定的又是否定的。从两性配偶关系的表现形态看，应当肯定确实非常相似。但是，就其生物性本能的差异和人类进化的高级神经活动带来的精神文化特性来看，非人科动物的配偶关系是本能习性，人的婚配关系在性本能的基础上形成的却是两性文化习俗，因为在确定配偶关系时限内，男女双方关系不同于任何随意的性关系，他们往往注入了彼此或群体认可这种关系的表示，或口头的或行为举动的一种约定，渐渐形成了某些近乎仪式性的举动，相沿成俗。显然，即使是起初的婚姻和同时并存的其他两性关系也有着习俗上的差别。

在这里，不妨就动物配偶和人类婚姻在特征上的差异做出分析对比，就可以找到明确的答案。动物求偶的制高点是雌性动物发情周期的性欲冲动，引诱了雌雄交合。由交合再导致雌性受孕，于是雌性的发情周期结束，继之而来的是妊娠期。这时，雌性一方对其他所有的雄性立即失去了性吸引力。然而，唯独和它选中的雄性交合伙伴依然保持着这种性的吸引力，从不因为进入妊娠期而停止，而是继续相依相伴，一同居处。同时，雄性动物表现出对雌性的呵护与帮助，显示出自然选择的动物配偶本能的内在因素。雌雄两性从此进入一个新的行为方式的生活，在这里不仅雌性动物不再受到发情期的性欲冲动，雄性动物此刻也不再有发情高潮期的妒忌和对所有雌性普遍的占有欲。这种新的行为仿佛从冲动的求偶期进入了一个平静的配偶期，从一个性本能链接进入另一个性反应链接，形成了动物世界的一种类似"婚姻"的特殊反应。

人类社会的婚姻缔结在性质上显然与其他动物有所不同，人的两性交合行为的发生并不等于自然选择而缔结的婚姻。而婚姻的缔结必定有一种彼此认可、许诺或群体接纳等特定的形式。在婚姻开初的远古，这些形式哪怕是极其简单或普通，但总是一种必不可少的标志婚姻的文化习俗形式。正因为有了这些形式，所以才鲜明地标志了一种两个人在性关系的基础上缔结的婚姻关系。这种关系显然不是用本能就可以确立的，而是用一种习俗约定的，这种习俗具有相当的文化约束力和社会约束力。也正因为人类的性本能没有可能靠自然选择导致婚姻缔结的生理机制做保证，所以婚姻习俗在人类社会就自然而然地应运而生。在这个问题的讨论中，社会人类学大师马林诺夫斯基在1927年的论著里作了精辟的概括。他指出：人类社会的婚姻在动物本能的调节之外，还加上了新的外力因素作为辅助，那就是社会的干预或认可，一经结婚，就必然承担起这种婚配关系的一切义务，包括生理的、家庭的、宗教的、经济的义务等。从而可以清楚地看到：动物的本能节制和人类的文化决定两者的不同。动物的配偶受自然选择作用的求偶所引诱，为简单的妊娠所终结，为内在的配偶依恋所维系；人类婚姻受文化的支配作用所引导，为社会的认可所终结，为各种现实社会的约束制度所维系。可以清楚地看到文化的功能和自然的本能，在发挥作用方面都是一样的。所用的手段尽管是完全不同的，但是它所达到的目的却是一致的。[①]

说到这里，就需要探讨人类在两性关系基础上是怎样向婚姻习俗的形式延伸的。人类婚配的两性关系并没有凝固在远古的习俗萌芽中，从开始就显示了它自身驱动力的文化能动作用。他从远古走来，演化出多彩多姿甚至光怪陆离的多种内容和样式。迫使专攻婚姻研究的社会学者不得不一再修改和补充他们的婚姻定义。

---

① 马林诺夫斯基．两性社会学［M］．李安宅，译．北京：中国民间文艺出版社，1986：190－191．

从不同的历史时期和不同的文化空间获得的婚俗信息考察，婚姻早已经成了极为形式多样和拥有很多功能的社会习俗文化现象。相关的学者几乎都试图对婚姻的内在本质给出一个全面概括的定义。在这些定义中还想把人类婚姻的目的或企图达成的目标表示清楚。这显然是很难操作的科学工作。因为婚姻沿着自已的发展道路无止境地不断延伸，使婚姻的风俗习惯总是处在庞杂的或有序或无序的错综矛盾中运动，并不以人的意志为转移。

不妨回过头来，再重温一遍已知的婚姻要素：婚姻在普遍实行一夫一妻俗制的历史时代范围内和地理空间范围内，遵守一夫一妻俗制的规则，实行对一个男人和一个女人之间关系的认可或允准；婚姻在普遍实行一夫多妻制的特定民族文化圈中，遵守一夫多妻俗制的规则，实行对一个男人和两个以上女人之间关系的认可或允准；婚姻在特定的一妻多夫俗制通行的民族文化空间里，实行对两个以上男人（绝大多数是同胞兄弟）和一个女人之间关系的认可或允准；婚姻在通行多夫多妻俗制的部族传统环境里，实行对这群男人和与其相对应的这群女人之间关系的认可或允准；婚姻还实行对性习俗中两个不同性别的人之间的性交行为的认可或允准；对通过允准的两性交合怀孕出生的子女给予正当地位的认可。上述所有实行过的认可或允准，就被认定为婚姻关系。这些要素曾经在很长的历史当中，被认为是婚姻概念的全部内涵和人类婚姻的公因数。它们被誉为天衣无缝和天经地义，无懈可击。然而，事实上的婚姻早已经打破了上述概念或规则的限定。

人们实际上已经发现，在婚姻发展进程中，上述要素一直在或快或慢地延伸演变，使两性关系的婚姻习俗出现了更多的变异形式，形成了若干新要素。英国社会人类学家爱德蒙·R·里奇在他的调查研究中，就从婚姻的功能检测出 10 种功能，试图说明婚姻范畴的扩展。在这 10 种婚姻功能里，使丈夫拥有独占妻子性生活的权利，使妻子拥有独占丈夫性生活的权利，为一个男人的子女确定合法母亲，为一个女人的子女确定合法父亲。这四种功能显然是一夫一妻俗制范围内的婚姻功能。另外六个社会功能：丈夫获得享有妻子在家庭内部服务的权利，妻子获得享有丈夫经济抚养的权利，丈夫拥有取得妻子财产的权利，妻子拥有取得丈夫财产的权利，建立起丈夫和妻子与他们的子女之间的财产继承关系，建立起夫方亲族与妻方亲族之间的亲密（姻亲）关系，这些显然都是原初婚姻要素的扩展延伸。

顺便应当说明的是：里奇所说的 10 种婚姻功能中一夫一妻之外的婚姻关系，最先就显示了婚姻习俗要素的延伸。在一夫多妻的两性关系认可中，早已经被发现。最主要的是一个丈夫对两个以上妻子的性权利的分配，并不是均衡的，往往出现主妻和副妻的差别，出现以后的妻与妾的性权利和其他权利的分配差别。在一妻多夫的两性关系认可中，也已经发现，一个妻子面对的是两个以上丈夫的性权利的分配，大多是同胞兄弟之间性权利和义务的分配，往往也存在着一个主夫（比如长兄）和几个副夫（几个弟弟）的区别。

此外，在这里，还有几个重要的语义具有不可忽视的作用。子女的“合法”父母是婚生子女“地位”的确定；丈夫享有妻子家务服务的“权利”，就意味着妻子有为丈夫服务的“义务”；相对的是妻子享有丈夫经济抚养的“权利”，就意味着丈夫有抚养妻子的“义务”；夫妻都拥有取得对方“财产”的“权利”；子女都有“继承”父母“财产”的“权利”。除了对夫妻相互占有性权利的认可和对婚生子女的认可是婚姻原初具有的基本习俗元素外，其他像“合法地位”“权利义务”，包括享有服务权、享有抚养权、尽服务义务、尽抚养义务、取得财产权、继承财产权等，已经由最初的婚姻习俗两性关系的基本认定向习惯法或法律的判定大大延伸了。这种延伸很明显地扩大了婚姻范围内两性关系的社会习俗特征，甚至导致某些婚姻要素与两性关系的缔结毫不相干。

就像众所周知的有关非洲一个女人和另一个女人结婚的社会习俗调查实例，可以作证。那位没有生育能力的女人需要娶进来一个新娘为她生一个能继承她财产的孩子，怀孕的新娘的性伙伴当然不是自己的女丈夫，这桩婚姻关系达成的目标十分明显，这个婚生子女获得了这位女性“父亲”财产继承人的合法权利和地位。在中国婚姻习俗的历史上，曾经流行过“冥婚”（或称“鬼婚”）的习俗。无论是给一个死去的未婚男子娶一个人间的女子，或是把一个夭折的未嫁女子许配给一个人间男子为妻，或是经由“鬼媒”为两个死去的未婚男女殡葬完婚，都与两性关系的婚姻要素相距甚远，而是为了达成各种各样姻亲关系的权利与义务等等的合法目的或达到信仰上的某种满足。

在进入所谓后现代工业社会的今天，婚姻关系已经被引入男性同性恋或女性同性恋的伙伴关系中，一些国家的法律或一些地区、群体的习俗惯制已经对同性恋婚姻予以认可或批准，取得了合法地位。它们和两性关系一样举行各种样式的婚礼仪式，正式履行合法婚姻的手续。这在人类婚姻习俗的延伸扩大方面显然是一个很大的飞跃。婚姻从此不再是两性之间的性权利和性义务的专利，同时也是单一性别之间缔结合法性爱关系的重要凭借，从而也赋予了性爱双方相应的权利和义务。

在婚姻习俗的延伸过程中，不断注入各种权利和义务的因素，既是对婚姻习俗在内容方面的不断丰富，也是对婚姻范围内两性关系的多种限制和束缚。事实证明，一个并不具备多种权利和义务的极其单纯的婚内两性关系，在扩大延伸了的婚姻习俗中曾经是很难维持的。像中国古代很长的历史时期内，一对夫妻在婚姻关系中没有婚生子女，或只生女不生男，妻子就会遭到男方休弃，解除婚配关系。那是因为把没有履行生子义务的罪责强加在女方头上，使她失去了做媳妇的权利。在中国古代的习惯法中，判定“休妻”的七条罪名的第一条就是“不生子”，而“不孝有三，无后为大”是封建中国婚姻家庭的最高道德信条，直接支配着婚姻习俗。

婚姻习俗的不断延伸，还带来了一连串的夫妻双方姻亲关系联结的形成，前文提到的里奇的科学研究中已经指出了这个重要的因素。这种由一对男女婚姻关系起始的联结，引出了他们个人和姻亲群体之间的一系列权利和义务关系，同时也确立了姻亲的责任与合法地位。显然，这种婚姻要素的延伸在像中国这样的宗法制传统的社会里十分必要。比如，一经结婚，丈夫与妻子的同胞兄弟之间的姻亲关系就被确立为首要的姻亲关系，这对夫妻生子女后，新生儿的舅父们就对该外甥（女）拥有了许多特权，包括约定外甥女嫁入舅家为儿媳的表舅优先权在内。所有扩大了的姻亲关系都从各自的权利义务中制约着婚姻关系的男女当事人。又比如，一旦结婚，妻子与丈夫的胞弟之间的姻亲关系就十分特殊，丈夫不幸去世，妻子必定下嫁丈夫的胞弟。这是一种权利和义务的转移，包括性权利和财产继承权的亲族内转移或重新分配。这种婚姻习俗的延伸，在中国古代北方民族婚姻和亲族关系中习以为常。再如，丈夫与妻妹之间的姻亲关系也被确立为特殊关系，妻子去世，待嫁闺中的妻妹嫁给续弦的姐夫这种事例在中国并不罕见。“妻妹续亲”习俗的被延伸，也是两性婚姻关系在性权利和连带的其他权利和义务的转移或重新分配。在许多由婚姻关系延伸出的姻亲关系习俗中，不仅展现出了一系列的权利和义务的社会习俗现象，更重要的是这种延伸直接间接衍生出了多种多样的婚姻习俗现象。像姑表亲婚、姨表亲婚、叔嫂继亲、妻妹续亲等婚姻习俗类型几乎都是由一对夫妻的两性婚姻关系在扩大延伸中形成的，很值得深入细致研究。

两性关系婚姻习俗的延伸，还显示在婚姻双方关系终生难以解脱的联结上，并不是仅仅在缔结婚姻当时对彼此性权利的认可那样简单。在中国过去很长的历史时期里，妻子要为死去的丈夫守寡，那是一种为丈夫守住贞洁的义务，寡居到老到死的女子，将会受到皇朝为之树立牌坊的奖赏，以表彰她做寡妇的贞节操守。在日本的婚姻传统中，妻子在缔结婚姻关系时一定要将原来的父姓改换成丈夫家的姓氏，直到丈夫去世以后，也要坚持从一而终的操守，不得改换姓氏，以致断送了改姓再嫁的前程，孤守一生。在中国，“过门冲喜”的婚俗在民间曾经十分流行，它的产生是出于未婚男子患绝症恶疾，濒临死亡时，立即委托媒人说亲，及时迎娶一名女子嫁入男家，做病危男人之妻的婚俗，其目的是企图借新婚大喜大吉冲走病魔。其结果只有两个：一是如丈夫痊愈，则婚姻达成；二是如丈夫病故，则新妇终生为亡夫守寡。“冲喜”的习俗仪式极为重要。如果新郎病重，无法出席婚礼拜堂仪式，通常由新郎弟弟代替兄长和新娘拜堂；如果新郎没有兄弟，按传统习俗多有选一只公鸡与新娘拜堂成亲的办法。举行仪式后，如新郎去世，多有用巫术制作木雕人偶一个做新郎替身与新娘同居相伴一生，使过门立即做了寡妇的女子，终生过着合法婚姻的无性关系的独身幽闭生活。世界各地各民族几乎都有各自有关寡妇的风俗，也都是婚姻习俗的扩大和延伸。

除了由婚姻引导出来的诸多错综复杂的权利和义务的不断延伸外，还有一个重要方面的延伸值得注意，那就是向财物交换、交易或劳役补偿方面的扩大与延伸。最早的买卖婚姻习俗和服役婚姻习俗就已经显示了这种鲜明的婚姻要素的特征。一个男人要找一个女人做妻子，首先要在特定的仪式上向女方交纳一定的财物；另有一种虽然不缴纳财物但是却必须由男子到妻子的父母家从事劳役若干年，服役期满才可以带着妻子儿女返回自己的家。这两种做法其实都是对于娶来的妻子给予女方家族的经济补偿或等价劳力补偿。甚至把新娘和聘礼看作一种等价交换的关系，以后才发展成为相当于买方和卖方交易的关系。随着男性社会地位的急剧提升和男性权利的极度膨胀，在许多古老的民族中，男方对女方新娘陪嫁的昂贵妆奁十分在意，于是，加重了生养女孩就等于生产“赔钱货”的重男轻女观念，并把这种观念较普遍地注入了婚姻的两性关系。

当然，两性民俗并不仅限于变化多端的婚姻形式，尽管它是很重要的形式。但是，与此相关的所谓事实上的婚姻关系，或无婚姻形式的两性同居关系，也包含同性恋或同性准婚姻关系，还有无性关系的法定婚姻关系，以及无任何婚姻关系的社交性两性关系，包括娼妓制度的性交易在内的多种两性风俗习惯，都应该包含在两性民俗学的广义范畴。即使是被当代人类社会首选的一夫一妻制的两性婚姻关系，在事实上也已经由于十分宽松的离婚自由习俗惯制的推动，早已形成了一夫连续累计多妻、一妻连续累计多夫的两性多偶关系，外加婚外的两性关系。人类两性民俗的自在、自发、自觉和自控的发展将会走向何处，将是当代两性民俗学、两性社会学永恒的课题。

智人的生物习性演化与文化习俗的诞生

——民俗发生论的思考

关于“智人”（Homo spiens）及其后代的生物性意义

一、“智人”告别其他物种向文明走来。

人类进化与人前时代的地球生命史密切相关。古生物学和人类学的成果已经取得科学共识。其进化过程是在多次重复演化过程中发生了变化。

一亿年前侏罗纪——始祖鸟出现，哺乳类和鸟类开始从两类爬行动物发展。白垩纪——巨大爬行动物灭绝，哺乳动物和鸟类繁盛，原始开花植物出现。新生代——哺乳动物时代，胎盘哺乳动物出现，如原始灵长目动物（原始鲸）。7000 万年——灵长类发展，3500 万年——猿类发展。1500 万年——类人猿出现。600 万年——南方古猿非洲种出现，能两腿直立行走。150 万年——猿人（直立人）出现。130 万年——最早的人类祖先雏形在非洲丛林基本形成。20 万年——“智人”的进化基本完成。5 万年——向现代人进化发展。

二、“智人”和其他动物的自然比对：人的动物性特征与其他动物有很多直接或间接的关系。

1.“人体骨架中的全部骨头，都可以从一只猴子、蝙蝠或者海豹的骨架中找到相对应的骨头。肌肉、神经、血管和内脏器官也都是如此。就连在所有器官中最为重要的脑子也不例外。”①

2. 在地球上的生命中，人的生物本能比其他动物有许多先天弱点。这一结论早已经被科学所证明，但是却常常被人们所忽略；甚至还有更多的人过分强调人类在动物界的最高优势，把自己置身于动物界外。其实，“从身体条件看，作为有机体，人类是很平常的物种。在力气上人比不上和它同样大小的大多数动物。比起猫来人的走路是很笨拙的；人也跑不过狗，跑不过鹿；在视、听、嗅等感觉能力方面，人比好些动物都更低劣。人的骨骼不很适合于他的直立姿势：人可能是处在正常姿势和正常活动情况下却可能出现‘腰酸背痛’的唯一动物。当我们想到其他有机体在进化方面的完美情况——例如，鱼儿能游得那么美，鸟儿能飞得那么棒，昆虫的繁殖力那么旺盛，适应力那么强大，病毒的结构如此简单却有完善的效能——看来人类真可说是一种粗笨的生物。作为纯有机体来看，人类比不上在地球的任何特定小环境中生存的生物”②。这个结论对于人类的自我认知或认同，十分关键和重要。对于民俗学者应是研究民俗不可忽略的基点。

3. 人类因为有一种重要的特化器官——人的大脑，所以才优于其他动物成为地球的统治者。人的大脑的进化和发达是人类得以自发、进而自觉创造自身文化习俗惯制并拥有文化能力的决定因素。当代脑科学和胚胎学的研究成果证明：人类胎儿的大脑生成进化过程重演着人本身进化中的完善化过程，人脑是从内到外发展的，它经历了从神经框架、爬虫复合体、边缘系统到新皮质的从低级到高级的发展顺序。形成了现代智能人的完善典型。③ 大脑中的语言中枢尤为重要。

4. 人类的女性还有一种重要的生理特化，那就是在“性”方面的

---

① D·皮尔比姆. 人类的兴起［M］. 周明镇，等译. 科学出版社，1983：3.

② 美国I·阿西摩夫《人体和思维》14章

③ 参阅美国卡尔萨根《伊甸园的飞龙》1－4章

演化，对“性”的接纳多少不再受周期性的严格限制，动物原有的发情期转变为月经期。人类似乎经过女性的“性”的特化和变异，先天地完成了一次改变生理特征的“性”解放。

三、“智人”和其他动物的行为比对。

20世纪60年代，人类学强调人类与其他动物比较起来很特别，既会使用语言又有积累风俗习惯的能力。但是经过近40年①来动物行为学的研究发现，非人类动物有机体反映环境刺激的程式和它们的沟通行为，以及支配行为的基因模板与环境刺激之间的交互作用，是十分复杂的。用动物的“本能习性”和人类的“文化学习”这种简单的区分，已经不适用了。人类学不再从人与其他动物的对比中发现人类的特别，而是为了探索人类与其自己的动物性之间的连续性，进行科学的比对。特别是与有关灵长目动物社会生活的比对尤为重要。比如，狒狒、黑猩猩和大猩猩的生活特征就十分有比对价值。

1.（20世纪70年代库默、法伊弗等的调查）队群的群居及其“家园范围”。狒狒和某些猴子都是由一只母兽和它的配偶及幼兽组成一个固定的群体。猕猴等猴类的群体由几只没有固定异性关系的雄性和雌性组成，数目多达几十只，相对封闭。狗头狒狒的家园范围在10－15英里直径的区域内。智人的群居家园传统是否有其先天的特性？

2. 队群内部关系的发展和建立。狒狒队群的尊卑关系发展很明显。队群中有一只到六只成熟雄狒狒是全队上层领导者，其中统治力最强的雄性等级鲜明，在其性冲动的高潮期，对雌性拥有独享权，对占有最佳休憩地和优质食物有优先权，享有随从伺候。最高统治权是在最强雄性的体能搏斗中确立的，一旦确立，极少受到挑战。他对雌性和幼仔的统治经常靠暴力强化。雌性的统治级别较低，母兽和幼仔的关系是队群的基本组织形态，但是这种关系只是群体的次级单位。它们严密的队群结

① 指20世纪初，编者注。

构使它们能够成群地存续下来，不至于成为猛兽的牺牲品。智人在原始社会内部群体关系的建立，最初就形成了尊卑级别的关系，是否也有其先天的某种基因模板与环境刺激之间交互作用的因素？

3．分合制的松散队群。黑猩猩没有严格的固定队群，既有松散的小队群，也有由小队群集合成的大队群，它们生活在开放的生活中，经常进行重组。他们发展了生态学上理想的分合制度，可适应多种环境所需。根据食物来源的适应性，形成了群体的大小和不同结构及领土欲。家园大小、领土边界开闭的程度也都与食物分配、水源地和栖息地的配置、环境的同质性、天敌状况及其他生态因素相协调。（库默考察）甚至一个队群的集群行为也往往处于适应环境的先天需要。黑猩猩经过热带雨林开阔地时，自动结成紧密防御队形，到达安全地带时，队形自行解散。智人的开放性家居生活也根据环境的适应性进行群体社会的经常重组，是人类的适应生态本能所致还是一种文化创造？

4．亲情关系的情感交流。黑猩猩的情绪状态表达，显示了它们个体间的亲密情结，从而表明他们已经构筑了社会群体的链接。母婴联系紧密，婴儿依赖期很长，4—6 个月完全不离开母亲，幼儿由母亲喂养4—5年，以后在母亲窝里再住 3 年，8 岁左右独立，因此形成亲属关系情结。年迈的母猩猩有成年儿子随身照料；同辈兄弟姐妹的情结能够一直维系下去。人类群体的亲密情结，特别是母婴亲子关系的长期相依性，手足亲情关系的长期维系，是文化的产物还是行为基因模板的先天性作用的结果？

5．幼仔依赖期的学习和游戏。黑猩猩幼仔漫长的依赖期出现了适应生活的模仿、尝试、游戏和学习，成为最重要的近乎人类的文化学习阶段或习俗化的最初阶段。其中，它们的游戏和人类儿童的游戏极其相似。在调查中验证：“非人类灵长目动物会学，但不会教”。（法伊弗）人类婴儿的长期依赖性和依赖期间幼儿学习、模仿、尝试、游戏是否有先天行为基因模板的作用？

6. 使用工具的适应性行为。灵长目动物中尤以黑猩猩使用工具有代表性。使用工具是一个重要元素，它是促成队群有效开发环境资源和积极维护生存的行为之一。在调查中发现，野生猿类使用工具已经进入原以为只属于人类行为的范围。黑猩猩还会制造极简单的工具，并作为一种行为“传统”自动学习。人类使用和制造工具是否也是与生俱来的本能“传统”，是非习俗化的？

7. 合作猎食与分享食物行为。黑猩猩集体合作行猎小动物，然后进行分享猎物活动。有时是集体撕扯猎物尸体，有时是乞求参加分享，有时又像是仪式化了的行为。这里是否有人类祖先和我们现代人的行为影像？

8. 不同种类的动物自由杂处的行为。在大自然生态环境中，不同种类动物自由杂处是动物行为学考察的有重要意义的课题。在有水源的原野上，常常有多种动物杂处在一起饮水，几乎无视其他动物的存在。这种杂处集群的行为，对人类的发展有什么启示？人类有这种行为遗传吗？

所有上述可比对的行为，提供给民俗学的思考很多。至少当我们进行民俗发生的科学理论研究时，不得不认真探讨和区分哪些是人科动物本能习性的必然延续，哪些是现代智人文化习俗化传承的结果。对于人科动物的生物性研究是否必然地要向他们原以为是文化性的范围延伸？或者说对人类原始的文化习俗雏形的探索是否必然地要向他们原有的人科动物行为追寻？这几乎是21世纪当代人类学、民俗发生学必须解决的重要课题。因此，对人类生物性特征的新的科学认知就成为十分必要的了。

关于“智人”演化过程中的生物性和文化性的链接

一、“基因突变”猜想的欧洲中心论和“布隆姆博斯”大发现的非洲中心论。

1. 克雷恩博士的猜想。20世纪，有关人类祖先从非洲丛林走向大陆，再走向亚洲、欧洲的人类学定论遭到质疑；人类什么时候在身体和智力两方面都成了现代的人？现代的人什么时候、在什么地方以什么方式产生了创造性的思维？人类文化到底在什么时候、什么地方出现的？这些难题几乎无法解决。

在近半个世纪中，西方的许多考古学家纷纷认定大约在4万年前智人走进欧洲后，才有了现代人的行为。其中美国斯坦福大学考古学家理查德·G·克雷恩博士的“基因突变”论最有代表性。他认为是人类的创造性突然出现在欧洲才有了人类文明。他在最近出版的名为《创造力的黎明》一书中详尽地论证了他的猜想。他写道：“‘黎明’在所有史前事件中是最为重要的，考古学家都在搜寻证据予以证明。此前，人类自生理结构和行为上的变化非常慢，是一点一点进行的。紧接着人类外形保持稳定，可行为迅速变化了。4万年前，人类就从块头巨大的哺乳动物变成了称霸一方的统治者。”他举证论述了他的理论：距今4万年前是人类创造力的转折点，那时人类留下了颇具象征意味的史前古器物。他们能制造先进的工具，知道举行葬礼埋葬死去的亲人；他们佩戴珍珠玛瑙等饰物，把自己打扮得漂漂亮亮；在洞穴岩壁上，他们画上了惟妙惟肖的鹿、马、野牛等和他们息息相关的动物。克雷恩对那个时期人类突然产生的创造力作了断定，他用神经学假设的理论作了解释。他认为：大约5万年前，人类一个偶然的“基因突变”使大脑的关键部位重新组合，使语言能力产生了飞跃，这也揭示了人类进化研究中的另一个谜团——语言能力的起源。他指出：人的交流手段提高了，使人们可以“思考并模仿复杂的自然和社会环境，从而获得现代化的文明和文化”。在书中他还写道：尽管这一基因变化导致行为变化的现象发生在欧洲，但它允许“整个人类探索新事物，挑战环境”。4万年前，这群大脑经过改组的人抵达欧洲，被称作克鲁玛努人（旧石器时代晚期在欧洲的高加索人种)，在聪明程度上远远超过了本地的穴居人。3 万年前，他们把本地人逼入灭绝的境地，本地人留下的只能是石洞里那些斑斑驳驳的印记。

持反对意见的考古学家认为这是典型的“欧洲中心论”的产物。因为，克雷恩教授的猜想经不起测试，也与有关人类化石研究的结果相去甚远。4 万年前的人类头盖骨和在此以前的头盖骨在容积上没有什么变化，无法证明大脑功能随着基因变化而改变。一些考古学家认为“基因突变”理论听起来像真事儿，但它既太简单又无法证实。以致克雷恩本人也不得不承认这个假设经不起推敲。

2.“布隆姆博斯大发现”。最近在非洲和中东等地发掘出大批古迹，再一次为人类缓慢进化这一古老理论提供了依据，反驳了欧洲中心论。在近 30 年中，科学家们已经知道克鲁玛努人起源于非洲，而在欧洲的穴居人是单独进化而来的。因此，考古学家在非洲的发掘作业更加有效，并期望发现更多的石器用来研究智人如何进行远程交易，又如何在生活用具上刻下抽象的图案。

1999 年乔治 · 华盛顿大学的麦克布雷迪和阿里森 · 布鲁克斯两位博士进行了一项合作研究项目，得出的结论是：许多非洲出土的史前古器物显示了当时人类的现代行为，但是这些行为不像“人类革命”模型所说的那样是突然一起出现的，而是在空间上和时间上相距甚远。他们说，“这表明：人类现代行为是从非洲‘出口’到其他地区的”。

同时期，南非博物馆的克利斯托弗 · 汉希尔伍德博士在非洲南端好望角也有了新的发现。那里出土的 3 只尖头武器是先用石片削成固定的形状，然后再打磨，所用打磨工具可能是皮革或矿石粉末。可以证明：早在 7 万年前，人就能用动物骨头制作锥子，并能做成打磨得相当精细的尖头武器。汉希尔伍德对此解释说：“普普通通一件武器，根本没有必要打磨得如此精细，可他们为什么还要这样干呢？我认为这是符号思维的表现，他们也许会这么说‘咱们做个真正好看的东西吧。’”科学证明：符号思维是一种最基本的人类意识形式，尽管已知黑猩猩也会运用极简单的象征和符号构成相互沟通的简单“语法”，但是，它不像人类那样能从此刻扩展到对过去和未来的思索，不再以个体、实体来感知和认知世界，并且能通过抽象的符号来思考和交流。符号思维是人的创造力、语言和文字、音乐和绘画、舞蹈等一切艺术和各种科学与文化的源泉。所有从原始的到现代的民俗事象也毫无例外地来源于符号思维。2002 年 2 月，汉希尔伍德博士在布隆姆博斯洞穴又有了惊人的发现，展示了隐藏在那里的七万七千年前的远古文明：那是两个黄土块和一块已经氧化成柔软的红石块，在那上面刻有交叉的三角形和水平线图纹。考古学家断言：“这些符号说明现代人类文明起源于更古老的时代。”与此同时，在刚果的考古发现有一个侧面带毛刺的骨雕鱼叉，科学证明那是 8 万年前或 9 万年前的人类刻制的。耶伦博士夫妇对此认定：那时的人类“不仅拥有先进的技术能力，而且在日常用品中还注入了符号思维的内容”。

对布隆姆博斯洞穴大发现的测定，虽然得到了大多数学者的认可，但是也遭到了少数人的质疑。问题是：假如这些器物真的那么古老，能代表人类文化的一个巨变，那么为什么别处没有？持“基因突变”论观点的克雷恩指责说：在布隆姆博斯地区的其他 30 多处洞穴里都没有发现相同或相似的器物，“单一发现”不能推翻既定的人类文化起源理论。耶伦博士对克雷恩随即提出反驳说：当时的现代智人人口少，分散居住在不同地区，不同部族间思想和文化交流缓慢，“想想看，如果易燃物太少，就点不着大火，充其量只能崩出几个小火星。人太少，文化就不容易扩散和丰富”。

二、“社会发展因素促成论”的两种论述：

1．“传递社会信息”论。亚利桑那大学考古学家斯蒂芬·库恩博士和斯蒂娜博士夫妇二人在黎巴嫩和土耳其的研究考察证明：在大约四万三千年前，人类就开始制造并佩带珍珠和做工精美的贝壳类饰物。那都是用非常少见的水生动物制造的，洁白如雪，晶莹剔透。还有的用秃鹫的骨头雕刻成饰物，挂在身上。斯蒂纳认为：这些或许是当时社会交往的物品，向外人传递着家族或社会地位等信息。“佩带装饰物是现代智人的普遍现象，再进一步就用赠送戒指、耳环、衣服等物来传递信息。”库恩夫妇重点考察了两个地方，一个是黎巴嫩的克札阿吉尔，那是远古非洲人移入欧亚大陆的走廊，另一个是靠近地中海的土耳其尤卡吉里洞穴。他们在那里所发现的动物骨骼遗迹证明：那时人们的食物结构开始变化。当时人们很少吃像野牛肉和鹿肉那样再生慢、不容易捕获的大型动物肉，取代的是水生贝壳类动物和鸟、兔之类更容易捕捉的小动物。库恩由此得出结论认为：人类生活改变了，其原因之一是人口的增加使得资源相对减少，当然，相对于今天说来那时并不是人口密集，而是人烟稀少，为其是少，所以人口一旦加倍翻番，其结果必然迫使人类选取档次更低和更容易得到的食物资源。亲族和部族成员增加，使人与人之间的接触和交流的机会也大大增加，人们需要在群体社会交往中标明或证明自己，从而创造了装饰物，向外界表明本家族身份和部族地位。斯蒂娜认为：“这时，说明你是谁变得越来越重要。”

2．“社会竞争”论。远古人类激烈的竞争促成文化归属的确立，这是波士顿大学访问学者加姆波利博士的主张。他认为，远古人类行为变化的原因，在更大程度上是由于当时社会竞争的加剧，不仅仅是人口增加造成的压力。他认为正是面对日趋激烈的竞争，人类才转而寻求内部的潜力，通过确立文化归属感来保持身份的认同，并且交流思想，从而把一个小社会融合成“稳定、持续的地区组织”。他还以讽喻的口吻论辩说：“人口增加并没有逼得我们去月球上去生活，是冷战时期的美苏争霸，才带动了人类登月的尝试。”竞争促成文化的起源也成一说。

三、人的生物性和文化性的互动理论。

1．如何审视人类文化的特性？美国F·M·基辛和R·M·基辛父子认为：“在我们理解人类社会的意义时，应该再提出人类学家自以为早就知道答案的两个问题：第一，人类文化到底有多少独特性，文化到底将我们和其他动物区别到什么程度？第二，与生物因素比较起来，文化因素在塑造人类行为上到底有多重要？文化是我们基于社会学习积累而得到的象征继承，是不是因为文化我们才能在动物界中唯我独尊？我们以前确信只有人类具有文化，而且也因为文化我们才变成人类。现在事情已不那么简单了。”

在这里有一个生物演化历程的概念必须说清。一个有机体绝不会突然出现，也不会一下子产生一个全新的组织模式，演化变迁是逐渐的和连续不断的。一个族群的变迁，其模式不是突然发生的；一个个体的突变是可能的，但是它的突变促成较大变迁模式则是逐渐和复杂的。因此，过去所说的“从猿到人”“猴子变人”的社会发展史，在生物学上是根本站不住脚的。我们曾经断定只有人类会使用工具并会学习，但是当我们知道黑猩猩也会使用工具时，我们的上述信念被打碎了。

2．人类确实有一个新的组织模式，它新在何处？人类组织新模式是指人类如何组织行为经验和控制行为经验的模式，它是建立在语言能力的基础上形成的。这就需要凭借语言去完成，依靠人的脑力大幅度增进去实现。人类是依靠创造象征代码符号创造自己的思维世界的。但是，这种新的整合模式并不是突然出现的，而是从原有的要素演化而来的，因此新组织模式是渐进形成的，最早要经过一个“原语言”和“原文化”的阶段。

3．生物性在塑造人类社会行为（包括习俗行为）方面有什么重要意义？人类文化经验对人类婴儿的塑造到底有多大弹性？人类文化在不同时间地点和族群究竟能分歧到什么程度？文化人类学都必须做出回答。遗传学生物化学和神经生理学的惊人成就已经证明：人类行为和灵长目动物的社会行为一样在相当程度上受生物性塑造，在遗传、学习、思维等生物性机制方面呈现出极其复杂的状态。因此，过去人类学所说的人类婴儿能顺从千变万化的文化塑造，极其富有弹性的断定，已经不能成立了。事实上，人类学习到的和可以学的事物，包括学习语言在内，只能受到遗传模式的引导，在这个领域还存在着极大的研究空间。千千万万的文化变异，其实只是内容的变异而不是文化形式和文化结构的变异。所有文化形式和结构的人类普遍共同性，在很大程度上都要受到人类生物性的制约。当然，如果把文化差异性研究放在广泛的文化内容演化构架中考察，文化确实形形色色，人类婴儿的塑造确实很有弹性。通过文化学习，任何一个生理正常的婴儿都可以变成原始部落民、山林猎民、海岛渔民、草原牧民、田野农民、城镇平民或现代大都会居民。人类的生物驱动力（包括饥、渴、便、溺、性等原本机能）和生物机体的所有直感直觉，都要经受永无休止的文化学习的重整再造。文化环境的影响，从一个人的孕育成型时就已经开始了遗传设计的文化性转化，直到他生长成熟的全过程。因此，不能简单地说是文化在塑造人，而只能是文化依据人的遗传素质塑造人。人们只有当认识到文化是如何弥补了大自然遗留给人类的空白以后，才能够比较正确地发现那些空白的状态并不具有什么弹性。结论是：人类的文化性远比他的生物性更重要，或者说人类的生物性远比他的文化性更重要，两个都是错误的答案。人类学只能回答说：人类所以能适应大自然而构成人类社会，就因为人类有生物性遗传加文化性学习的系统。其中生物演化的规则或程式是维持人类生存、形成人类社会的重要基础。而人类创造并学习的形形色色文化经验，包括多种多样的生活方式，保证了人性的完整和人类社会的健康发展。

四、语言沟通的人类学、民俗学意义及其与人类文化习俗学习的密切关系。至少包括以下几个方面的重要论题。1. 口头语言的人类学、民俗学意义。2. 人类语言习俗的结构。3. 人类的口头语言学习与文化习俗学习。4. 人类沟通民俗行为与民俗信息传递解析。这些几乎都已经是20世纪人类学、民俗学概论中的热门话题。

五、人类个体（个人）的文化习俗模型。

1. 人类共性（人性本格或称人格）与文化共性。在大约 160 多个关于“文化”的定义中，基辛父子的定义是：“指一个民族的生活方式所依据的共同观念体系，即该民族的概念性设计，或共同的意义体系。”“指的是人类所学习的行为，而不是人类所做成的事和所制造的物。”这里既有本民族内部的文化共性也有各民族共同的人类文化的表述。但是，现代人类学和民族学都注意到，人类文化与社会具有广泛的多样性的同时，人类文化和社会体系还有一个共同的组织结构和很多的共同之处。人类共同居住的地球生态环境有着很多的相同特质，人类有着相同的体质和生物驱动力，有着永不间断的生老病死的生理过程，因而构成了相同的生产生活框架。人类共同生存在超人类的大自然控制力之中，有着共同的脆弱生命。因此，文化成了人类相同行为、做同样事、思考同样事的方式，因为不管它们的形式如何多样，而它们的文化符号内容却是共同的，这就是文化模式在本质上的共性。也因此使一些人类学者总想把很多不同的文化习俗都纳入到一个共同的构架中比较研究，还有的学者想从这同一框架中测查出人类文化变异的最大极限。同时在后现代文化研究者中也有利用这种文化共性推行文化同化的企图。其中，一些著名的人类学家都对人类共同的“智人”生物性本质、生命周期、心理欲求、乱伦禁忌和内外婚制、葬式等“遗传加文化”的“公分母”十分重视。从而有利于研究人类文化学习在不同时空的多样性和一致性，探索文化本质和人类本性。

2. 文化与个人对文化的实践。我们已知某个时期的文化所以存在，其实是当时每一个人对文化自我实践的总和。简而言之，文化只能靠每个人而存在下去。也就是说，不能因为一个人生在现成社会中，他周围已经安排了他必须去学习的文化风习和文化理念，就认为这些文化是在婴儿出生以前就存在的外在事物。因为，人类学关注的是人类婴儿究竟是如何在他的遗传素质中以他独有的认知、情绪、动机去学习那些文化的；他是怎样把安排好的文化和自己的遗传要素交织在自己的大脑中，然后发现那些文化并把它学会的。这正是文化人类学探索人类文化性的微观聚焦的关键。以下是探讨文化与个人文化经验关系的八个重点问题：

①个人童年文化经验的共享性和独特性。每一个人的童年文化学习，都会对自己所生活的外部世界（外部环境）以及在这个世界里自己如何行动的问题，形成一整套概念性知识体系或者叫作“一套理论”。这些有关人类生活方式的理论和人类行为方式的理论，在很大程度上是和社会群体成员所共享的文化。但是，人类学所关注的是其中也在相当程度上注入了个人独特的文化经验，以及个人生活空间的所有细节经验。在这里文化经验的共性和特性是紧紧融合在一起的。

②由文化习俗塑造成的个人文化认同感、彼此之间的差异大小常常反映出彼此遗传气质和天赋的差异，也反映个人生活习俗经验的独特性。个人的文化习俗认同感指的是：每个人对自我以及我在外在世界（首先是周围文化习俗环境）中所处位置的看法。人类学、民俗学都不能不关注那些由于遗传气质和天赋的差异而造成的文化认同感的差异。

③在人类社会所有族群或群体中，构成每个人人性本格的基因差异都较大。虽然人类学和遗传学对这些差异还不充分了解，但是，至少在新陈代谢、认知能力、群体性、孤僻性、内省性、暴虐性、内倾性、外倾性等多方面，都有生物模版遗传因素的塑造。因此，个人文化学习内容中有个人人性本格的差异在内，必然在社会群体中产生彼此不同的多样化“人格”。也可以说：文化学习的内容可能是标准化的，但是，个人文化经验几乎都不是标准化的。

④任何个人的认知形态都是非标准化的，任何社会其成员的文化行为都是多样性的，不是标准化的。实践证明，任何社会中的每个人都有自己的和别人不同的或不完全相同的行为方式和准则，人们就是在多样性的文化交流中相互沟通、调整行动、适应变迁。人类社会在文化上的多样性和大自然在生物上的多样性几乎完全一样，人类学认为这是必然

的，为文化法则所决定的。

⑤文化习俗惯制对个人人性本格的塑造有所制约。个人的文化经验证明，许多文化习俗方式的自发学习或是被动塑造，都会调整并形成每个人在人性本格中的民俗心理和行为动机。任何社会都通过其社会群体在为童年个体提供一个系统完整的育儿线路和文化习俗空间，而这个文化习俗空间环境对于个人的人性本格的塑造和调整，很明显地带有标准化的文化习俗经验色彩。比如，一整套育儿习俗对于个人童年人格塑造的制约就很明显地含有标准化意味。尽管每个人的文化经验性质因各自的社会关系、情感关系的不同，兄弟姐妹出生性别不同，各自生活经历的特殊性不同，个人生物性癖好习性不同而有很大差异；但是，在一定程度上还是得到近乎标准化的塑造和调整的。人类学、民俗学对此所关注的应该是：如何去分辨哪些是个人的文化习俗模版，哪些是人性本格的元素？其混淆不清的界线在哪里？也就是说，关键的问题是分辨哪些是个人文化性的学习经验？哪些又是个人生物性的驱动力和动机？比如，某人的饥渴是出于生物性，但是此人早晨饥渴、午间饥渴、晚上饥渴都分别吃喝什么，就要取决于他在饮食文化学习中的习惯经验。同理，性欲也是出于生物性，但是某人为满足这种人欲，采用什么方式，需要什么对象，选择什么时间地点，就得依赖他所接受的直接间接两性文化习俗的学习。个人的其他情绪，喜怒哀乐爱恶等也都同样是人性的，但是因为什么产生某种情绪反应和以什么习俗行为方式反映？那就要依据他的多种文化学习经验来定型。

⑥个人的文化学习经验和个人人性本格形态、情绪表达所反映的遗传因素、生物化学因素互动。这是遗传学和生物化学给人类学、民俗学提出的新课题。例如，由于文化塑造出的人的攻击性、狂躁性、虐杀或自杀性、集体歇斯底里现象等，就其表现而言，似乎是社会文化形成的特征。但是，其中也有个人遗传的因素或是个人生物化学的某种缺欠、

某种不平衡的反映与文化学习互动产生的特征。又如，多种心理疾病、精神恍惚现象、所谓阴魂附体现象，以及个人的非常态、变态等行为，往往都被认为是某种文化学习的结果，其实大多是由于遗传、环境、疾病（特别是心理疾病）加上文化习俗学习等多种成分构成复杂的互动关系的结果。目前，多学科对于如何分别检测出以上各种成分的元素，还有一定的困难，但是，人类学、民俗学应该已经认识到这个问题对于人类社会未来发展的重要性。

⑦每个人的文化习俗经验总是从人类文化的全部认知能力中选择一部分，以个人文化的特有方式突出发展，同时，不得不舍去更多的认知能力。这几乎是人类社会每个人的必由之路。因此，人类的所有文化认知能力并不是由所有的个人平均分享的。有的人选择了较多的文化认知能力，而有的人却只选择了很少的认知能力；有的选了较复杂的认知，而有的却选了极简单的认知。各种人都在各种生活生产领域里运用或传授他的文化特别能力，于是人类社会必然地产生各种各样的平凡的个人和各种各样的不平凡的人。

⑧人类社会无论如何发展变迁，个人的文化继承以其人性本格成分和文化取向的持续，将一代代传递下去。人类学、民俗学如今加强了对民俗文化传承和文化习俗变迁的研究，这些研究成果证明并发现人们传承的文化习俗都具有工具性的链接，每个人都有自己确定的文化目标和为实现此目标的一系列的行为策略和方式方法。民俗学已经注意到：在当今剧烈变动的世界中，尽管传统的民俗文化模式大多不再与现实发展配合，许多古旧的文化习俗规则不再适用于当下，原有的习俗标准越来越不再合乎时宜，许多过时的欲望将不会得到满足。然而，每个人都会在各种各样人生困境中找出一条道路，每个人都在头脑中构想着一条穿过迷雾，绕过暗礁，走上自己选择的线路。人们在急速变迁的外在世界中确认各自不同的目标、阶段和策略，调整自己的行为，化解各方的冲

突。可以认定，个人的文化习俗认知在社会剧变中都会有一个复杂的重构重组或更新的过程。每个人都在重新构思自己的人生观、世界观和价值观。

人类学、民俗学已经把对人类的习俗心理情绪和动机的关注，向人类如何用自己的文化认知引导自己对世界的重新认识方面倾斜，更加关注了人类民俗传承文化的沿流和法则到底具有多大可伸可缩的弹性。人类文化习俗的多样化与来势迅猛的全球化、现代化的交融和交战将会是一个什么样的前景，这还是一个民俗学乃至所有人文科学未来发展的一个不小的课题。

1999年5月《民俗学原理·发生论》部分初稿，2012年12月修订稿

“要把秾华饰暮春”恭贺钟老 90 寿辰

——民俗学史论的话题之一

当代中国民俗学史最辉煌的篇章，是在 20 世纪 70 年代末、80 年代初具有划时代意义的中国改革开放时期，由钟敬文先生开始谱写的。在这之前，中国民俗学这门学科的地位不但得不到恢复，相反地却像钟老曾说过的“在禁区里度过了近 30 年的寒冷岁月”。就在 1978 年间，是钟老首先草拟了建立民俗科学及有关机构的建议书，受到当时中央有关部门领导的高度重视，同时也鼓舞和启发了有志于研究这门科学的许多中青年学者，在不少高等院校和研究机构一时形成了一股重建民俗学科的热潮。1979 年 11 月，在全国第四次文学艺术界代表大会上，以顾颉刚、钟敬文执笔写的这份建议书，产生了更大的影响。在此以后，钟老历经十二寒暑，撰文论著，授课讲学，广泛教诲后学，培养专业人才。从京津腹地到江南塞北和陇西关东，以 80 多岁高龄，足迹遍及全国大部省区，支持并督导地方民俗学会的组建，同时亲自重建了中国民俗学会，率领学人开创了这门新兴学科的崭新局面，使我国民俗科学呈现出一派葱茏繁荣的景象。所有这些新历史时期的重大业绩，都和钟老无私奉献精神难以分开。

一

劳民文艺堪千古发采扬辉待我人。
数日西堂同讲习南征不负八旬身。

这是钟老于1980年夏在云南昆明讲学时所吟的一首绝句。以年近八旬的高龄，不辞艰苦，南征讲课，传习民间文艺科学，表现了他对民间文艺事业的高度推崇和热爱，同时也展现了他对发展民间文艺事业的高度责任心和紧迫感。他激励同行学子，“发采扬辉待我人”，那种急切心情，溢于言表。钟老在他本人和民间文艺科学累遭劫难后，于晚年增长的那种重整再建民间文艺学的迫切感，并非偶然，而是和他早在70年前的青年时代立下了宏伟志愿分不开的。在这里让我们共同研读钟老本人早在八十岁时的一段感人的自述，便可以得到有力的证明。他说：

我现在已经是足足八十岁的人了。

近年来，我总觉得今后能够切切实实为社会主义祖国做点工作的时间委实不太多了。但是等待做的学术工作却是那么重要和那么多！我心里像火一样的迫切感是大家可以想象得到的！我反复想，除了不顾一切、争分夺秒去干，还有别的什么好办法呢？

我是一个长期从事民间文学的研究和教学的人。当年轻的时候（那正是在被称作“中国文艺复兴时期”的“五四”文化运动之后），我就热心于搜集和探讨广大劳动人民所创造和传承的文学、艺术及风俗习惯。现在回顾起来，那种思想和活动，是跟当时我国人民（首先是知识分子）民族意识醒觉和要求民主科学的巨大社会思潮密切相关的。

从那以后，我立下心愿，要为祖国建立这种新的人文科学（民间文艺学及民俗学）而贡献自己的毕生精力。

钟老的这个崇高的志愿，是以他迄今为止的70年岁月争分夺秒努力实现的。从20年代中期到新中国建国前夜，他在当时社会文化禁锢的困难条件下，不知疲倦地辛勤耕耘着遭受冷落的民间文艺、民俗学园地，为我们留下了丰富的珍贵的民间文艺学、民俗学的财富。新中国成立后不久，由他主持创建了全国性民间文艺研究会，创办了专业期刊，在大学创立了民间文学专业，开创了新课程，创编了讲义，最先培养了中国有史以来的第一代专业研究生。实践证明，当时的钟老正在为实现自己的心愿充分发挥自己的力量，并做出了巨大的贡献。遗憾的是，正当他实现事业理想的最活跃时期，我国社会主义前进道路开始出现历史性曲折。从1957年再到“文革”的一场浩劫，钟老为事业献身的夙愿和努力遭受到最严酷的打击，身心受到重大的摧残。但是，当历史终于扫荡了那令人不忍回顾的黑暗阴云，全国步入晴朗光耀的新历史时期时，钟老却依然焕发着青春，为实现夙愿踏上新的征程。他说：“最使人痛心的，是这种‘革命’对我国科学文化事业的严重摧毁，至于个人所遭受的创伤是不足挂齿的。”“这时候，我好像久困在笼里的小鸟儿，一旦破笼出来，飞翔在广阔明朗的太空中。这种喜悦的心情，是难以用笔墨形容的。”

就在他熬过劫难，以喜悦心情迎接民间文艺和民俗学苏生的时刻，他首先强烈表现出他献身事业的迫切感。此时他虽然已是八旬老人了，但却坚定志愿，不改初衷，为自己确定了许多繁重任务。他说：

劫难过去了，但人也老了。体力、眼力、精神，都不能跟少壮时相比了。而当前我所从事的学术，虽然呈现着一种葱茏景象，但它的要基并不太强固。学风有待进一步端正，队伍的质和量也有待提高和扩大。而学术资料的矿产还待大力挖掘，已经收获的资料，更有待于认真整理和研究。

总之，我们这方面的任务，是非常繁重的。客观要求和主观力量之间存在着严重的矛盾！

这种现实情况，要求我们迅速地、有计划地、加倍努力地去应付它。只有这样做，才能在这种学术的活动上，排除困难，打开新局面，为创造社会主义现代化的伟大事业尽一分力量。

近十年来钟老为完成上述重任所付出的辛劳和智慧，大家有目共睹，并为学人感佩景仰。

学习钟老为发展民俗事业而自觉产生的紧迫感，是当代民俗学工作者的当务之急。在商品经济特大发展的现代化建设形势下，民俗学研究工作的营垒不可避免地受到冲击。一些同仁从民俗学的多方实用价值方面另辟蹊径了，民俗文化的商品化倾向也形成了某种新潮。在这关键时刻，民俗科学研究的发展与开拓有相对削弱的迹象。这就更加要求我们具有像钟老那样的紧迫感和责任心，去完成四个现代化大业中属于我们自身重任的那部分民俗学事业。钟老于十年前所分析的民俗学工作中的问题和弱点，诸如要基不固，学风欠正，队伍质量尚待提高与扩大，民俗资料亟待挖掘、整理和研究等等，依然存在。倘若我们在改革、开放的大潮中患得患失，左顾右盼，甚至改行做了“弄潮儿”，便会造成民俗学事业的损失。钟老树立的坚定不移地为民间文艺、民俗学建设献身的心愿和为此而努力的紧迫感、责任感应当成为我们每个学人认真学习的自律准则。

二

少壮饥驱惯漫游，暮年行止有新猷，
为延绝学挥红帜，来作丹东十日留。

这是钟老于1981年8月31日在辽宁省丹东市参加辽宁省首届民族民俗学学术讲座会及辽宁省民俗学会成立大会时吟就的一首绝句。

继1980年夏钟老赴昆明南征讲学之后又一重大历史旅程，莫过于作为特邀嘉宾和大会名誉主席来丹东主持和指导新中国第一次民俗学讨论会和第一个民俗学会成立的工作了。此番钟老来丹东的目的十分明确，"为延绝学挥红帜，来作丹东十日留"。在这十天中，是钟老领导把"绝学"——民俗学，从"绝"路起死回生的。早在辽宁省这次学术讨论会和成立辽宁省民俗学会的筹办期间，钟老都给予过细心地指导，充分表现出一位学术领路人的高度责任感。他在自述中表现了这种感人精神。

> 我强烈地感觉到自己双肩上的责任！
>
> 这几年来（特别是党的十一届三中全会以来），为民履行自己的责任，我竭尽力量，孜孜不倦地工作着。在大学讲堂上或学术界中，只要能够推进民间文学、民俗学这种学科的活动，我就不敢偷懒。
>
> 我近日时常深深感觉到：在我国今天这样大好形势下，在我们的科学文化急迫需要迎头赶上的时候，如果我们能够工作的人（或者勉强工作的人），却不肯好好地为人类、为祖国的进步而工作，那即使不说是犯罪，也是对社会缺乏应有的责任心的表现！
>
> 我是一个平凡的人。但是，时代的伟大气氛感染着我，英雄们的光焰照射着我，我抱着"有一分热发一分光"的精神，要把所放射的微光，融入时代英雄们的强光里去！
>
> 这是我的心愿，也是我的责任！

这正是钟老奉献精神中最无私的核心，正是这种强烈的责任心敦促着全国各地的民俗学子团结起来，组织起来，把民俗科学事业做得更好起来。

钟老推动民俗学事业迅猛发展的责任感表现在他对民俗学活动的鼎力支持上。1981年8月20日，钟老在辽宁省首届民族民俗学学术讨论会上宣读了他反复琢磨修改而成的《祝词》，给予会议以高度历史性评价，鼓舞了与会的十二个省、市、自治区的民俗学者们，直接有效地推动了各省民俗学会组织的诞生。他在《祝词》中说道：

这个会议的召开，是不平常的。它具有多方面的意义，我在这里只举其更重要的三点：

第一，这是自我国民俗学诞生以来六十年间，这门科学第一次的学术会议（学术讨论会）。我们过去，建立过民俗会，出版过许多专门性书刊，也办过民俗学传习班、讲习班，但是没有举行过这种学术讨论会。这个会议在这方面是一个创举！

第二，这次学术会议，是我国正确的民族政策的体现，是我国政府重视少数民族和他们的固有文化的表现。它显示出我们社会主义国家的学术优越性质。

第三，这次会议是我国拨乱反正以后，新老民俗学及民族学工作者共同努力所取得部分成绩的展览，特别是许多学术上的新人——新战士，显示他们矫健身手的一个好机会。

这次会议的意义还有很多，但上述三点，已经足以证明这次会议的的确确不平常了。我们可以预言：它将被民俗学及民族学的历史家，记入新中国这些科学前进历程的史册里去！

我以高度的热情关注着这次会议的顺利进行和圆满成功。我以同样的热情注视着它对这些科学在未来发展上所产生的影响！

钟老在全力支持辽宁省成立我国第一个民俗学会的同时，于同年8月25日，主持了12省市25名民俗学工作者代表出席的座谈会，提出了五项重大建议，为各省及全国建立民俗学会，培训人才，搜集民俗资料，创办民俗学刊奠定了基石。这个座谈会纪要由新华社发出，在全国29家大报纸上公开发表，产生了轰动效应。以后，钟老又用同样的高度责任感支持了全国各地民俗学会的产生。时至今日，他一如既往“为延绝学挥红帜”，不遗余力，令人感动。

从80高龄再登上一个高阶，直到90高龄的今日，他依然不懈地“做培花的泥土”，他坦诚地说过：

> 有些同志见我年事已高，又碌碌不肯自休，“南征北战”，任务满身，有的劝我尽量辞去那些职务，静下来整理过去的各种文稿……我由衷地感谢他们的好意。但是，我不能这样做。整理过去的文稿，不管怎么说总是一种回顾的行动。在眼前正充满急待动手的工作，我不能放开它去回顾过去。放弃今天，就将失去明天！这将是多大的损失！……我眼前的任务，是为了使更多的人能够写出有价值的专著。自己的东西是否写成，并不是很重要的。
>
> ……我们在学术上希望看到的是，“春色满园”，而不是一枝出墙的红杏。

钟老70年工作的高度责任感，在近十年的高龄段期间已经完全升华为无私奉献了。因此，他受到了党和国家的崇高嘉奖，受到学界同辈和晚生的崇敬与爱戴。他为开创中国民俗学历史的新纪元而做出的无私奉献，已经并将继续铭刻在民俗学历史的丰碑上，供我们及后来人认真学习。

他所说的“放弃今天，就将失去明天”的名言，应当作为民俗学工作者的座右铭。钟老这种生命不息，战斗不已的只争朝夕的积极追求，是比任何民俗学方法论更有意义的指导思想和自律准则。特别是在我国的民俗科学依然处于成长发展过程中，并在科学领域中仍然处于薄弱地位时，这种刻不容缓地持续不断地为民俗学发展建设奉献的精神是最宝贵的。钟老不愿做一花独秀的出墙红杏，只盼望民俗学百花园满园春色；他不愿做耀眼的花朵，却只愿做培花的泥土，正是他真正做了70年的培花泥土，才使得今日的中国民俗学园地初具繁花似锦的景象。

大约十年前的一个元月吉日，《诗刊》社召开了一次老诗人座谈会。会上钟老即席朗诵了他的一首题名《八十书怀》的七律，全诗传达了他历经险途后以八旬之身再现青春的精神。

已是人间八十身，险途历尽见通津。
儿时情事犹留影，早岁文章少惬心。
举国正开新局面，诗人当绘锦乾坤。
白头不叹东隅失，要把秾华饰暮春。

如今，距离诗成之日已过十个寒暑，钟老实践了自己的诺言，实现了自己的心愿，确实已把“秾华饰暮春”，使民俗科学事业繁花似锦，民俗学子桃李满天下了。

三

在祝贺钟老工作70年的今天，最好的贺礼，除了加倍努力推进民俗学事业以外，莫过于认真学习钟老70年来，特别是近十年来在领导民俗学队伍前进路上的无私奉献精神了。

回忆早在十年前1982年1月24日，春节前夜守岁时，我曾经伏案给钟老写了一封《辛酉辞岁书》，信中有以下字句：

静闻恩师函丈：久违教范，时切蚁驰。今辛酉告退，壬戌将至，弟子敬献椒浆，遥拜辞岁。追往昔，受教近三十载，坎坷经二十年，深以未及功成，年逾半百为恨。最幸者，恩师与世纪同龄，常敲诗著述，引导愚生等奋发图强；更提命叮咛，诱诲晚辈胜似教子育孙。学生自愧不肖，当终生以师为法，别无他求。新雪迎春，涤净旧岁烟尘。弟子虽雨车风鬓，生还不过数年。然蹒跚学步，或可稍慰白发，含笑抒情。学生加岁不敢称老，吾师长寿方是常春。学生为此，雀跃如孩，亦燃爆竹，亦弄花灯，宵深犹放山歌声，欢祝吾师八十高龄！千里南风，明日春来早；随吾师朝阳上路，再奔新程！

今日，钟师已是耄耋之年，仍勤劳于事再做奉献。在预祝期颐之余，不禁令人深思深省，效法终生。

后　记

文中钟老自述的引文均摘自1983年3月20日钟老在北京政协六届全委会上的发言《我愿做培花的泥土》一文。钟老当年80岁。

1992年元月

百年宗师壮心不已　恭贺钟敬文百岁华诞

——民俗学史论的话题之二

历经仄径与危滩，步履蹒跚到百年。
曾抱壮心奔国难，犹余微尚恋诗篇。
宏思遐想终何补，素食粗衣分自甘。
学艺世功都未了，发挥知有后来贤。

这是钟敬文老师在2001年8月初，为自己即将步入百岁高寿吟诵的一首七律，题名为《拟百岁自省》。9月9日，我进京驱车前往友谊医院看望钟老时，得到了一份这首诗的打印稿。当时，在老师身边我读了这首诗后，百感交集，思绪万千。我想以我的感受当面解读这首诗，借以宽慰老师与病痛抗争的心情。尽管当时钟老还是那样精神抖擞，谈笑风生，但我还是担心老师因为我的感慨而兴奋动情伤了身体。那是因为早在49年前我在老师身边做研究生时，就常常在读过老师的诗文后当面发一些感慨。如今，读过他这首为“百岁”而感怀的诗，我当然也按捺不住想说出我对老师在诗中所写的“壮心”“宏思遐想”和“学艺世功”的评价。我深知老师在一百年的长路上历经坎坷，多遭危难，步履维艰，也了解老师一贯的安贫乐道。我自信也理解老师的“壮心”“宏思遐想”和“学艺世功”的含义。钟老生前在和同辈学人或晚辈学子的接触中，经常坦率地谈心、叙情、言志，甚至直白他的处世为人。

但是，他的“壮心”“宏思遐想”和他在“学艺世功”方面的伟大抱负、凝重情结和精深体验，并不总是逢人便讲的。相对说来钟老却常常把这些思想情感的精粹提炼出来，吟唱成诗。这正是在《拟百岁自省》中钟老自白的“诗篇”之“恋”。

23年前，我曾受师母陈秋帆教授之托协助钟老整理过他的诗文，从那时起我对读老师的诗有了一个飞跃的认识。读钟老的诗，最重要的在于从诗篇饱含着钟老的理想追求中汲取鼓舞鞭策自己的精神力量。

还是20年前，钟老以80高龄之身驰骋在祖国的东海西川和塞北江南，其中有两件大事很值得一提。一是他奔赴云南讲学成功；二是他北上辽宁丹东推动了共和国第一个民俗学会——辽宁民俗学会的成立。当时曾被学界传为佳话，盛赞为一场“南征北战”的壮举。有钟老在1981年9月18日口占的一首七言绝句诗为证：

劳民文艺堪千古，发采扬辉待我人；
数日西堂同讲习，南征不负八旬身。

这最后一句透出了一股宝刀不老的豪壮气概。南征如此，北战更不逊色。钟老在1981年8月3日口占的《丹东绝句》诗中写道：

少壮饥驱惯漫游，暮年行止有新猷；
为援绝学挥红帜，来作丹东十日留。

钟老那时把极“左”思潮摧残下的民俗学愤慨地称作“绝学”。他正是为了援救濒危学科才挥动着红旗，来到辽宁丹东主持了那次里程碑式的民俗学会议。每当我读这首诗，眼前便立即闪现出钟老当年在丹东锦江山会议上“挥红帜”的矍铄精神。当辽宁省委领导委托我把批准成立辽宁省民俗学会的消息提前转告给钟老时，他在他那极有纪念意义的锦江山住所（周恩来总理访问朝鲜时下榻的房间）里，快活地跳了起来。随后，他召集了到会的12个省市自治区的民俗学者，主持了准备成立中国民俗学会的会议，并通过《光明日报》发表了会议纪要专稿，全国各省大报纷纷转载，钟老的“南征北战”产生了全国震动的效应。当时，钟老在北京市政协的一次全委会上作大会发言时坦诚地说：

> 有些同志见我年事已高，又碌碌不肯自休，“南征北战”，任务满身，有的劝我尽量辞去那些职务，静下来整理过去的各种文稿……我由衷地感谢他们的好意。但是，我不能这样做。……我不能放开它去回顾过去。放弃今天，就将失去明天！这将是多大的损失！……我眼前的任务，是为了使更多的人能够写出有价值的专著。自己的东西是否写成，并不是很重要的。……我们在学术上希望看到的是“春色满园”，而不是一枝出墙的红杏。

10年前，庆贺钟老90大寿时，我重读了钟老80大寿时口占的七律《八十述怀》。当时，摘引了诗篇的最后一句“要把秾华饰暮春”作为标题，在《民间文学论坛》上发表了一篇较长的祝寿文。那首诗充分展现了钟老崇高的爱国壮志。他唱道：

已是人间八十身，险途历尽见通津。
儿时情事犹留影，早岁文章少惬心。
举国正开新局面，诗人当绘锦乾坤。
白头不叹东隅失，要把秾华饰暮春。

他面对全国改革开放的新局面，表现出不计个人得失，不顾年事已高，要用焕发的青春绘饰锦绣乾坤的雄壮气魄，感人至深，催人奋进！

他把重任担在自己肩上，一步步走过无数个今天和明天，最后跨过了他奇迹般的人生百年，进入了民俗学的新世纪春天。是什么力量推动着钟老坚定地跨上了新世纪的长征路？只要看看历史平台上钟老的少年壮志，就不难找到他百岁时“壮心不已”的缘由了。钟老曾多次在谈到“五四”时期的歌谣学运动和稍后的民俗学运动时，反复阐明它们都是“五四”新文化运动的有机部分。正是由于五四运动哺育了少年钟敬文，惊醒了青年钟敬文，才使他确立了终生为之奋斗的“学艺世功”。他在91岁时写的一篇题为《我与我们的时代·祖国》的自述文章中写道：

> “五四”文化运动使我睁开原来有些迷糊的眼睛。它在我眼前展开一个新的学艺世界。……后来成为我终身致力的科学的民间文艺学、民俗学的种子，正是在那时期播种下的——因为接触到北大的《歌谣》周刊，我被深深吸引了。此后，我便成为民俗学这位科学女神的忠实信徒。
>
> 总之，“五四”这个政治、文化的伟大运动，在我初踏入人生道路的时候，惊醒了我，提携和哺育了我，我对它产生了不能磨灭的感应。……把它称做我的启蒙老师。……只要我还活着，就将虔诚地怀念这位老师！
>
> 我一息尚存，就要为所从事的科学竭尽智能。因为它已经成为我整个生命的有机部分了。

钟老这段激扬文字是把他从“五四”时期的感受和一直延续到90岁高龄时的“不能磨灭的感应”凝结在一起说的。说到至极之处，他痛快淋漓地说出“只要我活着，就将……”，“我一息尚存，就要……”“终身致力”于献身“民俗学这位科学女神”的壮志。他是那样“竭尽智能”，那样“忠实”和“虔诚”！他自己从不吝惜辛苦地耕耘、收获，展现了他为“民艺世功”献身的精神，最终赢得了今天民俗学大花园的似锦繁华。在钟老的百岁生涯中，他为民俗科学事业献出了80多个春秋！这是世上少有的奇迹。

尽管如此，钟老生前却从不自满，在他百岁吟唱的诗句中，仍在“自省”，仍在慨叹“学艺世功都未了”，把希望寄托在“后来贤”的身上。他另有两句诗说得好，“吾侪肩负千秋业，不愧前人庇后人”。他的“壮心”一直牵系着“后人”，他始终饱含着对几代学子的厚望。他93岁时出版的《民俗文化学：梗概与兴起》一书的自序中有一段发自肺腑的话，正好可以为他情系“后人”或“后来贤”的诗意做最好的注疏。他恳切地说道：

> 我的年纪已经老迈。虽然对于这种新学科，壮心不已，但是到底精力有限。我热切希望国内有志之士，对它下定决心，奋勇精进，使这株人文科学的新树迅速发荣滋长，乃至于蔚为华林。这不但是我这位世纪老人的诚恳心愿，也是我们祖国新时期人文科学发展和民族精神文明建设的迫切需要！

老师生前的“壮心不已”有一股强大的精神力量对我也“产生了难以磨灭的感应”，使我怀着一颗“壮心”，跨过古稀，继续奋勇精进。1999年12月在辽宁省举办的“乌丙安从事民俗学学术活动45周年研讨会”上，钟老委托在京的学者给我带来他的新著《钟敬文文集·民俗学卷》作纪念，他在书的扉页上用苍劲的浓墨笔迹写了一句话：

> 当此丙安同学七十寿辰，我以书纪念你在民俗学活动上的辛劳！
>
> 钟敬文 1999. 12. 北京 时年九七

当会议上宣读完钟老这句话的时候，全场200多位中外来宾欢声骤起，掌声雷动，都为钟老的“寿星祝寿”所感动，为他那“不愧前人庇后人”的风范所感应。当时，我却有一种特殊的感受，只觉得钟老还像他51岁壮年时招呼我这名24岁的首届研究生那样亲切。每当我的学生在耳边尊称我“乌老”的时候，我便想到钟老唤我“丙安同学”时的情景，使我受到他“壮心不已”的强烈感应而持久地精神焕发！

后　记

2002年元月10日0点01分，是东方星空最灿烂、最清净、最安静的圣洁时辰，中国民俗学奠基人、百岁宗师钟敬文先生就在这个时辰于北京仙逝。临去时，他老人家说了最后的两句话：“我还有很多事情没有做完。我想回家乡！”他就这样带着他的“宏思遐想”走了！噩耗传来，在我耳边立即响起了老师不久以前吟诵的那首百岁绝唱。

我想，在悼念钟敬文老师百岁仙逝的肃穆时刻，重要的是，要重新精读老师的诗文，精读老师的“志”“情”和“壮心不已”的精神，老老实实学习并认认真真精读我国民俗学的世纪宗师“钟敬文”！2002年1月10日0点01分这个圣洁的时辰，我将永志不忘，它将时时处处警示我在继承钟老遗志的征途上永远不得松懈，像老师那样，只要“一息尚存，就要为所从事的科学竭尽智能”。

2002. 1. 12于沈阳

柳田国男故乡行

——民俗学史论的话题之三

1985 年（昭和六十年）是日本民俗学奠基人柳田国男诞辰 110 周年，当年的日本口承文艺学会大会便选在关西地方兵库县姬路古城召开，这里的福崎町辻川村就是柳田国男的诞生地。他诞生的故宅至今还按原样保存得完好无损，被兵库县指定为重点文物保护单位。在这里举行全日本口承文艺学术年会意义重大。

该届口承文艺学会的办事机构设在东京都涩谷区的国学院大学，由会长臼田甚五郎教授及理事野村纯一教授等主持。从入春以来便为举行本次大会做了细致的准备。5 月以来，我应日本学术振兴会邀请赴日进行访学和讲学，其中每周两天到臼田教授、野村教授的文学研究室进行学术交流，亲眼看到他们为此次大会所做的努力。到 5 月 20 日一切准备就绪。我收到了大会筹备组寄来的通知，邀我以日本口承文艺学会正式会员的资格参加大会，同时还寄来了大会活动日程及学术研究报告的题目、提要及报告人的材料。大会预定从 6 月 1 日上午 10 时 30 分开幕，到下午 6 时闭幕，晚间举行全体会员的名为“恳亲会”的联欢宴会。6 月 2 日预定组织“姬路传说巡游”活动一天，包括游览书写山的千年古寺——丹教寺、参观号称国宝的姬路古城——白鹭城，专访柳田国男诞生故居及柳田国男纪念馆。参加这次年会活动的有我 1980 年就认识的老朋友庆应义塾大学伊藤清司教授、东京大学大林太良教授。还有从京都、大阪来到姬路市出席大会的、名古屋大学的青年学者樱井龙彦君，他是早在1983年就来过中国北京、辽宁访学和我很熟悉的忘年朋友。从6月1日早晨就一路陪同我，结束了京都、奈良和大阪的访问，转道来姬路市参加了这次学术盛会，于是他就成为此次参会的最年轻的一位日本民俗学后起之秀。会议由野村教授主持，在姬路市市民会馆大礼堂准时召开。国立历史民俗博物馆教授、著名的民族音乐学家小岛美子致开幕词，随后，姬路市长户谷松司致欢迎辞。从10时40分到12时10分的一个半小时内，由三位委员做学术研究成果的报告，每人20分钟发言，其余10分钟由听众提问，很是紧凑。报告人及题目如下：

竹本宏夫（下关市立大学）讲：《关于种田歌及其关联事项》；

谷原博信（高松南高校）讲：《香川的昔话》；

金井清光（清泉女子大学）讲：《关于所谓口承文艺“管理者”的概念》。

中午，仅仅休息了约50分钟，午餐后由下午1时到2时，再由两位会员发表自己的研究成果。他们是：

荻中美枝讲：《阿伊努族史诗〈yukar〉（ユ—カラ）中发现的“Hayokpe”（伪装甲胄）》

三宅忠明（就实女子大学）讲：《传说和文学的接触点及其社会的、政治的意义》。

紧接着下午的项目有一个小时的观摩演出，由著名的民歌手、姬山会会长土井弘一郎演唱民歌，由姬路市狮子舞保护协会演出了风趣的民间狮子舞。

下午的学术性公开讲演会进行了两小时，由三位会员讲演。第一位是日本民间故事研究家、关西外国语大学三原幸久教授，他讲的是《拉丁美洲的“水精”故事》；第二位是歌谣学者奈良教育大学的真锅昌弘教授，他的讲题是《歌谣和小说》；第三位是著名的故事学家东洋大学大岛建彦教授，他讲的是《柳田国男和口承文艺研究》。这最后一个讲演，全面回顾了柳田国男开创的日本口承文艺学发展历史，带有浓重的纪念柳田国男诞辰110周年的色彩。

晚6时，本届会长臼田甚五郎教授致闭幕词。理事会有关人员分别简短地报告了财务收支、刊物出版、新理事会的选举结果以及确定1986年度大会的地址和议程。决定1986年的大会在著名的口承文艺之乡岩手县远野举行。

晚上，两个小时的“恳亲会”十分热烈，由国立音乐大学内田琉璃子教授和东京都立大学饭仓照平教授主持，我应邀在会上介绍了中国北方各民族民歌，引起了会员们的很大兴趣。这次大会以宴会的结束正式闭幕。

一个全国性的著名的日本口承文艺学会，举行如此隆重、热烈、学术性和纪念性都很强的年度大会，仅仅用了十个小时的时间，便出色地进行完了全部议程。这次大会开得充实、精彩、活泼、紧凑，给我这个中国同行留下了十分深刻的印象。

6月2日，星期日。初夏的姬路古城，晴朗、幽静、美丽，气候温暖适度，正是旅游观光的好季节。大会预定的“姬路传说巡游”活动从上午九时开始了。先要乘车游览姬路西北书写山上10世纪中叶开山的丹教寺，在山口登上电缆车直达山顶，再徒步参观千年古刹的殿堂。下山后再到市中心的“国宝”遗产姬路古城参观白鹭城壮丽的大小天守阁。过午以后，再乘车奔东北方神崎郡福崎町辻川村药师山的柳田国男诞生故宅和纪念馆。全部巡游需要八小时。

在古城附近的和式餐馆用餐后，会员一行乘旅游客车穿过市区直奔东北方向的福崎町。车行约一个小时，渐渐远离了现代化闹市，进入丛林、田野、河川交织的山乡，接着又穿行过几个五彩缤纷的现代化小村。一路上，那位年轻美貌的导游姑娘用话筒娓娓动听地向车上的专家、学者们讲述着柳田国男少年时代的趣闻和故居的松冈家逸事。她边讲边指着行车两旁的街道和建筑物，述说着柳田国男当年的行踪路线，令人感到十分亲切，使车内的民间文艺学者异常活跃，那些当年在柳田门下受教的学者们也都充满了崇敬心情，不断发出啧啧赞叹声。我从导游姑娘口中深深感觉到姬路人也以本乡出了柳田国男这样伟大的民间文艺学家、日本民俗学之父而骄傲的自豪感情。

在辻川小街的一个停车场下车后，首先映入眼帘的是附近街道、房屋、电柱上到处都有指向“柳田国男先生诞生故宅”的标记。徒步经过一条小街，在一根指向柳田故宅的路标旁，看到了一座挨一座保持着古老传统形式的木结构老式商店，那座松冈百货店内外陈列商品的方式依然保持着百年前的老样子，在浓密的街树后显现出像柳田国男在《故乡七十年》中描绘的那种乡土风味。从这里向北折去，小街伸入田野，左面有几方水田，一片嫩绿，右侧一排浓荫覆盖的岗地，掩映着乡村神社的墙垣、“鸟居”和神宫，从这里上岗，便踏入了一组极有纪念意义的旧建筑群：铃之森神社、柳田诞生故居、柳田国男・松冈家纪念馆、大庄屋三木家。

铃之森神社的入口处醒目地立着两根大方石柱。左侧柱上大字刻着“松冈鼎纳”，这是柳田长兄奉献给神社的墙垣门柱；右侧柱上刻写着“柳田国男纳”，是柳田国男捐献给家乡神社的石柱。参道两旁浓密地排满了古松和老山桃树。在这里不由得令人想到柳田氏在他的《孤猿随笔》中追忆的乡亲们最难忘的神树——山桃。难怪福崎町火车站前著名的风味糕点店“难波本铺”也用“柳田故居山桃”做了商标，在这里百年以上蟠龙状老山桃树确实有些神奇。神殿前方的额上悬挂着由署名福富的一家奉献的五幅彩色画像。画像分上下两排，上中大幅是柳田国男像；上右是长兄松冈鼎像；上左是七弟松冈静雄像；下右是八弟松冈映丘像；下左是三兄松冈泰藏（井上通泰）像。

神殿内供奉的是村守护神四尊：彦火琼琼杵命、天儿屋根命、太玉命、大山积命。这座深幽古老的乡村神社和柳田一生的民俗事业结下了不解之缘，也是松冈家国男兄弟一代英才少年时代成长的基地。

从神社向东行几十步稍转南下坡不远，右侧松林浓荫中出现了一座古朴整洁的木结构小茅屋，这正是柳田国男诞生时的故宅。1875 年（明治八年）7 月 31 日柳田国男便出生在这座内部是田字格的四间小草房中。屋内按原样陈放着古旧的简单家具，黑中透黄的木板壁散发着一股陈年的松脂香。起居间的隔障上，并列着三幅大型水墨画和一些书法条幅，很是雅致。

对于这所故宅，柳田在他的《故乡七十年》中曾有过重要的记述。他写道："我的家是日本的一个小小的家；……事实上可以说，正是从这个家的小小命运中，开始确立了我走上民俗学道路的志向。""我在以后，进行日本住屋结构的比较研究时，总是以这所小巧玲珑的辻川村的家作为出发点。"这故宅，给这位日本民俗学奠基人以多么深厚的养育之恩，可想而知了。

茅屋左侧矗立着一块不规则的柳田国男歌碑。再往左便是"柳田国男·松冈家显彰会纪念馆"。这是一座占地面积 1400 多平方米的廊柱式二层现代化建筑。当参观者步入纪念馆后，臼田先生、伊藤先生邀我在馆内纪念册上留言题词。他们郑重宣布："乌先生是到这里来的第一位中国人。"这自然使我也深感荣幸，亲自瞻仰了这位日本民间文化巨匠的故居，不仅增长了知识，也受到了鼓舞。作为日本口承文艺学会会员的一名中国后学，我在留言册上写下了对日本前辈民俗学开拓者的崇敬心情。

纪念馆中陈列了柳田国男及松冈一家的许多珍贵遗物。其中有一张柳田生前用过四十年的旧木桌。从那油光的桌面上仿佛还能看到这位老人伏案奋笔疾书的情景。在这里还存展着国男六岁到十岁的小学时代的各种证件；还有父母的照片，祖母松冈小鹤的书法手迹，以及幼弟映丘作的多幅日本画等展品。在纪念馆里大家都真切地温习了柳田国男本人及松冈一家的历史。

柳田国男，本姓松冈，出生在兵库县神东郡辻川村（现神崎郡崎町辻川）这所茅屋。13 岁时离开了故乡，27 岁时做了大法官柳田良平的养子后，才改姓柳田。他从东京帝国大学法科毕业后，曾在农商省任职，后又任法制局参事官、贵族院书记长官等职。1919 年辞官后，把整整 44 年后半生精力都投入了振兴日本民俗学事业上，获得了巨大成就。取得了日本艺术院会员及日本学士院会员的荣誉称号。在国际上被授予美国人类学协会名誉会员。1948 年创建了日本民俗研究会（第二年改为民俗学会）。1951 年，日本政府授予他文化勋章。1962 年 8 月，以 88 岁高龄长逝。

松冈家的世系是：柳田国男高祖之父松冈勘四郎于 1777 年殁；高祖名松之助，弟兄皆无，1812 年去世，有一女二男，长男胜次郎，26 岁夭折；次男松冈勇，后改名左仲，是柳田氏曾祖，精通古方医学及音韵学、高等算术，以医为业，1840 年以 71 岁寿终。所留长女松冈小鹤以长姊家督制居家招夫，夫名至，儒学医术均高，也以医为业。国男祖母小鹤，儒学、佛学、数学均佳，晚年落发习佛，自号“自谦”，1873 年 68 岁圆寂。祖母去世后第二年，即 1874 年，国男父从一对老医生夫妇那里买进了这所小茅屋，又一年在这所小屋中诞生了柳田国男。父松冈贤次，后改名操，是祖母独生子，继承祖业行医，后兼做汉学教师。母共生八子，国男居六。1896 年七九两月国男父母先后离世。国男弟兄中，次兄、三弟、五兄均早逝，所剩五人都成长为著名人物。

柳田长兄松冈鼎，师范学校毕业后，19 岁当了故乡昌文小学校长，以后改志入东京帝国大学学医，成为医师。迁居千叶县佐町后任该町町长、县议会议员，在地方自治活动中做出过很大贡献。

三兄松冈泰藏，12 岁做了同村井上硕平医生的养子，遂改姓名为井上通泰。15 岁时到东京求学，攻医学与国学。以后不但取得医学博士称号，而且在国学研究方面很有造诣。53 岁时编纂《明治天皇御诗集》，55 岁时任宫内顾问官，又编纂《昭宪皇太后御集》。1929 年为皇后讲授《万叶集》，颇受宠信。先后著述有《万叶集新考》28 卷以及各地《风土记新考》等多卷。1937 年 72 岁时，成为帝国艺术院会员，同年当选为贵族院议员，1941 年 8 月逝世。

柳田国男七弟松冈静雄，海军学校出身，日俄、日德战争时从军，在海军司令部任职。他是海军选拔出的第一流语言学家，从事《日俄海战史》及《日德战争史》的编辑工作。后因病从海军大佐任上退役。以后专门从事语言学研究，出版了多种著作，如《日本语言学》《日本古语大辞典》《荷兰日本语集》《Micronesia 语辞典》《纪记论考》等。在古典著作与语言学方面做出很大贡献，1936 年五十九岁时逝世。

八弟松冈辉夫，号映丘，1881 年生人，曾入东京美术学校日本画科学画。在名画家寺崎广业、山名贯义等指导下，专攻土佐派大和画。1904 年毕业后任母校副教授，37 岁时任教授，第二年担任帝国美展审查员。1930 年受文部省派遣，在意大利举办日本艺术展览会，曾荣获意大利勋章。同年，被推荐为帝国艺术院会员。1935 年辞去教授职务，创立国画院，为日本画的发展和复兴做出了很有影响的贡献。1938 年因病去世，时年 58 岁。

纪念馆的陈列品不仅突出了柳田国男的业绩，而且全面表彰了松冈兄弟五人对日本民族文化复兴所做的优异贡献。在日本，凡来这里瞻仰过松冈小茅舍的人，无不对养育这一家兄弟英才的辻川村松冈旧宅发出感慨。如今，在高大的松林丛中，经过百年风雪的小屋肃然静立，给后人以鼓舞与启迪。我们离开纪念馆时，都情不自禁地站在廊下高台上再仔细端详了一番那所小小茅屋。

时已下午四时多，参观一行又匆忙地走访了大庄屋三木家。这是

1655年姬路城主榊原忠次号召在他的领地内垦荒时，三木三次郎从事开垦的住宅。它坐落在柳田故宅南邻的一条小巷里。三木家第三代担任了统管附近十几个村庄的大庄主后，这所宅院便成了行政村公所的“大庄屋”了。这座日本式大型多套式木结构庄院，已有300年历史了，它占地1900平方米。三木家族世世代代住在这里。这家藏书之多，几乎像是一座大书库。于是，这家便成为柳田国男少年时期最迷恋的读书处。当年，他和三木家的同代人三木拙二结成好友，每天都到这里读书，度过了一年的好时光。这些好书为这位民俗学家的成长打下了坚实的基础。柳田国男和三木拙二翁成为终生至交，并在《故乡七十年》中写下了充满深情的回忆。三木家的楼上是古代村公所办公处和公差宿舍，上下楼都要通过一个古老的吊梯。这些古老幽暗的住屋，满足了少年国男的好奇心，他不仅利用这些屋子读书，而且还在这庄院中琳琅满目的民俗生活用具面前增长了许多知识。

现在，三木家庄院和柳田诞生故宅都被兵库县指定为重点文物保护单位。在这到处留下了柳田国男历史足迹的小村镇中，我们恋恋不舍地逗留了很久，才告别了养育日本民俗学奠基人的历史文化名乡辻川村，返回姬路古城。

一路上，我忘却疲劳，从这古朴的小村庄想到了日本民俗学繁荣发展的现状，也不由自主地联想到了我国民间文艺学、民俗学复兴的美好前景。

2008年11月10日据1985年—1995年5次访日实录定稿

现代日本民俗学的开拓者关敬吾

——民俗学史论的话题之四

在近代日本民俗学历史上，从20世纪初兴起的“乡土研究”到五六十年代的口承文艺发展繁荣期，日本民俗学奠基人柳田国男的不朽业绩，已为举世公认。但是，如果考察了日本20世纪后半个世纪民俗学、口承文艺学全面发展的实况，就会发现环绕在柳田民俗学中心周围，出现了极少几位民俗学、口承文艺学的开拓者，为日本民俗研究和口承文艺研究的宏伟工程做了巨大贡献。其中，活跃在20世纪中后期的著名民俗学家、口承文艺学家关敬吾博士就是杰出的代表和领军人物。

关敬吾，1899年（明治三十二年）7月15日出生于日本长崎县小识町。青年时期从东洋大学毕业后，在东大图书馆外文书部任职期间结识了柳田国男，同时加入了柳田主持的“民间传承会”（现在的民俗学会）参加了十分活跃的民俗和民间故事的调查和采集活动，开始走上了他的民俗学与口承文艺学的光辉路程。他历任东京学艺大学教授、名誉教授，日本民族学会会长等。其间获文学博士学位。1987年7月15日是他的88岁大寿，按照日本风俗，口承文艺学界将要举办隆重的庆贺“米寿”活动。（因“米”字是由汉字“八十八”三字组成，所以俗称“米寿”）。此后于当年由同朋舍出版了关敬吾博士米寿纪念论文集《民间说话研究：日本与世界》（396页），以此高度评价了他对当代日本口承文艺学的开拓性贡献。1990年在东京逝世，享年91岁。

关敬吾的学术旅程，到20世纪末，大致可以分为两个方面的三个时期。两个方面是：民俗学方面和民间故事研究方面。三个时期是：一、第二次世界大战停战前，日本民俗学确立期和口承文艺采集期；二、战后五六十年代日本民俗学成熟期与口承文艺繁荣期，对关氏来说也可以称为“昔话集成期”；三、进入七八十年代的日本口承文艺研究新理论和新方法的开拓期。

在日本民俗学的范围内，从来就包括了口承文艺各门类，但在学术研究活动中，口承文艺学又具有自己人微言轻分支学科的独立性格。关敬吾的论著和编集，也展示了这种特点。他在民俗学方面三个时期的代表作有：专著三种、译著一种、专题论文十二篇、调查报告六篇、主编合编论集、事典、丛书、讲座多卷。在口承文艺的故事、传说研究方面，三个时期的代表作有：专著三种、译著一种、专题论文十八篇、主编合编民间故事集、故事资料集约四十卷。他的成果丰富了日本民俗学与民间文学的宝库，为日本民俗与口承文艺学在新时期的发展，增添了奇光异彩。

一、日本民俗学确立期与口承文艺采集期的成就

从1934年5月开始，日本民俗学界展开了连续三年的全国山村调查，使全面采风形成了采集期的划时代标志。同时在这个坚实的基础上确立了以柳田国男学说为中心的日本民俗学。年轻的关敬吾投身于这一采风洪流，在《山村生活调查》一书中，公开发表了《共同祈祷的问题》《关于“宫座”》《狐狸的变化》《澡病的祈祷及其他》等著名的调查报告。1937年至1939年，继山村调查之后，日本全国又对离岛及沿海村落生活进行了调查，最后从全国30个地区调查结果中整理出25项专题报告书（战后1949年4月），由柳田国男编辑出版，书名为《海村生活研究》，其中，关敬吾发表了题为《捕捞鱼和祭祀》的报告。在

采风的基础上，他接连发表了《民俗学的两三个问题》《民俗学和民族学》等大型论文。他在这时期的论文中，重点放在了阐明日本民俗学的基本理论上，明确了研究民俗学的意义和目的，讲清了民俗以及“常民生活”的概念，介绍了欧洲民俗理论的各家之说，提出了具有日本独特概念的种种论点。在介绍德国民俗理论时，着重论述了民俗学科的性格，指出它既是一门关于民间传承的学问，又是关于民族的学问。如果采用后一说，也可以说是用历史的方法认识本民族现代生活的学问。同时提出了比较民族学的问题加以论述。这种基本理论的确立，在1942年8月出版的名著《日本民俗学入门》一书中，表现得十分系统和充分。《日本民俗学入门》这部长达477页的巨著，是关敬吾在自己的学术成熟期和柳田国男合著的高水平理论书和采风指导书。它的价值早已远远超过了“入门”的含义。

事实上，《日本民俗学入门》一书，尽管在撰写计划、内容构成等方面柳田国男参加了探讨性意见，但是，执笔却全部是由关敬吾完成的。这一点在日本学术界早已得到公证。因此，理应把这部名著确认为是关敬吾在这一时期的突出成就。本书共分三十章。第一章结论中不仅阐述了民俗学方法论，而且还介绍了欧美各国民俗学理论。第三十章结语时，在说明了民俗调查在传统村落中实施的理由的同时，还着重阐明了以下结论：“日本民俗学将通过对我国国土所有地方产生的这类大量事象的细目进行持续的研究，就会知道我们的民族性的历史面貌对于现今生活所起的作用。”这个结论，对于确定日本民俗学的性质、内容和方法，无疑是具有决定性意义的。本书的第二章到第二十九章，从衣、食、住等民俗开始，直到传说、妖怪、幽灵、兆、占、禁咒、医疗等各项专项的调查内容，都采用问答体形式详细地展示了日本民俗学的内涵和外延。这部代表作于战后1947年又分为上下两册再版问世。

这时期，岩波书店还出版了他的译著《民俗学方法论》岩波文库本。这本书是芬兰学派以研究史诗《卡列瓦拉》著称于世的卡洋莱·

克劳恩的名著。它向日本民俗学界传播了民间文学的地理、历史的科学研究方法论，怎样确定搜集资料的标准，如何确定故事原型及其产生地区和时代，如何探寻故事的传播线路等。在日本民俗采集期，这本译著发挥了有效的作用。

在民俗调查的全部进程中，民间故事的搜集最为突出。关敬吾于1935 年 5 月也出版了《岛原半岛民话集》，集中收录了他的母亲和两位姐姐讲述的 116 个类型近二百则故事。但是，这并不是他的主要贡献。值得注意的是 1936 年 8 月民间传承会出版了他和柳田国男合编的《昔话采集手帖》，在采集期发挥了重要的作用。这本书是指导采风作业的工具书。它选入了日本民间故事最基本的类型一百例。采用全国各地普遍通用的标题。在手帖的右页刊载故事梗概，左页空白，留作采录者记录同型故事时使用。故事类型都按"完形故事""派生故事"的分类顺序排列。本书的序言《写给热爱民间故事的人们》中，还着重说明了故事形式的特点，故事采录的注意事项及研究故事的意义。早一年，即1935 年，他还发表了《昔话的采集》论文。这本手帖和论文在全国采风活动中起到了异常有效的指导作用，使采集工作形成了热潮。

1937 年到 1941 年间，他还发表了一系列重要论文。如《昔话研究的课题》（1937 年 1 月）论述了欧洲芬兰学派的地理历史方法，并给予高度评价，同时介绍了代表人物阿尔奈的业绩；另一方面也批评了他们把故事研究仅限于比较文学史范围内的倾向，强调了研究故事产生及其传播的社会根据的重要性。《在昔话研究中民俗学的作用》（1938 年 4 月）一文，是作者在日本民俗学讲座里的一篇讲演稿，后来又曾以《昔话和民俗学》的标题转载过。本文针对故事搜集者的工作，指出了他们轻视民间故事和村落社会密切关系的偏向，强调必须从多侧面、多角度观察现在还活着的民间故事。这篇论文及时地发挥了指导性作用。《昔话和婚姻样式》（1939 年 3 月）一文，对照了婚姻习俗和民间故事中的婚姻形式，分析了入赘婚型故事和出嫁型故事的序列。强调指出从探究民间生活史角度测定民间故事演变的科学道理。本文在后来又以《昔话与婚姻》转载在他本人最早的论文集《昔话》（1941年7月）中。

关敬吾的早期故事研究论文的影响是很大的。在战前日本学界，除了柳田国男以外，几乎没有从民俗学的立场进行民间故事理论分析的学者。然而，战争期间关敬吾的论著所展现的对民间故事强有力的科学论述，至今也还有重大价值和指导意义。

二、日本民俗学成熟期与口承文艺繁荣期的贡献

二战后，日本民俗学在废墟上以惊人的速度重建起来。1948年的日本民俗学研究会从1949年改称日本民俗学会以后，围绕在柳田国男周围的两代民俗学者纷纷投入柳田国男民俗学的建设，发表了大量高水平的论文和调查报告。到20世纪60年代末，民俗学的论著在数量上超过了战前二十年论著总和的五倍多，而且在学术质量上已经构成了全面、完整的理论体系，日本民俗学顺利进入了它的高度成熟期。相继出版了《民俗学辞典》《日本社会民俗辞典》《综合日本民俗语汇》《风俗辞典》《年中行事辞典》《故事谚语辞典》《语言游戏辞典》《神话传说辞典》《日本昔话名汇》《日本传说名汇》《日本民俗资料事典》和《全国民俗志丛书》（全七册）、《日本民族传说全集》（全九卷，外别卷一）、《日本民话丛书》（七十三册，别卷四册）、《日本人生活全集》（全十卷）、《国民生活史研究》（全五卷）、《日本民俗学大系》（全十三卷）、《图说日本民俗学全集》（全八卷）等辞书和丛书。还出版了《折口信夫全集》（全三十一卷）、《定本柳田国男集》（全三十一卷，别卷五）、《宫本常一著作集》（全二十五卷，第一套）等民俗学先辈个人论著。全面展现了日本民俗的宏伟成就。

关敬吾在这个时期的卓越贡献，主要以他与大间知笃三、冈正雄、

樱田胜德、最上孝敬合编的1958年4月到1960年8月出版的十三卷《日本民俗学大系》为代表。这部“大系”，集中了截至20世纪50年代中期日本民俗学的全部成果，并把它们系统起来。在“大系”之前，历来都是以“柳田学”为中心形成体系。但是，“大系”的突出特点则是密切结合了民俗学的相邻学科，如民族学、社会学、宗教学、历史学、考古学、地理学、语言学等，形成了一个更为广泛、综合的民俗学体系。这个体系显然更加富于生命力和科学理论与实践的意义。

关敬吾在“大系”中撰写了第一卷《民俗学的成立和展开》的前言，第十卷《口承文艺》的前言，第十三卷《日本民俗学的调查方法》的前言。同时在第一卷中发表了他的《欧洲民俗学的产生和概观》《德、奥民俗学的历史和现状》；第二卷中发表了《日本民俗的社会性格》《日本民俗学的历史》《作为历史科学的民俗学》；第三卷发表了他的《民话》；第十二卷发表了他的《昔话的分布》。这些论述充分显示了关敬吾在建设日本民俗学方面的全面贡献。

早在“大系”出版之前，他还发表了《民俗学和唯物论》《民俗学方法问题》等重要论文。在出版过程中，又于1958年9月出版的《讲座社会学别卷》一书中发表了他的《民俗学——历史·课题方法》一文，除介绍民俗学形成，发展的历史背景和关于民俗学对象及课题的诸家学说外，着重指责了日本民俗学的方法以比较研究为唯一的偏向，极力主张同时采用功能的研究方法，在20世纪50年代的日本民俗学界产生了积极影响。

1963年4月，出版了关敬吾主编的《民俗学》概论书。这本书共分六章，全部由《日本民俗学大系》的五名编者执笔。其中，关敬吾撰写了《序论》《信仰与生活》两章。这本书各分章独立性很强，作为概论似乎稍欠统一，但是关氏的这章著名序论，却在日本民俗学界被评为“阐明理论异常高明”的力作。

1966年3月他发表了《民族学与民俗学——最近的动向》一文，

十分敏感地剖析了战后的研究动向，以20世纪60年代的研究为主论述了民族学与民俗学的关系，指出了民俗学研究对广泛的社会领域的关心与靠近，还指出了研究方法的多样化发展趋向等，同时也暗示了当时西欧民俗学的动向。1967年6月发表了《欧美民俗学诸倾向》一文，对欧洲民俗学被作为“地域民族学”的研究动向，做了学术史的考察，和日本民俗学进行了比较。这些论著在这个时期里，对日本民俗学的研究对象、课题及发展方向都有创见性的贡献。

日本民俗学的全面成熟的发展，带来了口承文艺的极大繁荣，特别是民间故事采集期以后形成的编集热潮，把口承文艺学引向了新的阶段。由关敬吾编辑、角川书店出版的《日本昔话集成》全六卷，正是这个时期口承文艺繁荣景况的醒目标志。全书六卷共计2644页，从1950年4月出版第一卷起，经过八年时间，到1958年6月全卷出齐。这部集成所刊行的类型和索引，一直到现在仍然是日本故事研究不可缺少的基础读物。集成所收资料包括自明治末年到昭和30年（1955）间，从口头上直接采录来的浩瀚的故事中精选的8600个故事。全集成由三个部分构成：第一部分是动物故事，共十项为一卷；第二部分是普通故事（或典型故事），共十五项分三卷；第三部分是笑话，共四项分两卷。三部分共有723个型，包括变型在内。其中，故事形式分类，有笑话卷收录的《昔话的型》，这是关敬吾氏对日本故事分类的一个试验方案。他从故事主题中抽象出型的形式，并把它作为真正意义的类型索引。这部集成的编纂，反映了编者的一个重要意图，那就是一方面从比较研究的立场出发，充分展现日本民间故事所具的意义和价值。集成确实起到了开日本民间故事研究新纪元的作用，并为关氏在以后《全国昔话资料集成》（1979年）的编纂奠定了坚实的基础。

这时期中，1955年5月岩波书店出版了他的《民话》，全书分“民话和昔话”“昔话的生活”“昔话的形式”及“昔话的世界”四个部分，详细论述了民间故事的概念、起源、传播、社会作用、形式、型的结构分析、讲故事能手以及故事基调的对立、抗争、矛盾的解决、朴素的感情和文学表现等等。1966 年 8 月出版了《民俗民艺丛书》之一《昔话与笑话》一书，收入战前战后的十五篇重要论文。同年 11 月出版了《昔话的历史》一书。这本书并不是概述故事历史的著作，而是用全四章的论点阐述日本民间故事结构变化过程的大作。关敬吾在这部著作中试用同系列故事类型群的新方法研究了“异类妻故事”。这种研究方法引起了广泛的注视。同时，也为关氏本人以后发展故事研究的理论和新方法开创了新路。

这时期，他还于 1950 年 4 月出版了《日本传说名汇》，1966 年 11 月发表了论文《传说的民俗学解释》及其他有关论文多篇，也都产生了积极影响。

三、日本口承文艺学新理论、新方法开拓期的先锋作用

随着日本经济现代化的急速发展，科学技术的飞跃，日本民俗学、民族学及口承文艺学也受到了席卷全球的各种学术思想和现代新潮的影响。特别是从法兰西思潮发展起来的结构主义、现代符号学等进入民俗学领域后，原有的理论、方法正在不断进行新的改造与补充。日本口承文艺学也以其旺盛的生命力，在发展新理论与新方法的道路上迈进，走上了 20 世纪七八十年代的新开拓时期。

关敬吾以古稀之年从七十年代初积极迎接了新潮的挑战，连续发表了闪耀新见解光辉的论文多篇。为日本民间故事研究开拓了新路。

1973 年 3 月他发表了论文《单一形式和复合形式》，对国际上历来的分类体系和方法做了介绍，特别评论了瑞典学者冯·塞杜和柳田国男的两种分类法，即单一形式（monoepisodic folktale）和复合形式（multi-episodic folktales）两分法与“完形故事”和“派生故事”两分法。本

文的突出特征还表现在汤普逊（S. Thompson）分类中嵌入日本的故事选例。这是一篇构筑新分类方案的很有意义的论文。

1974年3月又发表了题为《欧洲昔话的接纳》的大型论文，就不同民族之间故事系统相似的问题，从文化改观及文化同化的立脚点进行了论述，在日本被评价为优秀论文。

同年8月发表了《民俗学的昔话研究课题》一文，提出了两个故事的崭新课题：一个是从固有的文献学的研究蜕变出来，对故事共同体功能的研究，即“故事生物学”；另一个是对民间故事变异决定权持有者的讲故事人研究，即故事讲述家研究。关敬吾在阐述论题时，展开了他的宏观视野，表现了极大的说服力和理论开拓特点。

1975年9月发表了进一步探讨了“故事生物学”的论文《对昔话功能研究的提案》。全文由五章构成：一、日本故事研究的现状；二、故事搜集和整理的方法；三、故事生物学研究的简史；四、西伯利亚的讲故事人们；五、维诺克洛娃的故事。作者做了详细的论述，全面阐明了故事生物学的研究。简而言之，这篇论文说明讲故事人的社会观和生活经验带来了生物学的改观，以各种改观的故事生物学的研究，正是故事的功能研究的中心问题。

1975年3月发表了著名论文《儿童漂流潭》，论述了故事类型群，他着眼于后果强调不把故事作为形式，而应当作为Circle（故事群）来研究，进一步为故事分类建筑新的构架。

同年11月发表的《东西民话观的差异》一文，强调指出了东方和西方的故事观的不同，从故事样式和故事移动两点上阐述了同一内容的故事，根据不同国家，不同时代而处于不同位置。这对于探讨东方民间故事的特征问题很有指导意义。

1977年2月1日，78岁高龄的关敬吾氏由日本广播出版协会出版了他的代表作《日本昔话——比较研究序说》一书，以375页的巨大篇幅全面、详细、具体地论析了世界范围的民间故事研究课题及各种故事分类形式。其中，对各分类系统的评述十分详尽。第三部分详尽地对应了日本、亚洲地区故事的平行关系，令人信服地从翔实的资料中不仅了解到诸家分类形式的关系，而且还醒目地展现出东方民间故事的相似特点。关氏以确切的数据做了论证，他指出本书所提出的比较研究问题并不是像芬兰学派主张那样的“泛世界”的比较研究。他举例说明：“我把比较研究作为前提，为此目的把国际AT类型目录和我国的七百个故事类型做了对照，结果它们之间的一致率还不到百分之十。与此相反，和亚洲地区两三个国家的故事类型对比之后，一致率却非常之高。这里有各种各样的原因，阿尔泰和汤普逊的分类，几乎都是以欧洲故事资料为基础制作出来的，而亚洲的资料却极少。更为重要的是我早已说过的那样，东方人和西方人关于神话、传说和故事的见解是不同的”（见原著作者序第4页）。所以，他提出近邻民族的故事比较研究的重要意义。这部名著所提供的理论原则、分类方法和类型资料，为东方民间故事分类奠定了雄厚的基础。这本书荣获了最高奖柳田国男奖，在日本故事研究的新历史阶段，具有里程碑作用。

此后于1979年80岁时他完成了《日本昔话大成》的编纂。

1982年3月，83岁高龄的关敬吾氏发表了长达86页的论著《命运谭——及其系统和分布》。以“命运”为主题构成了“故事群”，从六个方面的大量日本故事、中国故事和印度、东南亚故事以及东欧、中近东地区故事资料，构筑了新型的适合东方故事特征的分类雏形，独具特色。

1985年，86岁高龄的关敬吾博士，在与疾病做斗争的同时依然坚持不懈地从事东方民间故事类型群的研究工作（1985年笔者在日本讲学期间，6月6日、20日应关敬吾教授两次召约，利用两个下午他在家休养的时间，共同讨论了中日故事类型群的理论与方法。当时，关氏正在全面修改增补《命运谭》的内容、体系。在讨论中他详细阐明了中日故事分类的系统，十分精辟），为构筑新的分类系统开拓道路，在当代日本口承文艺的新历程中，继续发挥着他老当益壮的先锋作用，直到1990年离世为止。如今他受到了日本学术界的高度崇敬、爱戴和几代学人的追念。

1992年4月

日本神话学三个里程碑的主要代表人物

——民俗学史论的话题之五

纵观日本神话学研究，从1900年开始到2000年为止，整整发展了20世纪的百年历史。在这百年当中，日本神话学经历了三个有代表性的历程：第一个里程是日本神话学的开创期，以1904年高木敏雄的名著《比较神话学》为代表；第二个里程是1940年后日本神话学的中兴期，以1941年松村武雄的名著《神话学原理》上下卷的出版为代表；第三个里程是1960年后日本神话学的繁荣期，以1961年大林太良的《日本神话的起源》、1966年《神话学入门》、1973年《稻作神话》、1975年《日本神话的构造》和《神话与神话学》等名著的相继问世为标志。以下就沿着这个日本神话学史的发展线路和分期，对日本神话学三个里程碑的代表人物及其贡献做出简要的述评。

一、日本神话学第一个里程碑的奠基人——高木敏雄（1867—1922）

日本明治时代中期，1892年5月，由东京帝国大学教授久米邦武发表的论文《神道是祭天的古俗》揭开了日本神话研究的序幕。由于这篇论文在《史学会杂志》发表后，经《史海》学刊的转载而受到学术界的广泛注目。这篇论文论述了日本神道来源于中国和朝鲜古代祓除仪礼和祭天遗俗。因此，这篇论文严重触犯了日本神道与皇统的密切关系，酿成了笔祸。这桩事件使日本神话研究的萌芽遭到扼杀。从此，经过了 7 年的沉寂，直到 1899 年 3 月《中央公论》发表了高山林次郎的论文《古事记神代卷的神话及历史》，日本神话研究才正式抬头，出现了建立神话学的新契机。当时年仅 23 岁的高木敏雄从此以神话学研究为中心展开了自己的学术研究，终于成为日本当之无愧的跨越明治时代和大正时代的日本神话学奠基人和日本口承文艺学的先驱。

高木敏雄于 1876 年 4 月 11 日生于九州熊本县菊地郡西寺村。1889 年 2 月日本帝国颁布了帝国宪法，实现了君主立宪体制。第二年，高木升入熊本第五高中（熊本大学前身）预科。在学期间，正值“久米笔祸事件”发生，当时只有 16 岁的高木，严厉地谴责了这起事件。五高毕业后，高木进入东京帝国大学文科大学。1900 年 7 月毕业于德国文学科。（同年，柳田国男毕业于东京帝国大学法科大学政治科）。高木大学毕业后便被任命为熊本五高的教授，1906 年秋，该校入学考试合格的学生中有一名失去一条腿的残疾学生，因上体育课困难而被取消入学，于是在学生中引起了罢课抗议运动。富有正义感的高木积极支持了学生的行动，和校方形成了对立，于 1907 年 1 月被停职。高木在五高任教授时期，于 1904 年由博文馆出版了他的代表作《比较神话学》，这本书不仅成为他个人集大成的贡献，同时也是日本神话学的重要里程碑著作。停职后的第二年，高木来到东京，在东京高等师范学校任教，时年 33 岁。1916 年 10 月又从东京高师辞职。此后，便和同样遭遇的柳田国男共同编辑出版《乡土研究》杂志。这种合作关系经过了一年两个月便破裂了。1922 年 9 月，他被任命为到德国留学一年的文部省在外研究员。不幸的是同年 12 月 18 日病逝在大阪市立桃山病院，年仅 46 岁。高木一生性格暴烈，临终前生活十分孤寂。

当代日本神话学者大林太良于 1973 年曾把高木的学术研究分为两个阶段：第一阶段是从日本神话学起步的 1899 年到高木的《比较神话

学》的出版。

高木作为出色的神话学者，很早便打下了学术研究的坚实基础。17岁时他撰写了以《唐太宗李世民》为题的论文，发表在五高论坛校友会刊《龙南会杂志》上。他入东京大学后继续为该刊撰写了三篇论文。但这时高木的研究方向并没有确定。

就在1899年，日本神话研究正式起步，随之形成了急速发展的形势，神话研究全面开花。借此契机，当年3月份高山林次郎在《中央公论》上发表了《古事记神代卷的神话及历史》论文。文中明确了自己的神话学立场，对多数国学研究者对神代卷前半部和后半部同样做了牵强附会的历史解释表示了异议。他主张：从神话学角度认识日本古代神话才是正确的立场，这样既可以解开很多疑团，又可以为正史的研究增加许多有益的资料。当时，高山林次郎在科学与进步思潮影响下，对传统的历史神话解释提出了新的说明。比如，把天照大神解释为太阳，素盏鸣尊是暴风雨，天照大神与素盏鸣尊之间的倾轧不和，是太阳和暴风雨的太空之争。同时指出“神代卷”中很少涉及北方现象，却多与太平洋中波利尼西亚的神话和传说类似，于是提出了日本民族的起源可以与南太平洋诸民族进行类比的主张。

针对高山的论文，国学院大学讲师高桥龙雄在当年5月号《日本主义》上连载的《神代史的新研究》中说：这是敢于呼吁自由研究神代史的重大行动。紧接着东京帝国大学讲师姊崎正治又在《帝国文学》8月号上连载了《素盏鸣尊的神话传说》，指责了高山论文中的自然神话论观点，不同意把素盏鸣尊与印度神话中的印地拉相比；同时提出了素盏鸣尊神话不能被看做是自然神话，更多地还应看作是人文神话的反驳意见。后来，高木敏雄指出高山林次郎论文的论点对日本古史神话研究有不小的功绩。

姊崎的论文发表前后，高木敏雄正在东京大学就读，并任《帝国文学》记者。他在该刊撰写了不署名的评论记事，题为《文界的新现象》

和《高山氏的古事记论》。并在《帝国文学》第5卷11、12号上署名发表了《素盏鸣尊暴风雨神论》。他反对姊崎认为素盏鸣尊神话主要是人文神话的解释，强调指出它的自然神话要素及与印地拉对比的必要性。这篇论文与姊崎论文一起使当年的《帝国大学》学刊大为增色。但是，神代史的论争却因姊崎出国留学而中止了。高木的《素盏鸣尊暴风雨神论》成为日本神话童年期的重要论著载入史册。

当时，西欧的印度日耳曼比较语言学说的代表德国的库恩（Adalbert Kuhn 1812 – 1881）和生于德国、26岁以后赴英的马克斯・缪勒（Friedrich Max Muller 1823 – 1900）等的自然神话学派思潮、英国的泰勒（Edward Burnett Tylor 1832 – 1917）的进化论的人类学、兰格（Andrew lang 1844 – 1912）的神话史学及民族学等思潮，纷纷传入日本，直接影响着1899年日本神话学的创立。这时的高木敏雄深受兰格的神话史学影响，对人类学派的主张颇有好感。例如1900年高木在《帝国文学》发表的《羽衣传说的研究》和《浦岛传说的研究》中，便明显持有和兰格1884年的著作《习俗与神话》内容相同的观点。20世纪初，高木打破了日本神话研究短暂的沉寂，继《羽衣传说的研究》《浦岛传说的研究》之后，于1901年又在《帝国文学》上发表了《关于日本神话起源于印度的疑问》的论文。同时在熊本县五高的《龙南会杂志》上发表了《中国故事研究资料》等重要论著。这些论著在当时虽然产生了一定影响，但由于1892年“久米笔祸”的余波影响，学者们对日本神话的禁区采取了冷淡的态度，因而高木的神话研究仍然显得有些孤独。高木的研究持续了四年之久，不但没有引起学界的广泛响应，相反还遭到某些人的嘲讽，称高木为“神话狂”。《帝国文学》也因连续发表高木的神话论文而受到冷落。为了广泛普及神话学知识，引起人们对神话学这门人文科学的兴趣，高木于1904年出版了他的代表作《比较神话学》，以帝国百科全书第116卷的编例由博文馆出版了。书中，他用了大约三分之一的篇幅介绍了西欧的神话理论。同时，还在书中充分使用了中国和日本的古代神话资料群作为论证，全面阐述了作者独到的见解。最突出的是关于日本开天辟地神话的海洋性格的论述，具有深刻意义。

《比较神话学》一书的里程碑意义是不容忽视的。按照神话学史的分期，《比较神话学》一书在日本神话学史上具有金字塔式的里程碑奠基地位。

第二阶段是从1905年到《日本神话传说研究》的产生。1913年3月高木与柳田国男合作，以“乡土会”为基础创办了《乡土研究》杂志。创刊号的发刊辞《乡土研究的本领》由高木撰写，文中高木强调了“乡土研究”的目的在于对日本民族生活加以全面、根本的研究。在不到一年两个月的时间中，高木连续发表了《牛的神话传说补遗》《三轮式神婚故事》《日本农业神话》《日本童话考》及《英雄传说桃太郎新论1、2》等论文，同时出版了《日本神话物语》（1911年）和《日本建国神话》（1912年），把神话学的视野逐渐向日本民间故事的研究领域开拓。同时，在1913年先后为《东亚之光》杂志撰写了《美洲的亚洲传说要素》和《太平洋西岸共同的传说》，从国际性传说比较研究方面扩展了范围。与此同时，他还编辑了250篇的《日本传说集》。1914年4月，高木与柳田的合作宣告中止。此后，高木的学术活动转向日本和西欧的民间童话的研究，于1916年，由“妇人文库刊行会”出版了他的《童话研究》一书。1922年他逝世后，直到1925年才出版了他的《日本神话传说研究》。

当代日本神话学界对高木十多年的研究成就，给予充分的肯定。到1973年，对他的评论形成了热潮。大林太良和一些神话研究者都有论述。大林对高木的贡献给予了很高的评价。大林把高木的业绩分为两个时期，前期从高木的最初学术活动到《比较神话学》的出版，后期从童话、传说研究到《日本神话传说研究》的产生。大林指出了高木神话研究的三个特点：

1. 高木的前期以介绍西欧神话理论体系为重点，后期才进行具体的、个别的神话研究。

2. 高木的前期以研究日本神话中的各神格为重点，后期着重研究了整个日本神话中古典神话体系的问题。如1914年发表的《素盏鸣尊神话中表现出的高天原要素和出云要素》，就表现出对神话反映历史的某些关注，提出了贯穿在日本神话中的国家主义因素的问题。

3. 高木的后期比前期的研究更多的是对传说和民间故事的研究。大林关于高木的评论很值得注意，它恰当地提出高木不仅是当之无愧的日本神话研究的开创人，而且也是日本传说、故事研究的口承文艺学的先驱者。

在日本民俗学界，一再评述高木的神话研究、传说故事研究对同代的柳田国男的民俗学有明显的激发和影响。而且，高木的研究成果哺育了一代日本著名的民俗学家，其中最有代表性的有折口信夫、松村武雄及当代的关敬吾。高木的学术影响在他们的著作中都有明确的追述和回忆。例如，关敬吾的名著《日本的昔话——比较研究序论》一书与高木的《童话研究》有明显的继承关系。松村武雄在《日本神话研究》中也有对高木的令人感动的记述。

高木敏雄虽然以46岁的中年结束了他短促的学术生涯，却为日本神话学奠定了雄厚基础。他逝世三年后，冈村千秋把他的所有论考编辑成《日本神话传说研究》上下两册出版问世。柳田国男为此书写了序文，他用十分委婉动人的回忆，表达了对高木的哀悼，序文恰如其分地评述了高木的一生。十分遗憾的是高木死于他预定留学德国的前一年，即1922年。当时欧洲的民间文艺学界的大师们都十分活跃，纷纷以卓越的贡献推动了国际性的民间文学的比较研究。可以想象，高木如果实现了1923年的欧洲留学，对日本神话学必将做出更为巨大的贡献。

二、日本神话学第二个里程碑的主要代表
——松村武雄（1883—1969）

日本神话研究中兴期是从高木敏雄逝世后的1940年到1960年。这时期最有代表性的神话学者，要首推文学博士、神话学者松村武雄。他于1883年8月23日出生在九州熊本县。从旧制中学熊本五高（现熊本大学）毕业后，进入东京帝国大学文科大学英文科学习。在学期间他便致力于神话的研究，他的毕业论文选题是《英国文学中的神话研究》，以后用同一论文专题进入研究生院专攻神话学。

当时，在日本神话研究并不活跃，不仅没有神话学这门独立学科，甚至连和它相近的学科也几乎没有人专门研究。这正是松村撰写的论文《神话研究》为什么不得不适应本专业发展的需要，改为《英国文学中的神话研究》的缘故。当时松村虽然身在最高学府学习，但是神话研究却几乎等于自学。1919年松村任东京帝国大学文学部讲师，讲授希腊神话。这期间，他把在原毕业论文基础上予以发展写成论点更加集中的论文，于1921年1月，以题为《古希腊文化中表现的诸神宗教纠纷研究》的论文，获得文学博士学位。第二年起，他以两年的时间，作为日本海外研究员到欧洲各国进行留学，专心致志地研究神话。这以后，他的著述活动日趋活跃。除了第二次世界大战后由于日本战败的局势影响，不得已中断了短暂的一段研究外，20世纪40年代的其余时间是他最多产的时期，到50年代期间，松村进入了集大成的鼎盛阶段。

松村的主要著作可以用以下十部作为代表：《神话学论考》（1929年）、《民俗学论考》（1929年）、《神话学原论》上、下卷（1940－1941年）、《古希腊的宗教纠纷》（1942年）、《宗教及神话与环境》（1944年）、《日本神话的真相》（1947年）、《神话与历史》（1947年）、《言语和民俗》（1948年）、《仪礼及神话的研究》（1948年）、《日本神

话研究》全四卷（1955－1958年）。这些论著标志了松村三个阶段的研究成就。1930年前的两部《论考》，是他的初期成果，整个40年代，是他的成熟期和著作旺盛期。50年代的四卷集巨著是他的集成期的经典之作，使松村神话学达到了新的高度，为日本神话学的发展做出了不朽的贡献。1947年他的《神话学原论》荣获了学术最高荣誉“恩赐奖”。1958年他的名著《日本神话研究》又被授予“朝日奖”。松村的成就得到了广泛的承认和推崇。当他完成了他的巨著后，因病卧床不起，此后十年之久没有进行任何著述活动，同时也缺少了弟子和后继人。松村在他的《神话学者的手记》（1949年）中曾经自嘲过自己是“学问的孤儿”，不幸被他言中了。1969年9月25日，他孤寂地与世长辞，享年86岁。

对于松村氏神话研究的特色分析，有两篇专论值得推荐。一篇是1971年《文学》第39卷11期上的大林太良的《松村神话学的展开——特别关于他的日本神话研究》，另一篇是植岛启司的《松村武雄论》，1975年发表在《柳田国男研究季刊》第8期上。这两篇专论有详细的评价和分析。

从上面对松村论著的展示中可以看到，他毕生的研究精力主要都集中到希腊神话和日本神话的研究方面，特别值得注意的是他最终还是把注意力倾注到日本神话的研究上了。他在方法上的特点是比较神话学的研究。也就是说，对于《古事记》《日本书纪》等古代典籍的神话研究，松村氏与津田左右的《神代史的新研究》（1913年）或《神代史研究》（1924年）那种强调历史学的研究决然不同，他积极主张民俗学的或民族学的神话研究。例如，他在名著《日本神话研究》第一卷中明确指出了神话研究的方法，提倡以民俗学的、人类学的、民族学的研究法为主，同时辅之以语言学、古文献学、宗教学、社会学、文化史学的各种方法。松村氏所以有这种主张和态度，是他在早期神话研究处于“学问孤儿”时期摸索的结果。他回顾20年代的研究时指出：研究神话必须具备人类学知识和民俗知识。这在松村一生研究经历中是十分突出的特色。这个特色也和松村本人的生活道路及历史环境有密切关系。他的大学生活是在英文科度过的，所受到的欧美文献影响颇深。同时由于日本当时正受到欧美学术思想的影响，所以进入勃兴期的民俗学的研究也受到很大推动。1913 年柳田国男与高木敏雄编辑的《乡土研究》创刊，1925 年《民族》刊行，1929 年《民俗学》杂志发行，松村向这些刊物都投过文稿。由于和这些社会科学刊物的往来，松村受到柳田国男、折口信夫、南方熊楠、松本信广等民俗学和民族学先辈、同辈的影响，形成他神话研究方法的诸多支点。他的多学科、多方面、多视角的神话研究，是在当代学术潮流背景下必然形成的神话学立场、观点和方法。

在松村神话学中，应当提到他对中国神话传说的研究。松村在研究初期十分重视日本神话与中国神话的比较，因此涉猎了中国大量古代典籍，编选了一部《中国神话传说集》，于 1927 年至 1928 年出版，并编入世界神话传说大系。这本中国神话传说的专集主要是由于当时日本侵华战争的局势影响，使更多的日本人增强了对中国的种种关心和需要。松村氏随后又于 1938 年以《神话传说中国五千年》的书名，分上下二册由天正堂以新型开本出版了新的神话传说集，收录的篇数超过了原集的一倍。松村在书的序文中强调指出：“说中国文化对日本文化有着强大而切实的影响并不为过，作为文化形态的中国神话传说，对日本各类文学艺术样式如小说、稗史、狂言、讲谈、落语等所产生的浓厚影响作用也是不容否定的事实。”所以他强调指出：“研究中国神话传说不仅是为了了解中国，更是为了了解日本的必需。”松村氏所编的中国神话传说集，列入世界神话传说大系这件事实本身，作为日本研究中国神话的启蒙资料，确实填补了一项空白。中日两国由于日本军国主义侵略战争所造成的不幸隔绝，使这期间双方的神话研究得不到交流。当时中国的茅盾（玄珠）、闻一多及战后的袁珂诸先生与日本的森三树三郎及以后的贝塚茂树、白川静等分别对中国神话的研究都十分活跃。松村氏的后期显然没有客观条件加入中日比较神话学的行列，十分遗憾。

松村的神话学成就，为20世纪70年代以来日本神话学的振兴打下了雄厚的基础，走完了第二个里程。

三、日本神话学第三个里程碑的主要代表——大林太良（1929—2001）

被日本学术界公认的日本神话学第三代主要继承人的大林太良，1929年5月出生于东京，2001年4月12日在东京去世。1952年东京大学经济学部毕业。1955年至1959年的四年期间，先后在德国法兰克福大学、奥地利维也纳大学及美国哈佛大学留学，学习民族学，专攻神话学。去世前任东京大学教养部教授，兼任国立民族博物馆教授。长期从事人类学、神话学教学和研究。大林曾于1980年12月和1984年9月先后两次正式访问我国民间文学界，促进了日中神话学研究的交流。大林早在外国留学之初，便于1955年到1956年从事东南亚文化史的研究，其中有代表性的是《东南亚的日蚀神话》一文。20世纪60年代和70年代是大林发展日本神话学的多产期。1961年出版了《日本神话的起源》一书，同时发表了论文《日本神话和东南亚》。1962年到1965年发表了关于日本《古事记》、“出云神话”的论文及论述民族文化性格的几篇论文，同时还撰写了关于泰国西北拉佤族和卡楞族神话传说的专论及评述威廉·考帕尔对于中国南方少数民族研究的文章。1965年出版了《葬制的起源》一书，1966年出版了《神话学入门》一书。

以后，他连续发表了关于日本民族文化起源的论文，并集中发表了比较神话学方面的论文。20世纪70年代大林的研究全面展开，不仅对日本神话的若干重大疑难问题进行了新的探索，定出了关于古代神话分类学及系统论的一系列论文，如有关“双分观”“三分观”等论述都在这期间展开。同时还写出了《日本神话研究史》一文。1972 年大林氏主编了《神话·社会·世界观》一书。1973 年出版了他的代表作之一《稻作神话》，在这部整整 400 页的宏论中，包括了 1964 年到 1967 年先后用日文和德文发表的 7 篇论文，依内容编排成 7 章，这些论述都集中在稻米文化的神话源流方面，对研究南亚、东南亚及东亚（包括中国南方种稻区及朝鲜、日本）的各民族古文化史有重要价值。1974 年他编了《日本神话的比较研究》一书。1975 年又连续出版了《日本神话的结构》和《神话与神话学》。1976 年以后，大林的神话学研究进入了一系列世界性专题，发表了关于海神话、鱼神话、地震神话、巨人神话、丰穰女神神话的系统专论，同时进行了日本神话与世界神话的比较，研究了日本神话的系谱。于 1979 年，出版了这些论文的专集《神话之话》和专著《神话与民俗》。

20 世纪 80 年代以来，大林氏除了负责编辑日本民俗文化大系等专卷外，于 1981 年与另一位著名的神话学者吉田敦彦合著出版了关于"战神""剑神"神话的世界性比较研究著作《剑之神·剑之英雄》，对日本神话、印欧语系及阿尔泰语系各民族的同类神话传承进行了周详的对照，标志了 20 世纪 80 年代到 90 年代日本比较神话学的最新水平。同时，大林还致力于日本神话学先驱者学术成就的系统评价，为日本神话学史的科学建构做出了卓越的贡献。

在同一时期，还有松前健、伊藤清司、吉田敦彦等神话学家，和大林太良密切合作形成一代神话学者群体，在研究日本神话及东西方神话比较研究方面也多有贡献。其中，伊藤清司对中国《山海经》神话的研究在日本具有最高权威，贡献巨大。

附　言

2003 年是纪念中国神话学一百周年的重要之年。在百年来中国神话研究的历程中，有许多方面受到过日本神话学的影响，很值得我国现代神话学史家做出比较研究。同时，2003 年 4 月 12 日又是大林太良先生逝世两周年忌辰，笔者回忆起与这位同龄好友 20 多年的密切相处，在北京、东京多次切磋交流并携手合著《日本の家族と北方文化》（第一书房 1993 年出版）一书的许多快乐往事，不禁为他的离去给国际神话学研究带来的莫大损失感到十分痛惜。

2003 年 5 月 2 日定稿于沈阳